LEE MINGWEI

禮 LI

GESCHENKE & RITUALE

HRSG. STEPHANIE ROSENTHAL

Berliner Festspiele
GROPIUS BAU

SilvanaEditoriale

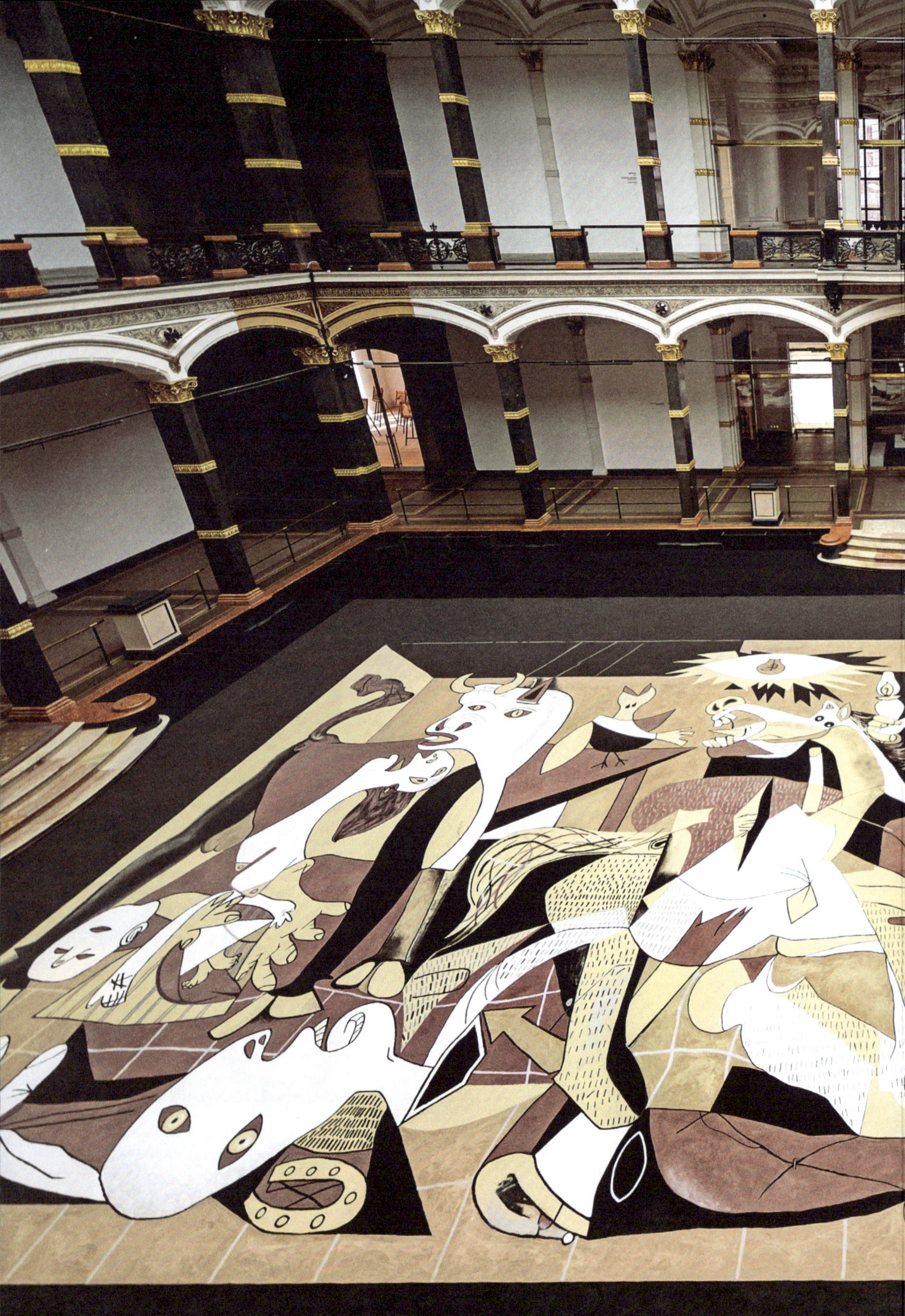

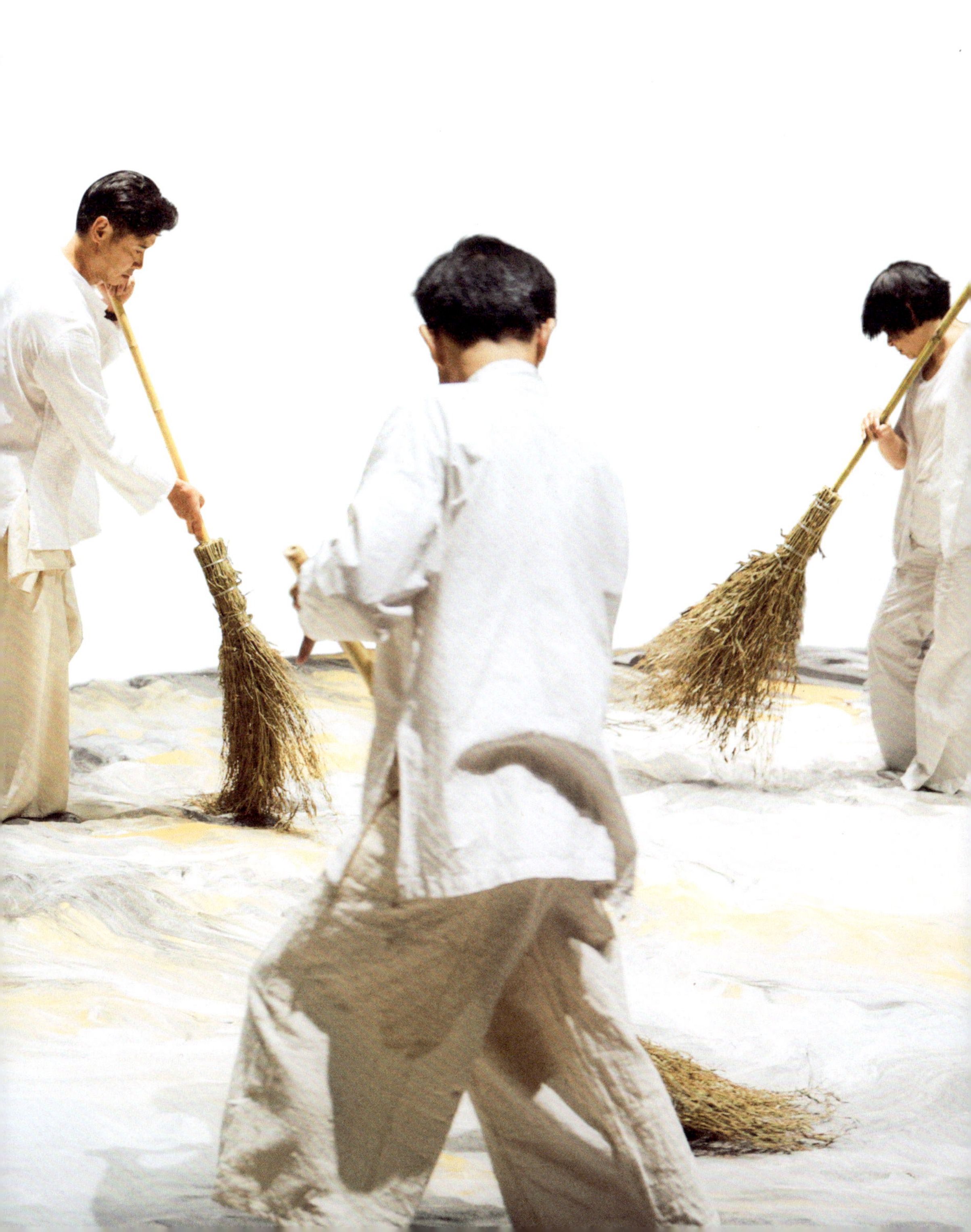

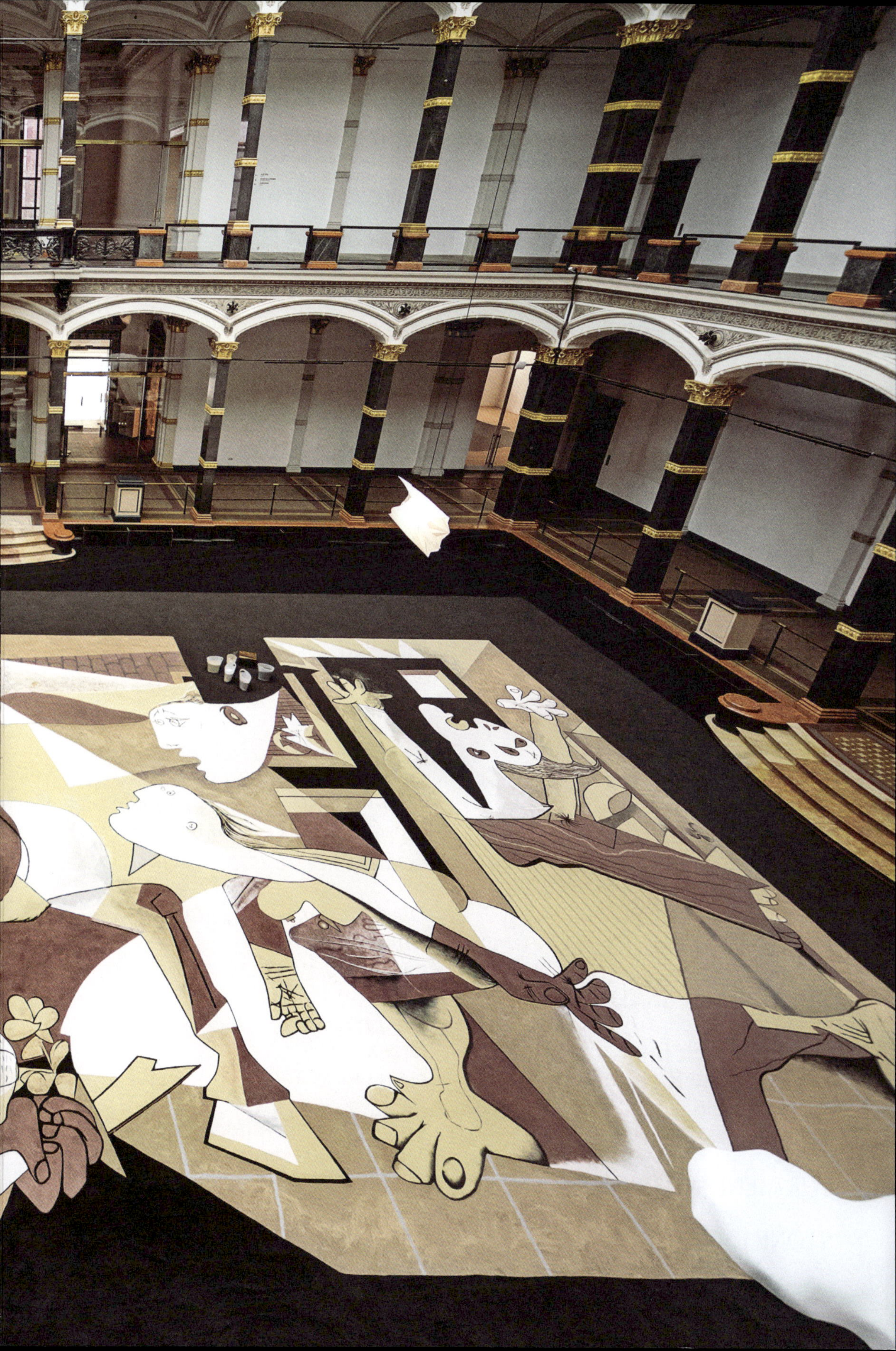

GRUSSWORT

THOMAS OBERENDER
Intendant der Berliner Festspiele

Wie können wir mit den stummen Zeug*innen unserer eigenen Vergangenheit umgehen, wie den Brüchen, Rissen und Löchern in unseren Lieblingskleidungsstücken, oder den Gegenständen, die einst eine wichtige Rolle in unserem Leben spielten? Wie können wir unsere Narben annehmen und würdigen – nicht nur die Narben an unseren Körpern und in unserem unmittelbaren Umfeld, sondern auch die unserer Gesellschaft? Beschädigte Beziehungen zu Verwandten, zerbrochene Freundschaften, verlorene Liebschaften, gestörte Verbindungen zu unserer natürlichen Umgebung, den Geistern unserer Vorfahr*innen, unserem kosmischen Bewusstsein: Das sind die Themen, mit denen sich Lee Mingwei in seinen Arbeiten auseinandersetzt. Er tut dies auf eine leichte, spielerische Art und Weise, wie sie nur wenige Künstler*innen beherrschen. Mit den liebevollen Gesten eines guten Freundes entwickelt er seine Arbeiten ausgehend von der elementarsten aller menschlichen Handlungen: dem Gespräch zwischen zwei Menschen. Wer Zweifel daran hegt, dass Kunst heilende Kräfte besitzt, sollte sich auf Lee Mingweis partizipative Projekte einlassen. Sie sind Meisterwerke der Transformation. Unsere Welt braucht sie mehr denn je.

VORWORT

STEPHANIE ROSENTHAL
Direktorin des Gropius Bau

Eine Ausstellung mit dem Werk von Lee Mingwei (*1964 Taichung, TW, lebt und arbeitet in Paris, FR und New York, US) ist eine wunderbare Herausforderung für eine öffentliche Institution, denn allein das Realisieren seiner häufig partizipatorischen Werke inspiriert uns, unsere Institution neu zu denken. Doch stellt er dabei keine direkten Forderungen: „In meiner Praxis versuche ich, Gesten der Unterbrechung von existierenden institutionellen Praxen so weit wie möglich zu vermeiden. Stattdessen ziehe ich es vor, Arbeiten zu machen, die im Rahmen der Spielregeln funktionieren und vielleicht, nur vielleicht, geht die Institution die Dinge anders an, nachdem sie mein Werk bei sich aufgenommen hat.“[1]

Seine Arbeiten verführen uns regelrecht, unsere Rolle als Institution weiter neu zu definieren. Seit Anfang 2018 ist es uns ein großes Anliegen, den Gropius Bau auf inhaltlicher wie auch architektonischer Ebene weiter zu öffnen. Hierbei ist es uns wichtig, wie wir unsere Besucher*innen empfangen, was sie als Erstes sehen, wie wir Gastfreundschaft in einem Ausstellungshaus leben können. Keine Ausstellung könnte uns hier ein besseres Beispiel geben als die von Lee Mingwei. So ist es uns eine besondere Freude, Lee Mingweis erste Überblicksausstellung in Europa und auch den ersten deutschsprachigen Katalog zu realisieren.

Lee Mingweis Ausstellung *禮 Li, Geschenke und Rituale* stellt seine Arbeiten aus den letzten drei Jahrzehnten vor und erkundet die Fähigkeit von Kunst, als transformatives Geschenk zu wirken, das im Raum der intimen Erfahrung und Begegnung mit anderen wurzelt. Als Grundlage dient dabei das konfuzianistische Prinzip des *li*, das Vorstellungen von Riten, Ritualen, Gaben und Anstandsregeln umfasst.

Anstatt Lee Mingweis Praxis, wie allgemein üblich, als Teil der Tradition partizipatorischer Kunst aufzufassen, verortet die Ausstellung den Ausgangspunkt seiner Arbeiten in Traditionen des Schenkens und Ritualen des Empfangens. *禮 Li, Geschenke und Rituale* zeigt, in welcher Weise die Kombination von ästhetischen und philosophischen Konzepten des Schenkens aus östlichen und westlichen Traditionen das Werk des Künstlers prägt. Das Ritual des Schenkens setzt eine besondere Form der Aufmerksamkeit und der Fürsorge voraus. Diese Haltung kann in persönlichen Beziehungen ebenso wie im Umgang mit den Objekten, die uns umgeben, zum Ausdruck kommen. Der transformative und wertschätzende Prozess des Reparierens etwa kommt insbesondere in *The Mending Project*, 2009/2020, zum Tragen. Diese Form der Fürsorge spiegelt sich jedoch nicht nur in Lees Ausstellung, sondern auch in der architektonischen Beschaffenheit des Gropius Bau wider: Das Gebäude wurde während des zweiten Weltkriegs durch Bombenangriffe stark zerstört und später so restauriert, dass seine Verletzungen und der Prozess

1 E-Mail von Lee Mingwei an Stephanie Rosenthal, 29.01.2020.

der Instandsetzung spürbar bleiben. Das Haus legt Zeugnis davon ab, dass Verletzungen und Traumata Teil seiner und damit unser aller Geschichten sind. Lee Mingweis Arbeit *Guernica in Sand*, 2006/2020, die wir im Lichthof des Gropius Bau zeigen, ist eine Hommage an Pablo Picassos *Guernica*, 1937, und wird bei Lee Mingwei zu einem Ritual der Transformation. Während wir in diesem Jahr feiern, dass der Zweite Weltkrieg in Europa vor 75 Jahren beendet wurde, die politischen Entwicklungen momentan jedoch zunehmend separatistische Züge annehmen, laden auch Arbeiten wie *Our Peaceable Kingdom*, 2020, dazu ein, heute neue Visionen von Frieden zu entwickeln.

Die materiellen und inhaltlichen Fäden, die diesen Katalog buchstäblich zusammenhalten, reflektieren das Ritual der Gabe auf unterschiedlichen Ebenen. Zum einen können die vielen Berichte, in denen Augenzeug*innen ihre persönliche Erfahrung mit Lees Arbeiten teilen, als Erwiderung eines Geschenks gelesen werden. Zum anderen vereint der Katalog Nachdrucke von Gedichten und Auszüge aus Aufsätzen und klassischer Literatur, die sowohl für Lees künstlerische Praxis als auch für den kuratorischen Prozess immer wieder entscheidende Impulse gaben. Neben meiner Neukontextualisierung von Lees Werk gibt Irina Aristarkhovas Beitrag einen aufschlussreichen Einblick in die komplexe Welt des Gastgebens – einer besonderen Art der Gabe. Harvey Molotch, der Lees künstlerische Entwicklung seit geraumer Zeit begleitet, verknüpft seine persönliche Perspektive auf Lees Werk mit soziologischen Überlegungen, während sich Clare Molloy gezielt mit der für die Ausstellung neu konzipierten Arbeit *Our Peaceable Kingdom* befasst. Die Neuproduktion thematisiert einerseits das Ritual des Kopierens, das sowohl in der östlichen als auch in der westlichen Kunstgeschichte eine lange Tradition hat. Andererseits vereint sie die Stimmen von 27 Maler*innen und deren unterschiedliche Auffassungen von Frieden.

Bedanken möchte ich mich zunächst bei Lee Mingwei, für den inspirierenden Austausch und die intensive Zusammenarbeit. Angefangen mit Workshops mit dem gesamten Team des Gropius Bau war seine Präsenz hier im Haus eine ganz besondere Erfahrung. Mein herzlicher Dank geht auch an das Studio des Künstlers, insbesondere an Daphne Chu, die das Projekt mit viel Energie begleitet hat. Sandy Wong Shin danke ich für die tatkräftige Unterstützung bei *Guernica in Sand* und Wei-Lung Lin für die Arbeit an den Videodokumentationen. Auch möchte ich den zahlreichen Leihgeber*innen danken, ohne die wir die Ausstellung nicht hätten umsetzen können.

Das besondere Format des Projekts brachte eine große Zahl an Mitwirkenden mit sich. Ein herzlicher Dank geht daher an all die freiwilligen externen und internen Gastgeber*innen und

Performer*innen, die die Ausstellung immer wieder neu zum Leben erweckten. Für die Ko-Kuration der Ausstellung und die Mitarbeit am Katalog danke ich Clare Molloy, deren Ideen das Projekt maßgeblich geprägt haben. Ich danke auch unserer kuratorischen Volontärin Katharina Küster, die die Ausstellung mit Präzision begleitet hat, sowie Myriam Hofmaier, die im Rahmen ihres Praxissemesters die Recherche unterstützte.

Simone Schmaus und ihrem Team möchte ich besonders für ihr Feingefühl in der Produktion der Ausstellungsarchitektur danken. Als Projektleiterinnen haben erst Elena Montini, dann Lisa Tietze die Ausstellungsplanung und -installation effizient und voller Enthusiasmus betreut. Ein großer Dank geht auch an den technischen Leiter Bert Schülke und sein Team, das uns bei der Umsetzung wie immer professionell zur Seite stand, sowie an meine Direktionsassistentin Susanne Götze und die kuratorische Referentin Clara Meister, die inhaltlich und organisatorisch den Überblick in meinem Büro behalten. Für die hervorragende Öffentlichkeitsarbeit sowie die Unterstützung der Textarbeit danke ich Annie-Claire Geisinger, Natalie Schütze, Katrin Mundorf und dem gesamten Team der Kommunikation. Eva Winkeler und ihrem Team danke ich für die erfolgreiche Akquise und Betreuung von Partner*innen und Unterstützer*innen. Ich danke außerdem Charlotte Sieben, der Geschäftsführerin der Kulturveranstaltungen des Bundes in Berlin (KBB) GmbH, und dem Intendanten der Berliner Festspiele, Thomas Oberender.

Harvey Molotch und Irina Aristarkhova danke ich für ihre wertvollen Beiträge zu dieser Publikation. Für die redaktionelle Betreuung des Katalogs danke ich insbesondere Louisa Elderton, deren Erfahrungsschatz und wohlüberlegter Input das Buch maßgeblich geprägt haben. Julia Volkmar zeichnet sich für die Ausstellungsgrafik sowie für die elegante Gestaltung des Katalogs verantwortlich. Mein Dank geht auch an den Verleger Michele Pizzi und sein Team für das große Engagement.

Der Katalog entstand dank der großzügigen Unterstützung von Patrick Sun, Grace Mei-Ching Tseng, Winsing Arts Foundation, Angela Yi und Lorries Chang, Yi&C. Furniture & Projects Consulting Co. Ltd. sowie der engagierten Mithilfe von Rudy Tseng.

Für die großzügige Unterstützung des Gropius Bau danken wir der Beauftragten der Bundesregierung für Kultur und Medien, Frau Prof. Monika Grütters. Ein großer Dank geht an das Kulturministerium Taiwan für die Ermöglichung der Ausstellung.

VON LEE MINGWEI LERNEN

STEPHANIE ROSENTAHL

Lee Mingweis Werk nimmt für Ausstellungsmacher*innen und Institutionen eine ganz besondere Rolle ein, denn er stellt auf überraschende Weise klassische Konventionen des Ausstellungsbetriebs auf den Prüfstein. Er führt Rituale der Fürsorge, des Schenkens und des Empfanges (meist in Form von immateriellen Dingen) in öffentliche Institutionen ein. Lee bringt viel mehr als „Gift Giving“, wie er es nennt, und Gastfreundschaft ins Museum, sie sind aber ganz entscheidende Aspekte seiner Arbeit. Durch sie schafft er Situationen in einer öffentlichen Institution, die die Möglichkeit eröffnen, neue Beziehungen zu bilden, und eine Transformation unserer Wahrnehmung initiieren. Ein dringend benötigter Ansatz für den Ausstellungsbetrieb.

Ohne Zweifel zeigt Lee Mingweis Arbeit darin eine Verbindung zu wegweisenden zeitgenössischen Denker*innen wie Donna Haraway oder Fred Moten, die unterschiedliche Formen von Sozialität als gleichermaßen gültige Weisen der Wissensvermittlung betrachten. Ihnen allen gemeinsam ist, dass sie die Meinung vertreten, der zwischenmenschliche Austausch und das Schaffen von unterschiedlichen neuen Formen von Beziehung haben in unserer Zeit große Relevanz.

Lee Mingweis Arbeit hat ihren Ursprung in der konfuzianischen Philosophie und in gewisser Hinsicht auch im Buddhismus. Die Ästhetik und Philosophie des in Taiwan geborenen Künstlers wurde indes nicht ausschließlich von der östlichen, sondern auch von der westlichen Tradition geprägt. Seine Denkweise wurde bereits früh von diversen Kulturen beeinflusst. Er besuchte eine katholische Schule und verbrachte seine Sommerferien sechs Jahre in Folge in einem taiwanesischen Kloster des Chan-Buddhismus in der Nähe von Taichung. Dort begegnete er erstmals chinesischer Kultur, insbesondere der Malerei. Mit zwölf Jahren verließ er sein Elternhaus zusammen mit seiner älteren Schwester und seiner Cousine, um erst in der Dominikanischen Republik und später in San Francisco seine Schullaufbahn weiterzuführen. Seinen Abschluss machte er an einer von Benediktinern geleiteten Oberschule in Kalifornien. Da viele der Mönche ungarische Wurzeln hatten, bekam er einen prägenden Einblick in die klassische Literatur und Musik Europas. Sein Studium absolvierte er sowohl an der West- als auch an der Ostküste der USA. Vom California College of Arts erhielt er im Jahr 1993 seinen Bachelor of Fine Arts in Textilkunst. Große Unterstützung erfuhr Lee von den Künstler*innen Suzanne Lacy und Mark

Thompson, die ihm auch zu seinem Studium an der Yale University verhalfen, wo er 1997 seinen Master of Fine Arts in Skulptur abschloss.

Lee Mingweis Installationen und Performances entspringen häufig sehr persönlichen Erfahrungen und Begegnungen, die er mit langsamer Präzision zu Kunstwerken entwickelt. Im über 600 m² großen Lichthof des Gropius Bau realisiert Lee Mingwei mit unterschiedlich farbigem Sand eine monumentale Version der Installation *Guernica in Sand*, 2006/2020. Als Hommage an Pablo Picassos *Guernica*, 1937 (Abb. 13, S. 121), eine der Ikonen der westlichen Moderne, stellt Lee die Motive Trauma und Trauer in Sand dar. Lee erinnert sich an seine erste Begegnung mit dem Gemälde im Museum of Modern Art in New York: „Ich war von der Größe, den abstrakten Darstellungen von Tieren sowie der Mutter mit dem Kind genauso überwältigt wie von der offensichtlichen Gewalt und dem Schmerz, die von dem Bild ausgingen."[1] Picasso malte *Guernica* als Reaktion auf die vom spanischen Nationalisten Franco angeordnete Zerstörung der baskischen Stadt Guernica durch den Luftangriff der deutschen Luftwaffe und der italienischen Corpo Truppe Volontarie. Durch die Lage des Gropius Bau, neben dem ehemaligen Hauptquartier der Gestapo und gegenüber der Luftwaffe, erhält das Werk eine zusätzliche semantische Ebene und historische Referenz.

Die Wahl des Materials entspricht der tibetisch-buddhistischen Praxis der Sandmandalas (Abb. 1, S. 15), einer präzisen und detaillierten Form der Sandmalerei, die nach ihrer Fertigstellung weggefegt wird und so Ausdruck von Impermanenz ist. Während Lee Mingwei ungefähr in der Mitte der Ausstellungszeit den letzten Teil der Arbeit fertigstellt, sind Besucher*innen eingeladen, barfuß über die Sandmalerei zu gehen, sodass das ursprüngliche Bild auf behutsame Weise „zerstört" wird. Lee lenkt die Aufmerksamkeit auf die Unbeständigkeit der Dinge und auf das transformative Potential, das in der Energie der Zerstörung des figurativen Gemäldes liegt. Die Spannung zwischen der Person, die das Bild fertig stellt, und einer anderen Person, die darüber läuft, entspricht diesem Potenzial. Als sozusagen dritte Phase der Performance fegen in einem Ritual der Transformation der Künstler und andere Mitwirkende den zertretenen Sand in die Mitte des Bildes. Anstatt das Kunstwerk als unveränderlich zu verstehen – wie es oft in der westlichen Kunstgeschichte der Fall ist – wird die Fähigkeit des Kunstwerks, sich zu verändern, betont und es gerät damit zur hoffnungsvollen Allegorie unserer Fähigkeit, Trauma als Anstoß zur Transformation zu nutzen.

In *Our Peaceable Kingdom*, 2020, der neuesten Arbeit von Lee Mingwei, steht die Transformation von einer existierenden Idee, in diesem Fall eines Gemäldes des amerikanischen Volksmalers Edward Hicks (1780-1849), im Zentrum. Zwei zentrale Konzepte greift Lee Mingwei auf: Zum einen setzt er sich mit dem Begriff des Friedens und dessen Bedeutung in der heutigen Zeit auseinander; zum anderen mit der klassischen Vorstellung, die Kunst der Malerei sei von einem Meister zu lernen. Sein Ausgangspunkt ist ein Gemälde aus Hicks' Bilderserie *Peaceable Kingdom*, ca. 1820-1849, von der heute 62 Versionen erhalten sind. In dieser Bilderserie kehrte Hicks immer wieder zum Motiv des Friedens zurück.[2] Der Tradition folgend, durch das Kopieren eines Lehrers zum Meister zu werden, lädt Lee elf Maler*innen ein, Hicks' *Peaceable Kingdom*, ca. 1833, zu kopieren. Kopieren ist hier nicht als Imitieren zu verstehen, sondern als Anregung, eine eigene Version zu diesem Thema zu schaffen, einen veränderten individuellen Blick auf das Thema Frieden zu präsentieren.

The Mending Project, 2009/2020, entstand als Reaktion auf die Ereignisse des 11. September 2001 und ist von der meditativen Wirkung des Nähens inspiriert, die Lee während des Wartens auf Nachricht, ob sein Partner die Angriffe auf das World Trade Center überlebt hatte, erfuhr. Mit dem Ritual der Instandsetzung lädt der Künstler die Besucher*innen ein, Kleidungsstücke mitzubringen, die der Ausbesserung bedürfen. Der Künstler selbst oder ausgewählte Näher*innen flicken diese Stücke und es wächst eine Installation aus ausgebesserten Kleidungsstücken heran, die über Fäden mit Spulen an der Wand befestigt sind. Lee erinnert hier an die traditionelle japanische Keramikreparatur des *kintsugi*.[3] Die Bruchlinien der reparierten Risse und Sprünge, die mit Gold nachgezogen sind, bleiben dabei sicht- und spürbar. „Somit ist *kintsugi* ein wichtiges Handwerk, dem die Fähigkeit innewohnt, zu beeinflussen, die Sinne einzunehmen und die Wahrnehmung von Beschädigung und Reparatur zu verstärken",[4] schreibt Guy Keulemans über diese Technik. Wie in der Tradition des *kintsugi*, nimmt das Kleidungstück nun eine neue Rolle ein: Das nun Reparierte, mithin das vormals Beschädigte, wird in *The Mending Project* zelebriert (Abb. 3 und 4, S. 16). Lee lädt seine Teilnehmer*innen dazu ein, die Geschichte des Kleidungsstücks zu erzählen und somit häufig einen wichtigen Teil ihres Lebens zu teilen, was seiner Meinung nach „unglaublich heilsam" ist.[5]

Ähnlich war *The Sleeping Project*, 2000/2020, von einer persönlichen Begegnung inspiriert. Lees Mitreisender in einem Nachtzug war ein älterer Pole, ein KZ-Überlebender, der nach Prag reiste, um Entschädigung zu erhalten. Angeregt von diesem emotional intimen Austausch mit einem völlig Fremden, geht Lee Mingwei der Frage nach, ob eine Kunstinstitution einen Raum für emotionale Verbindungen bieten kann und ob diese Art von Gesprächen vielleicht nur nachts möglich ist. Auch hier ist es wieder der Akt des Teilens einer Geschichte, der entscheidend ist. Er entwickelte *The Sleeping Project*, für das er Besucher*innen einlädt, zusammen mit ihm oder einer*einem Mitarbeiter*in des Gropius Bau eine Nacht in der Ausstellung zu verbringen.

In *Sonic Blossom*, 2013/2020, geht Lee Mingwei mit täglich auftretenden Opernsänger*innen auf seine Kindheit zurück, in der er mit seiner Mutter Schubert-Lieder hörte; als er ihr diese während ihrer Genesung nach einer Operation vorspielte, spürte er die tröstende Wirkung der Lieder. Die Opernsänger*innen stellen eine simple Frage an die Ausstellungsbesucher*innen: Darf ich Ihnen ein Lied schenken? Häufig sind die Reaktionen sehr emotional: „Ich setzte mich hin und glaubte, zu wissen, was geschehen würde. Als sie aber anfing, zu singen, war ich so gerührt, dass ich unmittelbar zu weinen begann und während des ganzen Lieds weinte."[6]

Our Labyrinth, 2015/2020, ist von den Ritualen des Fegens heiliger Räume inspiriert, die Lee Mingwei in Pagoden, Tempeln und Moscheen in Myanmar beobachtete (Abb. 2, S. 15). „In einiger Entfernung zum Tempel gibt es kleine Hütten, in denen Besucher*innen ihre Schuhe ausziehen können, um den Weg barfuß zu gehen. Ich war beeindruckt von den Pfaden, die zum Tempel führten, und stellte fest, dass es überall Freiwillige gab, die den ganzen Tag diese Pfade reinigten. Für mich fühlte es sich wie ein physisches und spirituelles Geschenk der Freiwilligen an die Besucher*innen an."[7] Lee entschied sich in *Our Labyrinth* dafür, eine Tänzer*in zu bitten, Reis

1 Lee Mingwei, Zitat des Künstlers, S. 108.

2 Inspiriert von Jesaja 11,6-8 sind Hicks' Gemälde Meditationen über die Suche nach Frieden. Siehe Clare Molloys Essay in diesem Katalog, S. 210-215.

3 „Ein zentraler Aspekt dieser transformativen Reparaturpraktiken liegt darin, dass die materielle Erinnerung an das beschädigte Objekt und seine nachfolgende Reparatur fortbesteht." Guy Keulemans: „The Geocultural Conditions of Kintsugi" in *The Journal of Modern Craft*, Vol. 9, No. 1 (London: Routledge Taylor & Francis Group, 2016), S. 17. Deutsche Übersetzung im Reader dieses Katalogs, siehe S. 175.

4 Ebd.

5 Lee Mingwei im Gespräch mit Stephanie Rosenthal, siehe S. 123.

6 Ayumi Paul, Erfahrungsbericht, siehe S. 182.

7 Lee Mingwei, Zitat des Künstlers, siehe S. 189.

8 Ebd.

9 Jean-Gabriel Manolis, Erfahrungsbericht, siehe S. 193.

auf einer Tanzfläche in Form eines Tintenklecks' umher zu fegen. „Ich forderte die Tänzer*innen auf, zwei Dinge zu tun: sich sehr langsam zu bewegen – beinahe wie Morgennebel, der über Marschland schwebt – und dem Reis mit dem Herzen zuzuhören, ohne darüber nachzudenken oder die nächste Bewegung zu planen. Der Reis leitet sie so durch den Tanz."[8] Jean-Gabriel Manolis, einer der Tänzer, beschreibt seine Bewegungen wie folgt: „Ein immerfort neuer Pfad, welcher den Dialog zwischen dem Reis und der*dem Performer*in anführt. Dies erfordert eine ruhige geistige Verfassung, damit der Körper zum Ausdruck bringen kann, wie er dem Reis und der Umgebung lauscht."[9]

Charakterische Merkmale Lee Mingweis Werke sind, dass sie einen autobiografischen Hintergrund haben, Fürsorge für Besucher*innen häufig in Form von Geschenken zeigen, intime und persönliche Situationen herstellen und Gespräche ermöglichen. Sie beruhen auf dem Wunsch einer intimen gegenseitigen Wahrnehmung, auf einer „Ethik der Fürsorge". Häufig laden sie daher dazu ein, innerhalb eines institutionellen Rahmens, in dem sie üblicherweise nicht geäußert werden, Gefühle oder Erinnerungen zu teilen, denen eine Poetik und harmonische Schönheit innewohnen.

Lee Mingwei berührt die Besucher*innen durch seine persönliche Ansprache, die Fürsorge, die er walten lässt. „Gift Giving" passiert bei Lee auf ganz unterschiedlichen Ebenen, sei es mit Liedern, Reparaturen oder durch eine Einladung, an seinen Arbeiten teilzunehmen. „Gift Giving" zeigt sich auch in der Möglichkeit, unsere Geschichten zu teilen. Das Teilen von Geschichten übernimmt eine ganz entscheidende Rolle in Lees Werk, da es uns ermöglicht, eine persönliche Bindung aufzubauen. Mit Geschichten kann man Empathie und Emotionen auslösen, Identifikation schaffen. Über Geschichten gelingt es, Menschen auf eine ganz besondere Weise zu involvieren, Gefühle zu aktivieren. Lee eröffnet solche Möglichkeiten

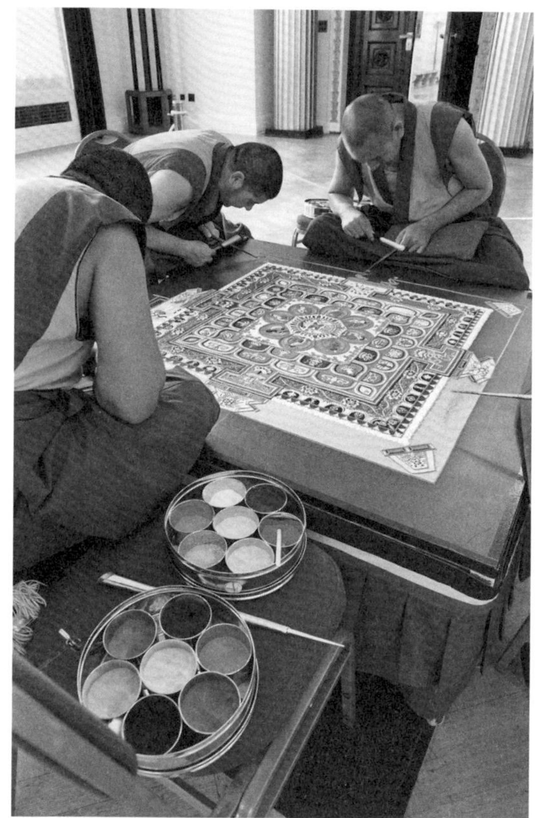

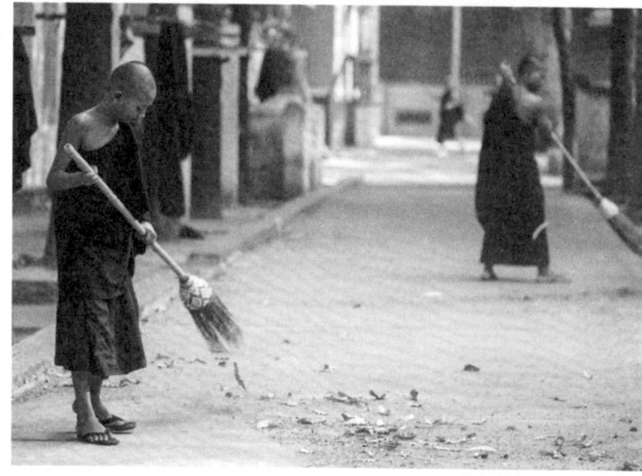

Abb. 1. Drei Mönche arbeiten zusammen an einem minutiösen Sandgemälde in Form eines Mandalas. Sobald die Arbeit vollendet ist, wird das Sandmandala im Rahmen eines Rituals zusammengefegt. Somit wird die vergängliche Natur des materiellen Lebens reflektiert.

Abb. 2. Mönche aus Myanmar fegen Blätter von einem Weg als Teil ihrer täglichen Praxis und halten den Weg auf diese Weise sauber. Lee Mingwei wurde Zeuge dieser friedlichen und kontemplativen Tätigkeit, als er 2014 verschiedene alte Tempel in Myanmar besichtigte. Dies inspirierte ihn dazu, die Bewegungen der Mönche in seine Arbeit *Our Labyrinth* aufzunehmen.

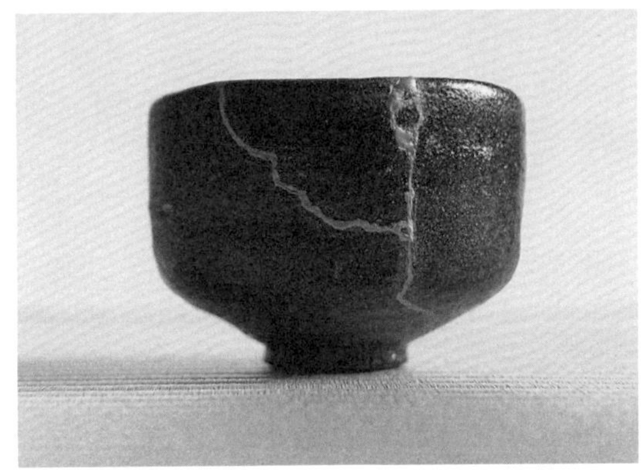

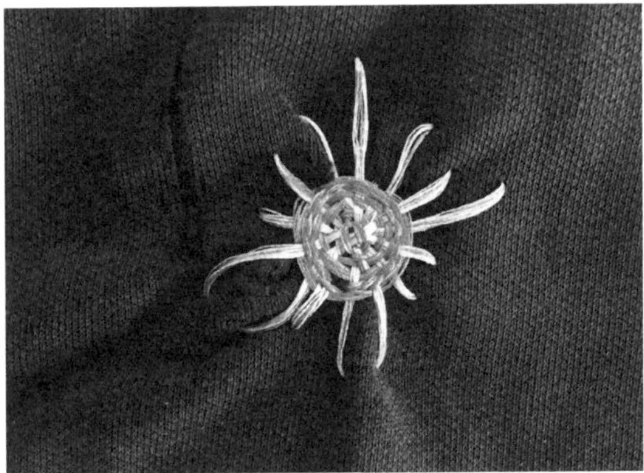

Abb. 3. Nach der japanischen *kintsugi*-Tradition wird zerbrochene Keramik mit einem Lack repariert, der dann mit Gold, Silber oder Platin bestäubt oder überzogen wird. Darin spiegelt sich eine Philosophie wider, der zufolge Brüche und Reparaturen Teil der materiellen Geschichte eines Objekts sind und daher weder verborgen noch verschleiert werden sollten.

Abb. 4. Diese Nahaufnahme eines geflickten Kleidungsstücks aus Lee Mingweis *The Mending Project* zeigt die feinen Fäden, die nach dem Ausbesserungsprozess am Kleidungsstück verbleiben. Diese führen wiederum zu Spulen, die an der nächsten Wand angebracht sind. Die Ausbesserungen bleiben absichtlich deutlich sichtbar und erinnern gemäß der Philosophie, die dem *kintsugi* zugrunde liegt, an die materiellen Schäden und die Reparatur des Kleidungsstücks.

für neue Beziehungen und im Idealfall eröffnet er die Möglichkeit für eine Veränderung.

Lee stellt eine Situation her, die seine Besucher*innen dazu einlädt, ihre persönlichen Geschichten mit fremden Menschen zu teilen, und somit einen Austausch ermöglicht. Für die Berliner*innen öffnet Lee seine Projekte, indem er ihre Geschichten und Objekte in seine Ausstellung aufnimmt und sie wiederum bittet, als Gastgeber*innen für andere Ausstellungsbesucher*innen aufzutreten. Für *The Mending Project*, 2009/2020, zum Beispiel suchte der Künstler nach Teilnehmer*innen für Flickarbeiten, für *Fabric of Memory*, 2006/2020, nach textilen Erinnerungsstücken mit emotionalem Wert, die mit ihren Geschichten ausgestellt sind, und für *The Living Room*, 2000/2020, nach Menschen mit einzigartigen Sammlungen, die diese gerne anderen zeigen möchten.

Unter anderem durch Rituale der Gastfreundschaft gelingt es Lee, eine Situation zu schaffen, die Vertrauen vermittelt. Das Resultat können neugeschaffene Beziehungen sein, die häufig einen Wandel unserer Wahrnehmung nach sich ziehen. Wie Éduard Glissant in *Poétique de la Relation* (Poetik der Beziehung) zeigt, ist Beziehung in all ihren Bedeutungen – sprechen, zuhören, in Verbindung sein und das gleichzeitige Bewusstsein von sich selbst und seiner Umgebung – der Schlüssel, um Einstellungen zu verändern und Gesellschaften neu zu gestalten: „Rhizomatisches Denken ist das Prinzip hinter dem, was ich die ‚Poetik der Beziehung' nenne, in der jede einzelne Identität durch ihre Beziehung zu dem Anderen erweitert wird."[10]

Ent-Rahmen

Entscheidend ist, dass Lee Mingwei mit seinen Arbeiten die paradoxe Situation einer öffentlichen Institution, einer Ausstellungshalle kreiert, die uns wie einen geschätzten Gast empfängt, indem Gastrituale vollzogen, persönlicher Austausch ermöglicht und Fürsorge entgegengebracht wird. Der institutionelle Zusammenhang ist dabei entscheidend. Der institutionelle Charakter gibt uns mehr Sicherheit als die private Wohnung einer fremden Person und macht möglich, dass alltägliche Aktivitäten in einen anderen Kontext verschoben werden. Lee spricht davon, dass sich vertraute Tätigkeiten durch die Kontextverschiebung ungewohnt anfühlen. Er möchte diese Tätigkeiten auf ihre Essenz reduzieren. Er schafft ein bewusstes Wahrnehmen einfacher Tätigkeiten und lässt uns neu auf diese blicken.

Dadurch, dass diese Aktivitäten an einem anderen, ungewöhnlichen Ort stattfinden, ist eine Ablösung von vertrauten Aspekten und Fokussierung auf andere, unerwartete möglich. So wird man nach *The Sleeping Project* sowohl das Schlafen als auch das Museum anders wahrnehmen. *Sonic Blossom*, bei dem im Museum ein Lied für eine Person gesungen wird, überrascht uns, bietet aber gerade deshalb die Möglichkeit des emotionalen Rückbezugs auf jene Momente, an denen für uns gesungen wurde: als Kind von den Eltern, im Kindergarten von den Erzieher*innen etc. Dadurch kreiert Lee ein Umfeld, in dem man einen Wandel erfahren kann, neue Perspektiven gewinnt, sich selbst und auch seine Umwelt anders spürt. Mit Félix Guattari lässt sich diese individuelle Erfahrung als ein allgemeines Charakteristikum der Kunstwahrnehmung lesen: „Das Kunstwerk ist für diejenigen, die es benutzen, eine Methode des Ent-Rahmens, des Aufbrechens von Sinnhaftigkeit, von barocker Üppigkeit oder extremer Verarmung, die zu einer Neuerschaffung und Neuerfindung des Subjekts selbst führt.“[11]

Li

Lees Arbeit wird häufig im Kontext partizipatorischer Kunst[12] betrachtet und mit dem Begriff der Relational Aesthetics[13] in Verbindung gebracht. Da Lee Mingwei unter anderem bei Suzanne Lacy studiert hat, besteht kein Zweifel, dass er sich der Strategien von Participatory Art klar bewusst war. Es ist jedoch nicht minder interessant, dass Lees Ansatz auch von einer Kombination ästhetischer und philosophischer Konzepte des Schenkens aus östlichen Traditionen geprägt ist. Hervorzuheben ist, dass sein ganzes Denken und sein künstlerischer Ansatz tief in der Ästhetik von Konfuzius verankert ist. Dies zeigt sich deutlich in den vielen Referenzen auf die Geschenkkultur in Lees Arbeiten. Schon eine seiner frühesten Arbeiten, mit der er sich für seinen Master of Fine Arts bewarb, bestand daraus, dass er drei Personen, die er künstlerisch besonders schätzte, einen japanischen *hakama* schenkte.[14]

Obwohl Lee immer wieder Lewis Hydes Buch *Die Gabe* erwähnt, möchte ich das konfuzianische Prinzip von *li (禮)* als einen seiner Haupteinflüsse lesen. Standardwerke zur Gabenkultur wie *Die Gabe* von Marcel Mauss[15] waren ihm bekannt, aber er selbst sagt, dass sie für den konzeptuellen Ansatz seiner Arbeiten keine bedeutende Rolle gespielt haben.[16] *Li* ist ein Schlüsselbegriff der konfuzianischen Philosophie. *Li* bedeutet so viel wie Ritus, richtiges Verhalten oder Anstand und bezeichnet die abstrakte Idee der Gesamtheit aller Umgangs- und Verhaltensformen, die einen guten Menschen und eine intakte gesellschaftliche Ordnung ausmachen.[17] Die sogenannte „vierfache Bedeutung von *li*“ umfasst Liebe, Pflicht, Regel und Freiheit. Wobei es nicht um die materiellen Gegenstände an sich geht, sondern um das Einhalten der Riten, als Grundlage für den Frieden und Voraussetzung für soziale Harmonie. Im konfuzianischen Denken bildet die Ausübung von *li* die Grundlage für einen respektvollen und verantwortlichen Umgang in einer Gesellschaft. Neben streng zeremoniellen Ritualen umfassen die konfuzianischen Riten auch kleine, alltägliche Muster des persönlichen Verhaltens. Die Praxis des Schenkens, die darin auch geregelt ist, beruht immer auf Gegenseitigkeit.

Im *Li Gi* wird beschrieben, dass jeder „den Weg zum Guten beschreiten kann, wenn er will. Und die Mittel zum Erfolg sind höchst einfach: ein klares, umfassendes Wissen um das, was recht ist (denn nicht ein dumpfer Drang, sondern eine klare Überzeugung ist es, die wirkliche Macht verleiht), und außerdem eine konsequente Übung des Gelernten. Dies sind

10 Übersetzung der Autorin, Originalzitat aus Édouard Glissant: *Poetics of Relation* (Michigan: University of Michigan Press, 1997), S. 11.

11 Übersetzung der Autorin, Originalzitat aus Félix Guattari: *Chaosmose* (Paris: Éditions Galilée, 1992), S. 181.

12 Einer der wesentlichen Aspekte partizipativer Kunst ist die soziale, aktive Komponente, die in Lee Mingweis Arbeiten eine Rolle spielt, ohne ihn dadurch ausschließlich in diese westliche Tradition einzuordnen und die politische Komponente zu betonen. Siehe Claire Bishop (Hg.): „Introduction, Viewers as Producers" in *Participation* (London: Whitechapel, 2006), S. 10-17, und Juliane Rebentisch: „Formen der Partizipation" in *Theorien der Gegenwartskunst* (Hamburg: Junius Verlag, 2013), S. 58-72. Obwohl die Teilnehmenden eine Rolle in Lees Werk spielen, ist es irreführend, sein Werk nur als Teil dieser westlichen Tradition der partizipativen Kunst zu lesen oder seine Werke als sozialpolitisch zu betonen – sie beschäftigen sich viel mehr mit Traditionen von „Gift Giving" und Ritualen des Empfangens, die ihrer Natur nach partizipativ sind.

13 Siehe Mami Kataoka: „Value of Invisible Threads: Lee Mingwei and His Relations" in Ping Lin (Hg.): *Lee Mingwei and His Relations. The Art of Participation*, Ausstellungskatalog (Taipeh: Taipei Fine Arts Museum, 2015), S. 25-41.

14 Lee und Rosenthal, siehe S. 124.

15 Marcel Mauss' Essay von 1925 handelt von dem Prinzip des Gabentauschs in vormodernen Gesellschaften und der damit verbundenen Reziprozität. Die Ambivalenz der Gabe liegt in einem Spannungsfeld zwischen Freiheit und Verpflichtung. Laut Mauss gewährleistet die Gabe das friedliche Zusammenleben innerhalb von archaischen Gemeinschaften und garantiert damit die soziale Ordnung. Die Fortführung von Marcell Mauss' Theorie hat in Frankreich eine längere Tradition. Wissenschaftler wie Claude Lévi-Strauss, Paul Ricoeur, Emmanuel Levinas, Georges Bataille, Jaques Derrida und Allain Caillé schließen in ihren Gabentheorien an Mauss an.

16 Lee und Rosenthal, siehe S. 124.

die jedem zugänglichen Grundlagen der Selbsterziehung, durch die die magische Geisteskraft gewonnen wird, auf andere erziehend zu wirken."[18] In diesem Sinne wirkt Lee ebenfalls „erziehend". „Das Problem der Ethik ist also letzten Endes ein Problem der Erziehung. Der Selbsterzogene hat die Verantwortung und auch die Möglichkeit, andere zu erziehen."[19]

Betwixt and Between – Raum für Wandel

Von Lee Mingweis Arbeiten zu lernen, bedeutet, dass man es als eine unserer Pflichten als Institution begreifen könnte, einen Wandel oder zumindest einen Übergang zu neuen Denkansätzen zu initiieren. Solche Transformationen vollziehen sich nach dem Ethnologen Arnold van Gennep (1873-1957) im Dreischritt der Übergangsriten. Lees Arbeiten ermöglichen es uns, in jene zweite Phase einzutreten, die van Gennep *rites de marge* (Umwandlungsriten) nennt. Der Begriff der *Übergangsriten*, den van Gennep in seinem Buch *Les Rites de Passage* von 1909 prägte, bezeichnet Riten, die Veränderungen im Leben eines Menschen zu einem geregelten Prozess der Transformation organisieren, der von einem Zustand in einen nächsten führt oder von einer Welt in eine andere. Diese Zustände könnten in eine neue Lebensphase, wie Mutterschaft oder Ehe, übergehen. Van Gennep unterscheidet dabei drei Kategorien von Riten, die aufeinander folgen: 1) *rites de séparation*: Trennungsriten zur Loslösung von der alten Welt, 2) *rites de marge*: Schwellen- bzw. Umwandlungsriten zur Annäherung an die neue Welt und schließlich 3) *rites d'agrégation*: Angliederungsriten zur Aufnahme in die neue Welt. Neu an diesem Modell war die Erkenntnis eines sich wiederholenden Schemas sowie die Betonung der Zwischenriten (*rites de marge*). Neu war auch die bildliche Vorstellung, dass ein realer materieller Durchgang passiert, ein Raum verlassen, eine Schwelle überschritten und ein anderer Raum betreten wird. Die Räume lassen sich auch als „Welten" verstehen. Hier möchte ich behaupten, dass bereits das Betreten einer Institution einen solchen Übergang symbolisieren kann.

Für Victor Turner (1920-1983), der das Schema der Übergangsriten weiterentwickelt hat, ist die mittlere Phase, die Schwellen- bzw. Umwandlungsphase, der wichtigste Aspekt des Übergangs. In seinem Aufsatz *Betwixt and Between* greift er van Genneps Vorstellung auf, dass die Schwellen- bzw. Umwandlungsphase oft eine gewisse Eigenständigkeit gewinnt und dass das sie bestimmende rituelle Verhalten nicht selten eine Inversion normalen Verhaltens darstellt.[20] Sie ist die wichtigste Phase, da sie der Dreh- und Angelpunkt der Transformation ist. Turner überträgt die Übergangsriten auf unterschiedliche kulturelle Systeme. Er bezeichnet Clowns, Schaman*innen, Prophet*innen und auch Künstler*innen als gleichsam permanente Grenzgänger*innen, als Zwischenwesen, die sich „betwixt and between" aufhalten; die weder das eine noch das andere sind; die einen einzigen permanenten Prozess der Transformation durchlaufen. Aufgrund ihres Zwischendaseins, ihrer teilweisen Distanz und Isolation entwickeln sie, Turners Auffassung zufolge, eine Bewußtseinshaltung, die interpretativ, reflexiv und kritisch ist. So könnte behauptet werden, dass Lee Mingwei durch seine Arbeiten die Institution zu einem Ort macht, der selbst „betwixt and between" ist – in dem der Übergang in eine andere „Welt" stattfinden kann. Er verändert unsere Wahrnehmung und unser Verhalten im institutionellen Kontext, lässt uns Institutionen anders erleben und neu über unsere Aufgaben nachdenken.[21] Wie eingangs erwähnt, kann das Schaffen von Lee Mingwei im Zusammenhang mit dem Denken einer wichtigen Gruppe von Praktiker*innen und Denker*innen gesehen werden, die sich der Frage widmen, wie man neue Formen von Beziehungen etablieren kann. So schreibt Haraway: „In einer Welt, die tiefe Gräben zwischen uns schlägt, einer Welt mit bereits über siebeneinhalb Millionen Menschen, unter denen Leiden und Wohlbefinden sehr unterschiedlich und ungerecht aufgeteilt sind, ist es meiner Meinung nach am wichtigsten, Verwandtschaften zu schaffen (making kin). Mit Verwandten meine ich diejenigen, die eine dauerhafte gegenseitige, verpflichtende, nichtoptionale, du-kannst-das-nicht-einfach-ausblenden-wenn-es-unbequem-wird Vebindung haben, die Konsequenzen mit sich bringt. Ich habe eine Cousine, die Cousine hat mich; ich habe einen Hund, der Hund hat mich."[22]

Die Beziehung zu einzelnen Besucher*innen einer Ausstellung ist zwar in der Praxis nur momenthaft, sie macht aber sicht- und begreifbar, dass es ohnehin eine tiefe Verwandtschaft (nicht nur) unter den Menschen gibt: „alle Erdlinge sind auf die tiefste Art und Weise miteinander verbunden";[23] und dass es dennoch einer Aktivität bedarf, die Begegnung zur Verwandtschaft zu *machen*: not to be kin (schon gar nicht akin), but to make kin!

17 Die Ausübung von *li* wurde in verschiedenen Schriften, unter anderem im *Li Gi: das Buch der Riten, Sitten und Gebräuche*, sowie im *I-li* festgehalten.

18 Richard Wilhelm: *Li Gi. Das Buch der Riten, Sitten und Gebräuche* (Köln: Anaconda, 2007), S. 14.

19 Ebd.

20 Arnold van Gennep: *Übergangsriten (Les Rites de Passage)* (Frankfurt: Campus Verlag, 2005), S. 246.

21 Antje von Graevenitz hat die *rites de passage* konkret mit bildender Kunst in Zusammenhang gebracht. In *Rites of Passage in Modern Art* legt sie dar, dass manche Künstler*innen mit Strategien arbeiten, um die Betrachter*innen einzufangen und sie umso wirksamer zu beeinflussen, indem sie sie auf einen Weg des Übergangs lotsen, auf dem sie sie innerlich verändern. Antje von Graevenitz: „Rites of Passage in Modern Art" in Irving Lavin (Hg.): *World Art. Themes of unity in diversity. Acts of the XXVIth International Congress of the History of Art* (University Park: Penn State University Press, 1989), Buch 3, S. 588.

22 Steve Paulson: *Making Kin. An Interview with Donna Haraway. Steve Paulson interviews Donna Haraway*, (Los Angeles: Los Angeles Review of Books, 6.12.2019), online unter: https://www.lareviewofbooks.org/article/making-kin-an-interview-withdonna-haraway/

23 Donna Haraway: *Unruhig bleiben. Die Verwandtschaft der Arten im Chthuluzän*, übersetzt von Karin Harrasser (Frankfurt: Campus Verlag, 2018), S. 142.

MONEY FOR ART

1994 / 2020

5 Inkjet-Drucke
Jeweils 28 x 36 cm

2006/2020

Holzregal, 100-Dollar-Scheine
70 x 30 x 14 cm

On January 1, 1994 nine sculptures were given to:

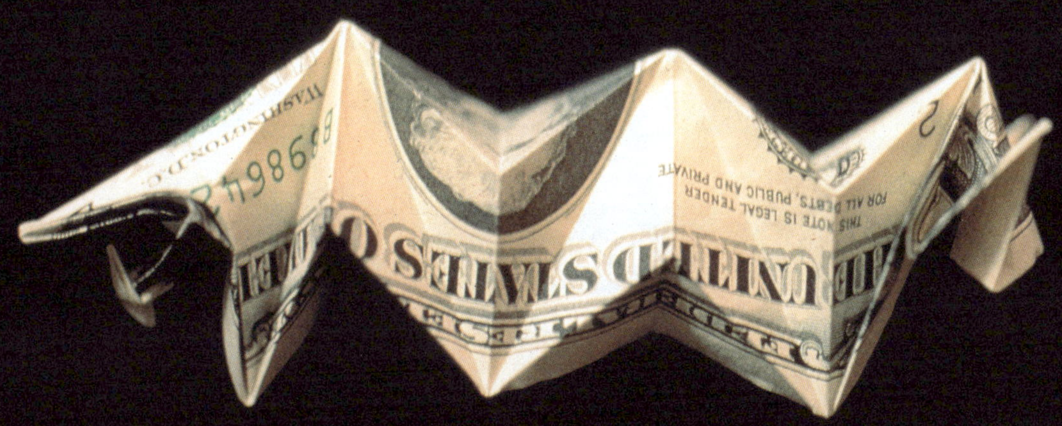

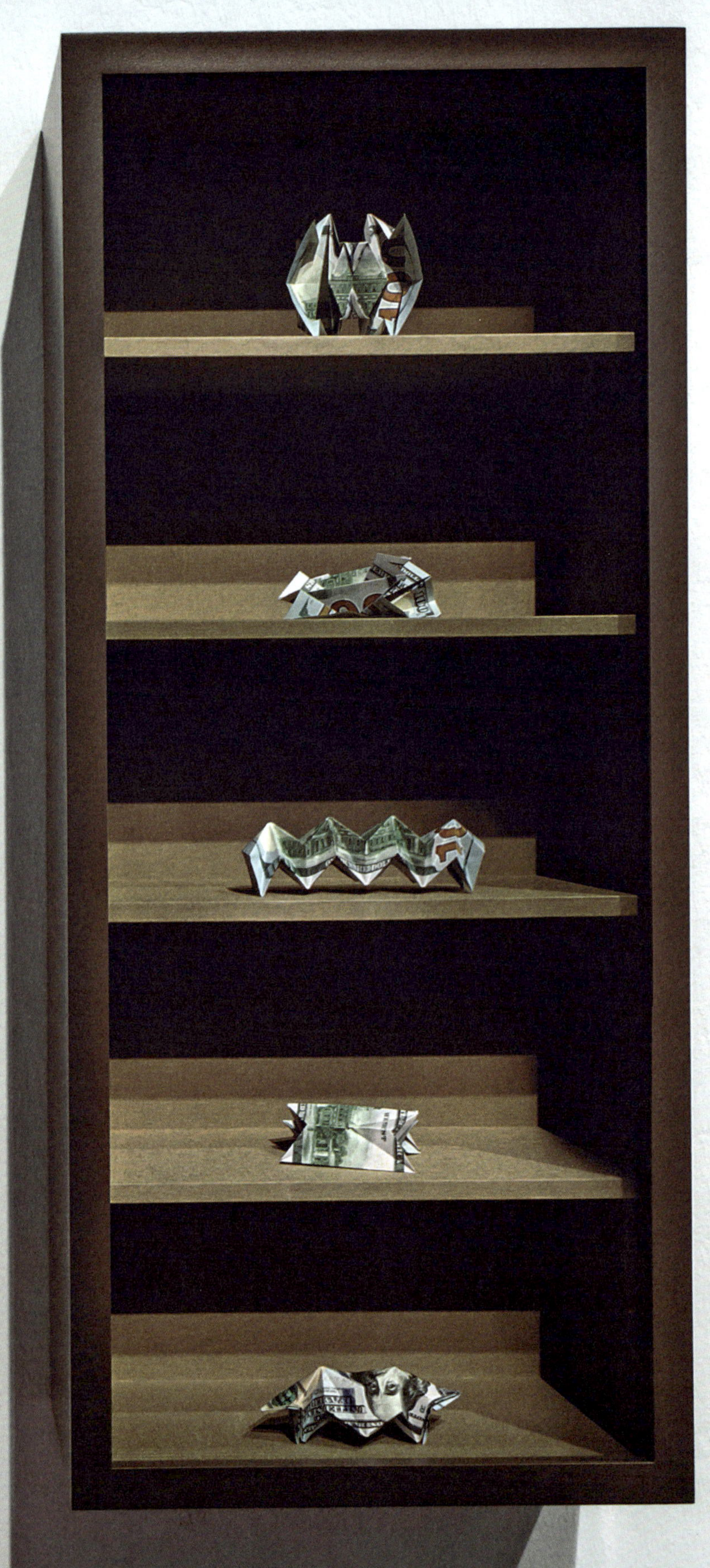

„Geld und Kunst sind nicht dasselbe. In diesem Fall ist die Frage: Wenn der 10-Dollar-Schein von einem Künstler gefaltet wird, ist er dann immer noch zehn Dollar wert, etwas mehr oder etwas weniger? Ich verbrachte einen Tag damit, 10-Dollar-Scheine zu abstrakten Origami-Skulpturen zu falten, und fragte Leute, ob sie daran interessiert wären, das Kunstwerk zu besitzen, und alle sagten zu. Im Gegenzug forderte ich sie auf, mir ihre Telefonnummer zu geben, damit ich sie in sechs und in zwölf Monaten anrufen könnte, um zu erfahren, wie sich ihre Beziehung zu der Skulptur entwickelt hatte. Als ich die Leute anrief, hatte einer das Geld für Mokassins ausgegeben und ein anderer hatte Lebensmittel davon gekauft, aber die meisten hatten die Skulptur behalten.

Eine Frau namens Jennifer erzählte mir, dass sie einmal so hungrig gewesen sei, dass sie den Schein auseinandergefaltet und Eis und eine Banane davon gekauft habe. Sie erzählte mir außerdem die bewegende Geschichte ihrer Urgroßmutter, die als Geflüchtete in die Vereinigten Staaten kam. Einst eine wohlhabende Person, hatte sie all ihren Besitz verkauft, vor allem Kunstwerke, um das Geld für die Überfahrt zusammenzubekommen. Ich erinnere mich daran, dass Jennifer sagte: „Wenn es hart auf hart kommt, sind die Kunstwerke zuerst dran."

Eine andere Teilnehmerin hatte mir sogar ihre Bankkarte überlassen, mit Geheimzahl. Sie war erstaunt, dass ich kein Geld abgehoben hatte. Das wurde zum Ausgangspunkt einiger meiner späteren Projekte, bei denen es um Vertrauen, Vertrautheit und Beziehungen zwischen Unbekannten geht. Außerdem war da noch John, der zu der Zeit obdachlos war, inzwischen aber in einer einfachen Hütte lebt. In den vergangenen Jahren habe ich ihn jedes Mal, wenn ich in der Gegend von San Francisco war, mit einer neuen 10-Dollar-Skulptur besucht, sodass er inzwischen 14 davon hat. Er sagte mir, er sei sehr glücklich und fühle sich geehrt, Teil eines Kunstprojektes zu sein, und insbesondere eines, durch das er selbst ein Kunstwerk besitzen könne. Er sagte, mit Geld könne er sich Nahrung kaufen, aber Kunst sei besser, denn sie sei nicht nur Nahrung für seinen Körper, sondern auch für seine Seele."

LEE MINGWEI

1993 saß Lee Mingwei in einem Café in den USA und faltete vorsichtig neun kleine Origami-Figuren aus 10-Dollar-Scheinen. Er schenkte diese interessierten Passant*innen und bat sie als Gegenleistung, ein Jahr lang mit ihm in Kontakt zu bleiben. Nach Ablauf der Zeit kontaktierte er die Personen und fragte sie, was sie mit dem Kunstwerk gemacht hatten. 1997 forderte er die Besucher*innen seiner Ausstellung auf, sich eine Origami-Figur aus einem Regal zu nehmen und im Gegenzug ein Objekt und eine Karte mit ihrem Namen und Beruf zu hinterlassen. Unter anderem waren eine Flasche, Prozac-Tabletten und ein Kondom unter den Objekten. Im Gropius Bau zeigte Lee eine spätere Version der Arbeit, die von 2006 ist und aus einer Vitrine besteht, die fünf verschiedene Origami-Figuren aus 100-Dollar-Scheinen enthält.

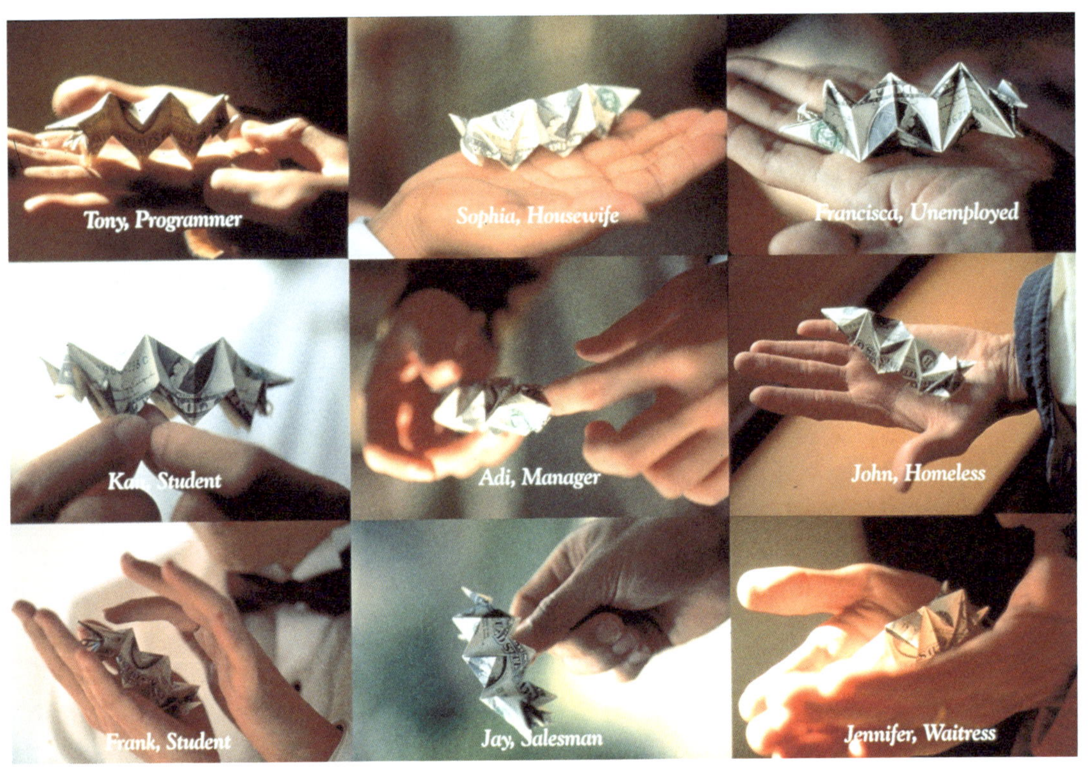
Tony, Programmer
Sophia, Housewife
Francisca, Unemployed
Kai, Student
Adi, Manager
John, Homeless
Frank, Student
Jay, Salesman
Jennifer, Waitress

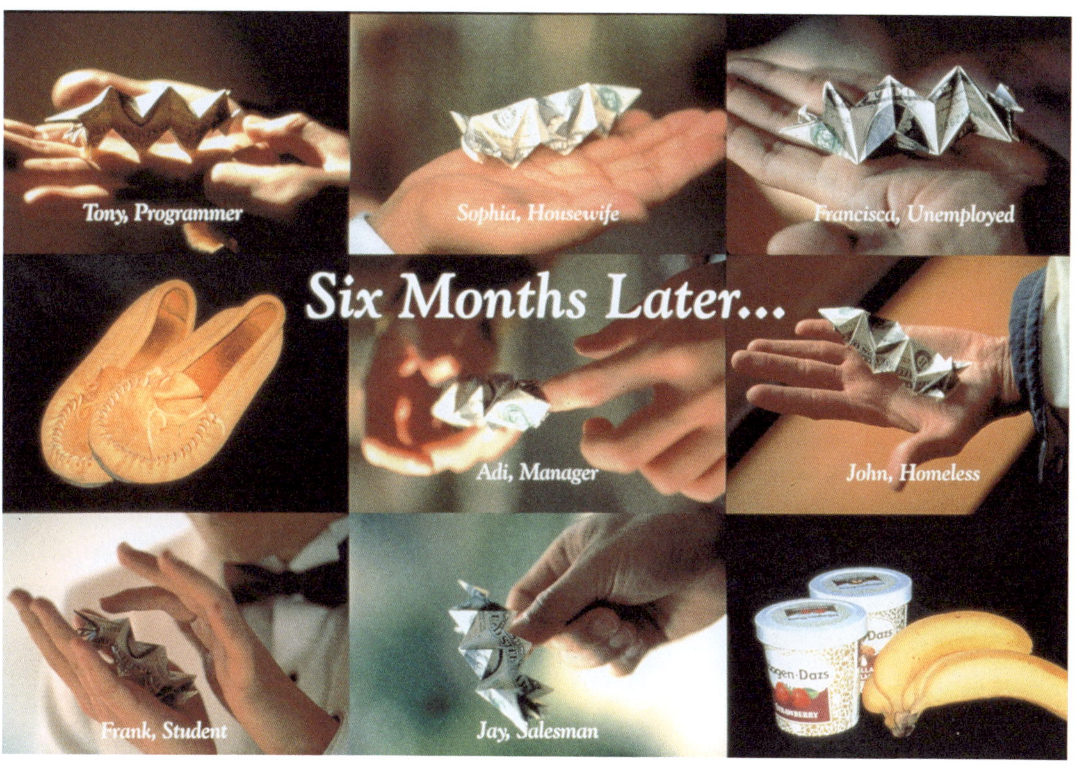
Six Months Later...
Tony, Programmer
Sophia, Housewife
Francisca, Unemployed
Adi, Manager
John, Homeless
Frank, Student
Jay, Salesman

100 DAYS WITH LILY

1995

5 Ilfochrome Abzüge, gerahmt
Jeweils 166 x 115 cm

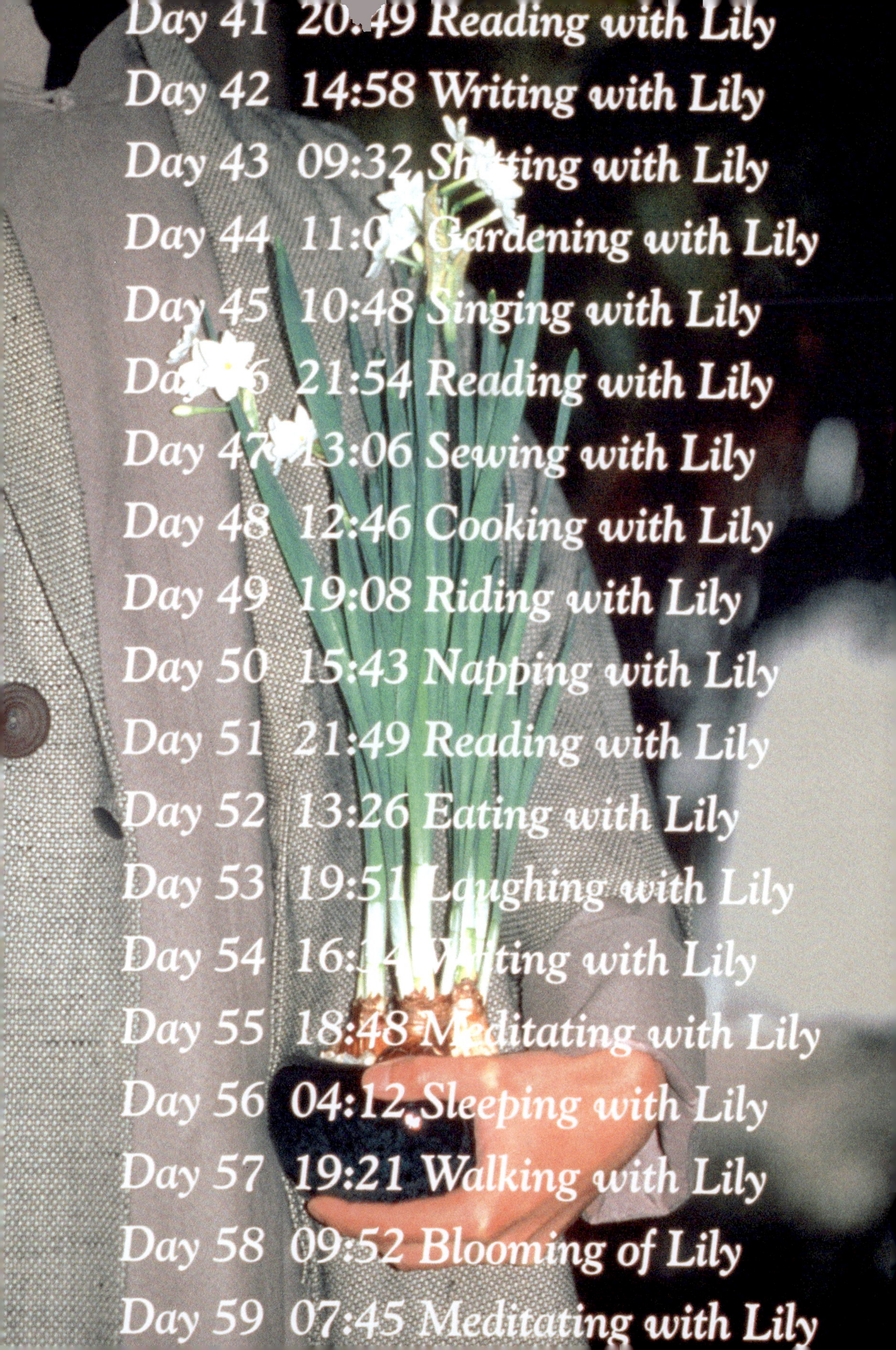

Day 41 20:49 Reading with Lily

Day 42 14:58 Writing with Lily

Day 43 09:32 Sh[illegible]tting with Lily

Day 44 11:0[illegible] Gardening with Lily

Day 45 10:48 Singing with Lily

Day 46 21:54 Reading with Lily

Day 47 13:06 Sewing with Lily

Day 48 12:46 Cooking with Lily

Day 49 19:08 Riding with Lily

Day 50 15:43 Napping with Lily

Day 51 21:49 Reading with Lily

Day 52 13:26 Eating with Lily

Day 53 19:51 Laughing with Lily

Day 54 16:[illegible]4 W[illegible]ting with Lily

Day 55 18:48 Meditating with Lily

Day 56 04:12 Sleeping with Lily

Day 57 19:21 Walking with Lily

Day 58 09:52 Blooming of Lily

Day 59 07:45 Meditating with Lily

„Dieses Projekt wurde durch meine Großmutter mütterlicherseits inspiriert und zudem von Performances von Künstlern wie Joseph Beuys und Tehching Hsieh beeinflusst. Als meine Großmutter verstarb, hatte ich das Bedürfnis, eine enge Verbindung zu einer lebenden Pflanze einzugehen. Ich trug sie 100 Tage mit mir herum, um die Phasen ihres Keimens, Blühens und Austrocknens zu erleben. Obwohl die Pflanze um Tag 80 herum bereits vollständig vertrocknet war, trug ich sie weitere 20 Tage herum. Dann grub ich die Zwiebel aus und vergrub sie wieder im Garten, in der Hoffnung, dass sie im folgenden Jahr austreiben würde. Es handelt sich um eines meiner wenigen fotografischen Werke. Über die fünf Bilder ist Text gelegt. Die Worte beschreiben meine täglichen Aktivitäten, aber ich habe nur sehr wenig Text verwendet, um es der Fantasie der Betrachtenden zu überlassen, sich auszumalen, was ich an anderen Tagen mit der Pflanze zusammen erlebt habe. Für das Werk verwendete ich eine Narzisse, da meine Großeltern oft Narzissen im Wohnzimmer hatten, wenn ich sie in den Ferien zum chinesischen Neujahr besuchte. Viele Leute schmückten ihre Wohnungen mit Narzissen zum chinesischen Neujahr. Da ich als kleiner Junge das Wort Narzisse nicht aussprechen konnte, sagte meine Großmutter einfach, die Blume heiße Lily.“

LEE MINGWEI

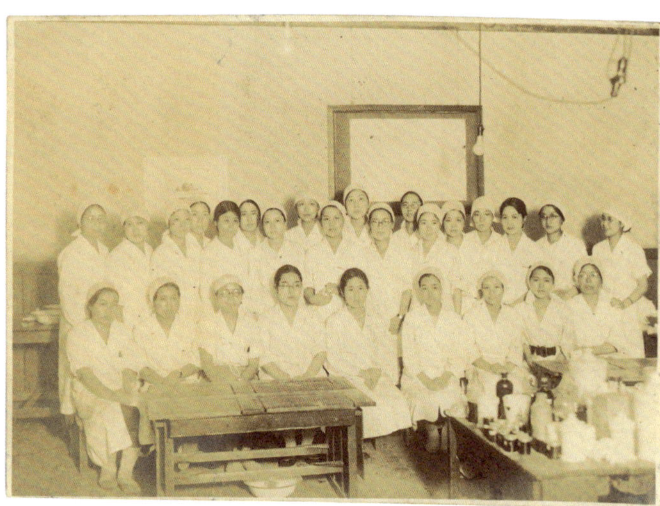

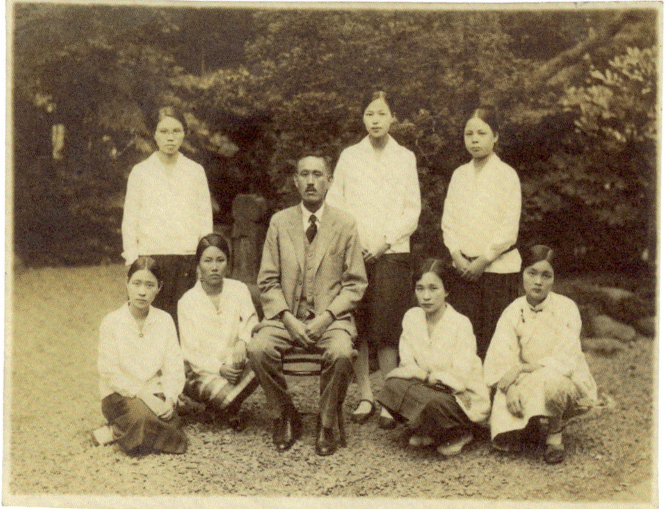

Lee Mingweis Großmutter absolvierte ein Medizinstudium bei der Tokyo Women's Medical University in Japan und schloss ihr Studium als Klassenbeste ab. Diese Fotografie zeigt sie mit ihren Kommilitoninnen – in der letzten Reihe, die achte von links.

Hier ist Lee Mingweis Großmutter ebenfalls mit ihren Kommilitoninnen zu sehen – sie ist die zweite von rechts in der letzten Reihe.

Dieses Familienfoto zeigt Lee Mingwei als Kind – er steht vorne in der Mitte – mit seiner Mutter, die rechts in der hinteren Reihe steht und eine rote Tasche trägt, und seiner Großmutter, hinten mittig, sowie seinen Geschwistern.

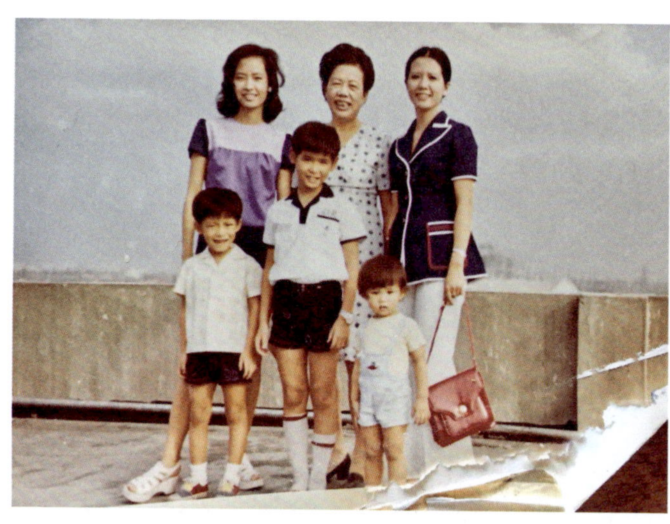

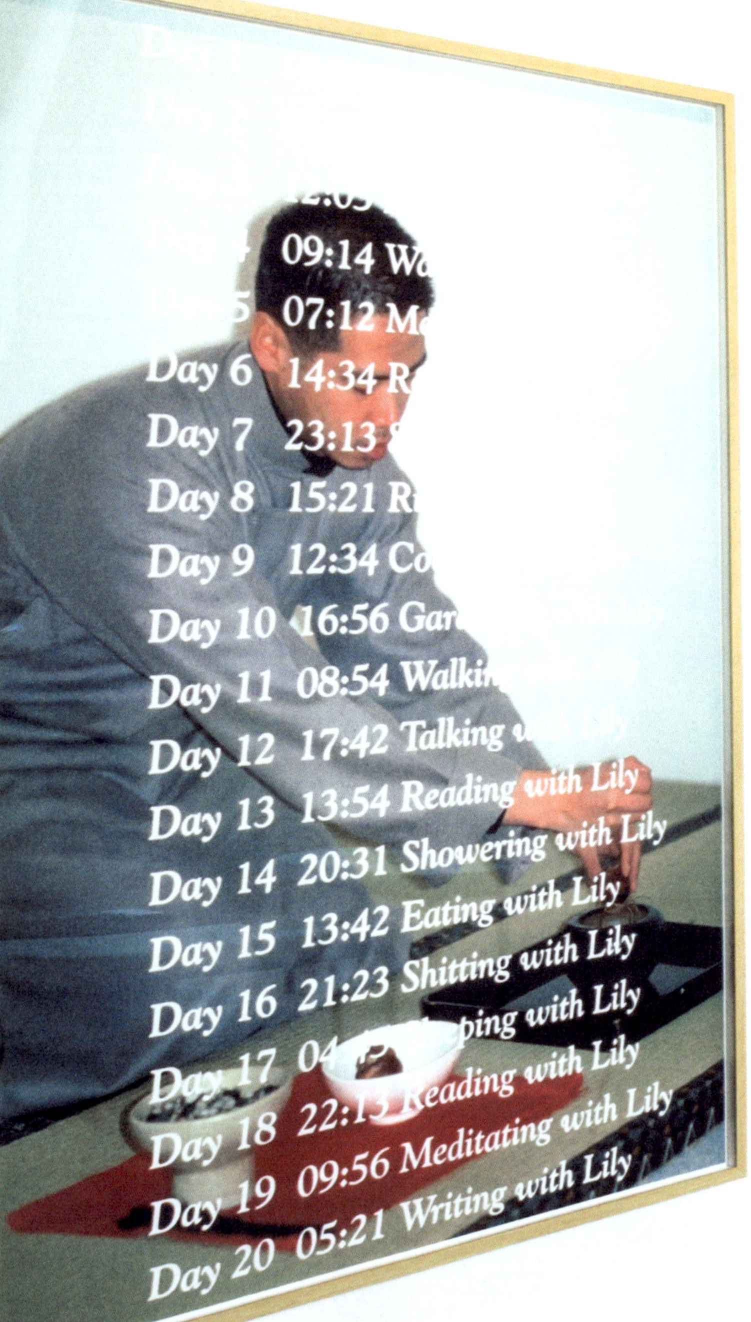

Day 6 14:34
Day 7 23:13
Day 8 15:21
Day 9 12:34
Day 10 16:56
Day 11 08:54
Day 12 17:42
Day 13 13:54 Reading with Lily
Day 14 20:31 Showering with Lily
Day 15 13:42 Eating with Lily
Day 16 21:23 Shitting with Lily
Day 17
Day 18 22:13 Reading with Lily
Day 19 09:56 Meditating with Lily
Day 20 05:21 Writing with Lily

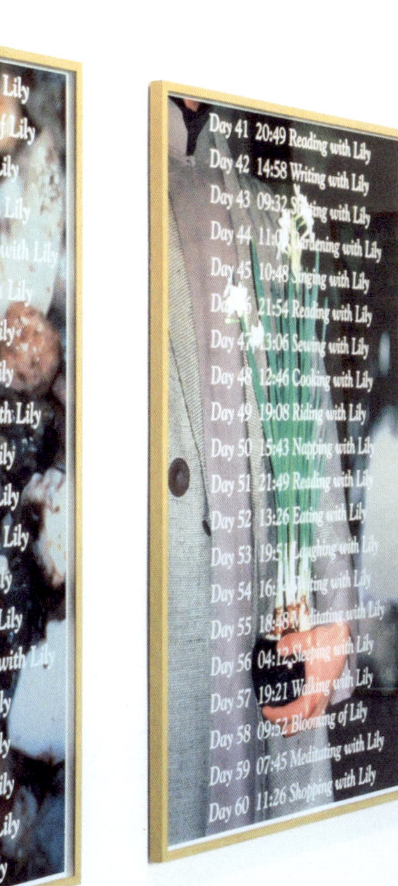
Day 41 20:49 Reading with Lily
Day 42 14:58 Writing with Lily
Day 45 10:48 Singing with Lily
Day 48 12:46 Cooking with Lily
Day 49 19:08 Riding with Lily
Day 50 15:43 Napping with Lily
Day 51 21:49 Reading with Lily
Day 52 13:26 Eating with Lily
Day 55 18:48 Meditating with Lily
Day 56 04:12 Sleeping with Lily
Day 57 19:21 Walking with Lily
Day 58 09:52 Blooming of Lily
Day 59 07:45 Meditating with Lily
Day 60 11:26 Shopping with Lily

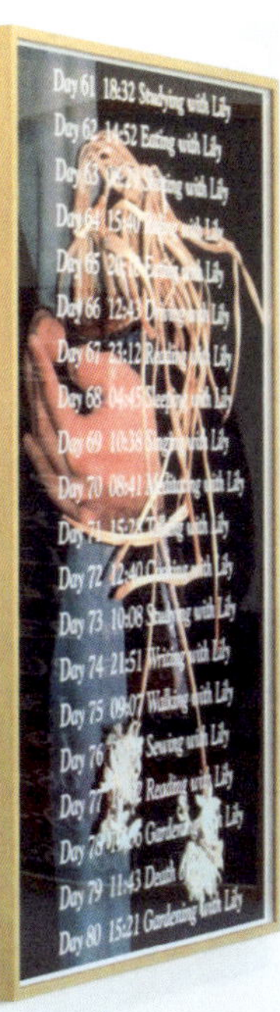
Day 61 18:32 Studying with Lily
Day 62 14:52 Eating with Lily
Day 80 15:21 Gardening with Lily

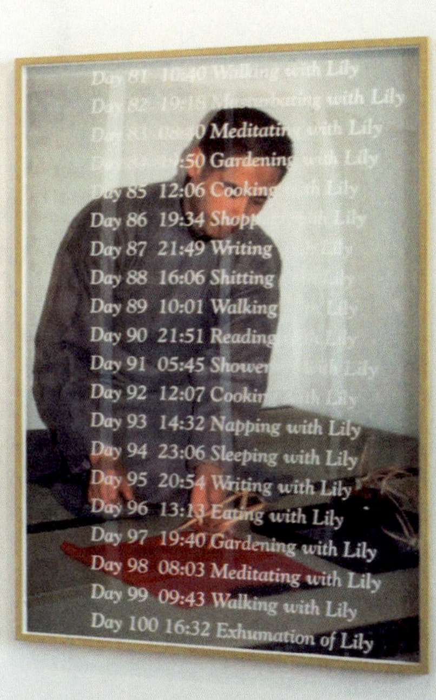
Day 81 10:40 Walking with Lily
Day 93 14:32 Napping with Lily
Day 94 23:06 Sleeping with Lily
Day 95 20:54 Writing with Lily
Day 96 13:13 Eating with Lily
Day 97 19:40 Gardening with Lily
Day 98 08:03 Meditating with Lily
Day 99 09:43 Walking with Lily
Day 100 16:32 Exhumation of Lily

THE DINING PROJECT

1997/2020

Holzplattform, Tatami-Matten, schwarze Bohnen,
Reis, Einkanal-Video, Ton
335 x 335 x 85 cm

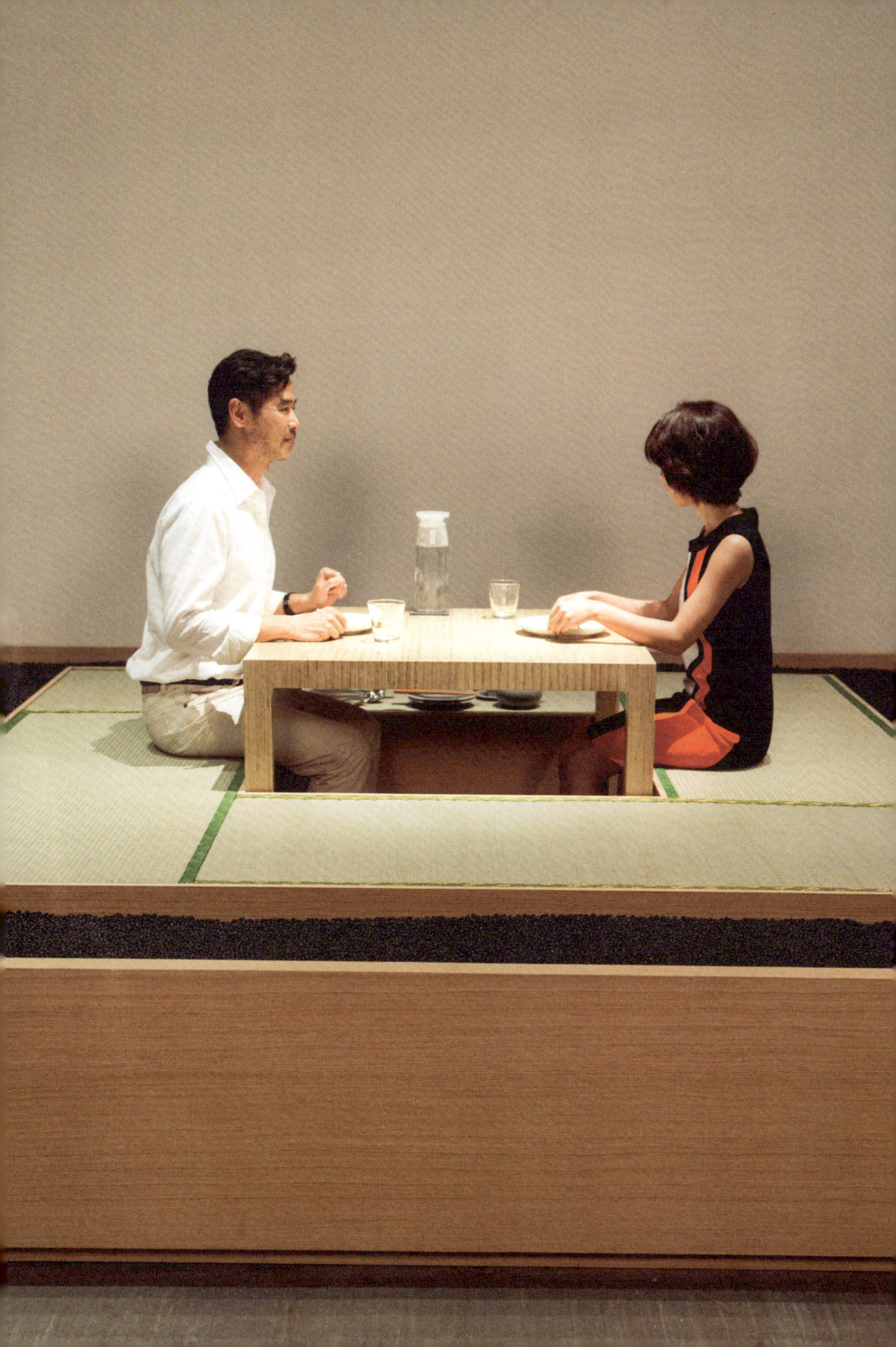

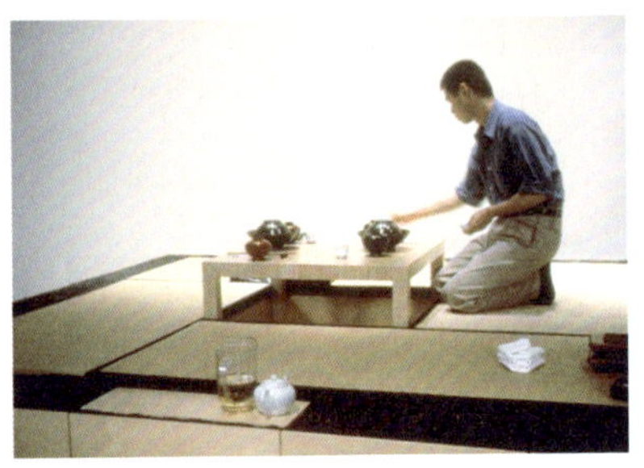

Während der Laufzeit der Ausstellung im Gropius Bau realisierte Lee Mingwei dienstags zur Mittagszeit *The Dining Project*. Er lud Besucher*innen, die per Loskartensystem ausgewählt wurden, am Schließtag der Ausstellung zu einer persönlich für sie zubereiteten Mahlzeit ein. Die Gastgeber*innen, die die verschiedenen Teilnehmer*innen bekochten und mit ihnen aßen, waren entweder Lee Mingwei oder Mitarbeiter*innen des Gropius Bau. In der Fotografie oben deckt Lee Mingwei den Tisch im Rahmen der Präsentation der Arbeit im The Whitney Museum of American Art im Jahr 1998.

„In *The Dining Project* geht es darum, über das Essen Vertrauen und Vertrautheit zwischen Unbekannten zu schaffen. Es war eines meiner ersten Projekte mit Einzelpersonen. 1995 kam ich nach Yale, um meinen Masterstudiengang zu absolvieren. Da ich hauptsächlich in Taiwan und Berkeley Hills an der Westküste der Vereinigten Staaten aufgewachsen war, kannte ich niemanden in New Haven, Connecticut. Deshalb hängte ich ungefähr 50 Suchanzeigen rund um den Campus auf, in denen ich Leute zu einem Essen einlud, das ich extra und völlig kostenlos für sie zubereiten würde. Sie mussten sich nur melden und mir eventuelle Lebensmittelunverträglichkeiten mitteilen.

Als ich abends nach Hause kam, warteten auf meinem Anrufbeantworter (es war die Zeit vor den Mobiltelefonen) über 45 Anrufe und Nachrichten auf mich. Die Nachrichten stammten von allen möglichen Leuten: von Studierenden, Professor*innen, Hausmeister*innen, Obdachlosen und anderen Menschen, die um New Haven herum lebten. Die meisten waren ziemlich neugierig und wollten wissen, worum es genau geht. Ich erklärte ihnen, dass ich ein taiwanesisch-amerikanischer Student war, der sich in der neuen Umgebung verloren und sehr einsam fühlte.

In New Haven gab es einen Asia-Laden, in den ich dann nach den Lehrveranstaltungen oft ging, um anschließend mehrere Stunden mit der Zubereitung des Essens zu verbringen. Meine Gäste kamen gegen sieben Uhr. Normalerweise kochte ich einfache asiatische Kost wie beispielsweise Tofu mit Hähnchenfleisch und pfannengerührtes Gemüse sowie dunklen Reis. Miso-Suppe war ebenfalls ein Teil des Essens. Wir verbrachten dann die nächsten zwei oder drei Stunden einfach damit, zu essen, zu reden und die Gesellschaft der*des jeweils anderen zu genießen. Zunächst wollte ich die Leute auffordern, ihre Eindrücke von dem Abend in ein Notizbuch zu schreiben, aber dann wurde mir schnell klar, dass das keine gute Idee war, denn es erschien beinahe wie eine Aufforderung, Hausaufgaben zu machen, und hätte von der eigentlichen Situation abgelenkt."

LEE MINGWEI

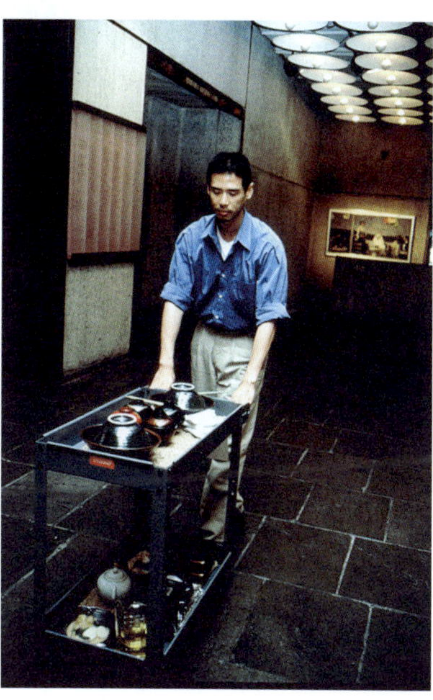

Als einsamer Student, der neu an der Yale University war, initiierte Lee Mingwei *The Dining Project*, um andere Menschen kennenzulernen, neue Freund*innen zu finden und Essen und Geschichten zu teilen. Zu dieser Zeit setzte er sich intensiv mit Zeitlichkeit in der Performancekunst auseinander und im Rahmen seines Projekts aß er ein Jahr lang jeden zweiten Abend mit einer anderen Person. Sein ursprüngliches Plakat, mit dessen Hilfe er Menschen suchte, die mit ihm essen wollten, ist auf dieser Aufnahme rechts unten zu sehen. Lees Vorbereitungen zur erneuten Präsentation der Arbeit im The Whitney Museum of American Art im Jahr 1998 sind auf den anderen Aufnahmen abgebildet.

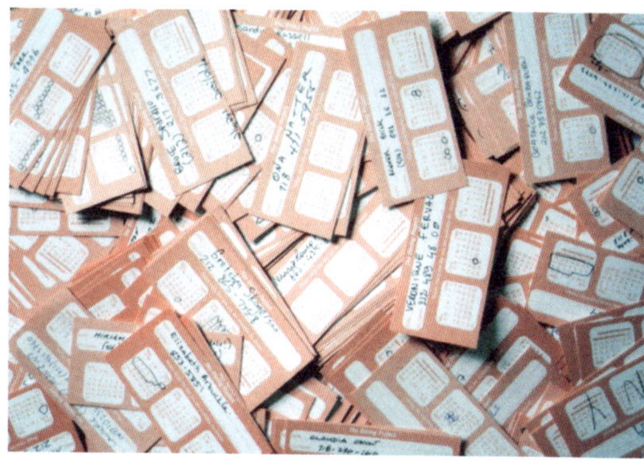

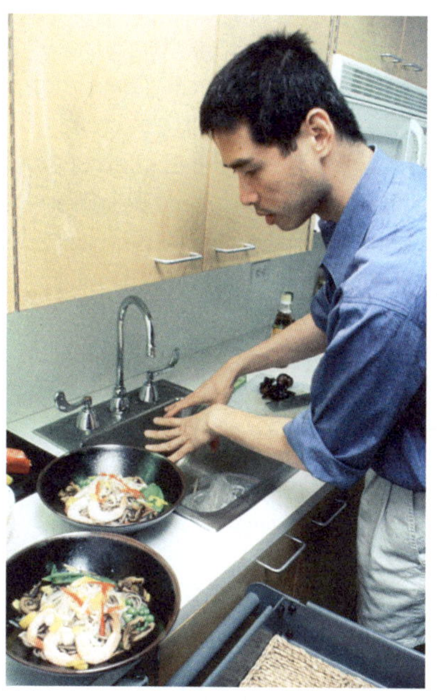

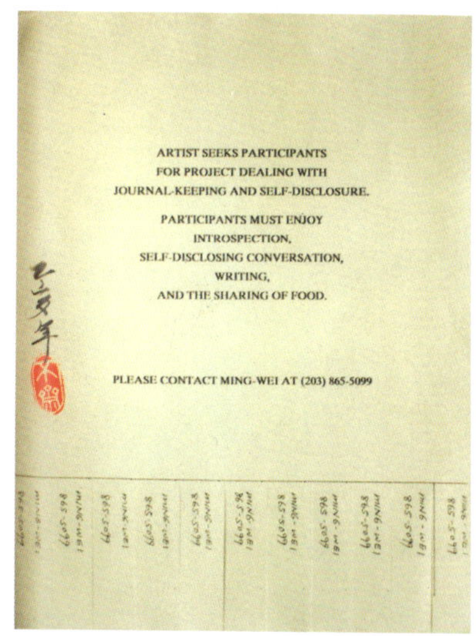

„Anfang 1996 berichtete mir ein Freund in Yale von einem Flyer, auf dem Studierende zu einem Projekt mit dem Titel *The Dining Project* eingeladen wurden. Wenn ich mich genau erinnere, machte mein Freund eine Verabredung aus. Er ging aber niemals hin, ich hingegen schon. Das Treffen fand in den alten Räumlichkeiten der Skulpturenwerkstatt statt. Ich erinnere mich vor allem an die Nachspeise – Bohnentörtchen mit Zeichen in Mandarin. Ming sagte mir, dass dies das erste von mehreren Abendessen sei. Er sagte, dass er nach diesem Essen ein Notizbuch erstellen und mir geben würde, um meine Gedanken zu dieser Erfahrung darin festzuhalten. Das Buch würde mit anderen Relikten der Abendessen ausgestellt werden. Ich stand kurz vor dem Abfassen meiner Doktorarbeit und schrieb auch für deutsche Medien. Die Vorstellung, einen weiteren (unbezahlten) Schreibauftrag anzunehmen, behagte mir gar nicht. Ich sagte es ihm. Das Buch wurde niemals verwirklicht, wir wurden aber enge Freunde."

HUBERTUS BREUER

Nahm während seines Studiums an der Yale University an *The Dining Project* teil.

„Mit Lee Mingwei als Gastgeber verbrachten wir etwas mehr als eine Stunde damit, eine Gemüsesuppe, scharfe gebratene Garnelen mit Bohnen, ein Fisch-Saté auf Zitronengras und gebratenes Tempeh zu genießen. Wir diskutierten über Momente der Nähe, kurze Intimität, die es Menschen ermöglicht, sich zu öffnen und Dinge zu teilen, die sie sonst nicht teilen würden. Während ich auf der Tatami-Matte saß und meine Füße in den Reis eintauchte, erhielt ich ein Geschenk nach dem anderen; köstliches Essen unterschiedlicher Art und Textur sowie Einblicke in das Leben und die Arbeit eines Künstlers, den ich bewundere. Es war eine einmalige Erfahrung. Ich glaube, dass die eigentliche Schönheit von *The Dining Project* darin liegt, dass ein Ort des Teilens entsteht, der echte Beziehungen zwischen Unbekannten, deren Namen zufällig ausgewählt werden, ermöglicht. Und wie in einem Kinofilm entfaltet sich eine unerklärliche, magische Atmosphäre als das Ergebnis des zufälligen Zusammentreffens zwischen Gastgeber*in und Gast."

DIAN INA MAHENDRA

Ausstellungsleiterin des Museum MACAN, Jakarta, die an der Ausstellung *Lee Mingwei: Seven Stories*, 2018, arbeitete.

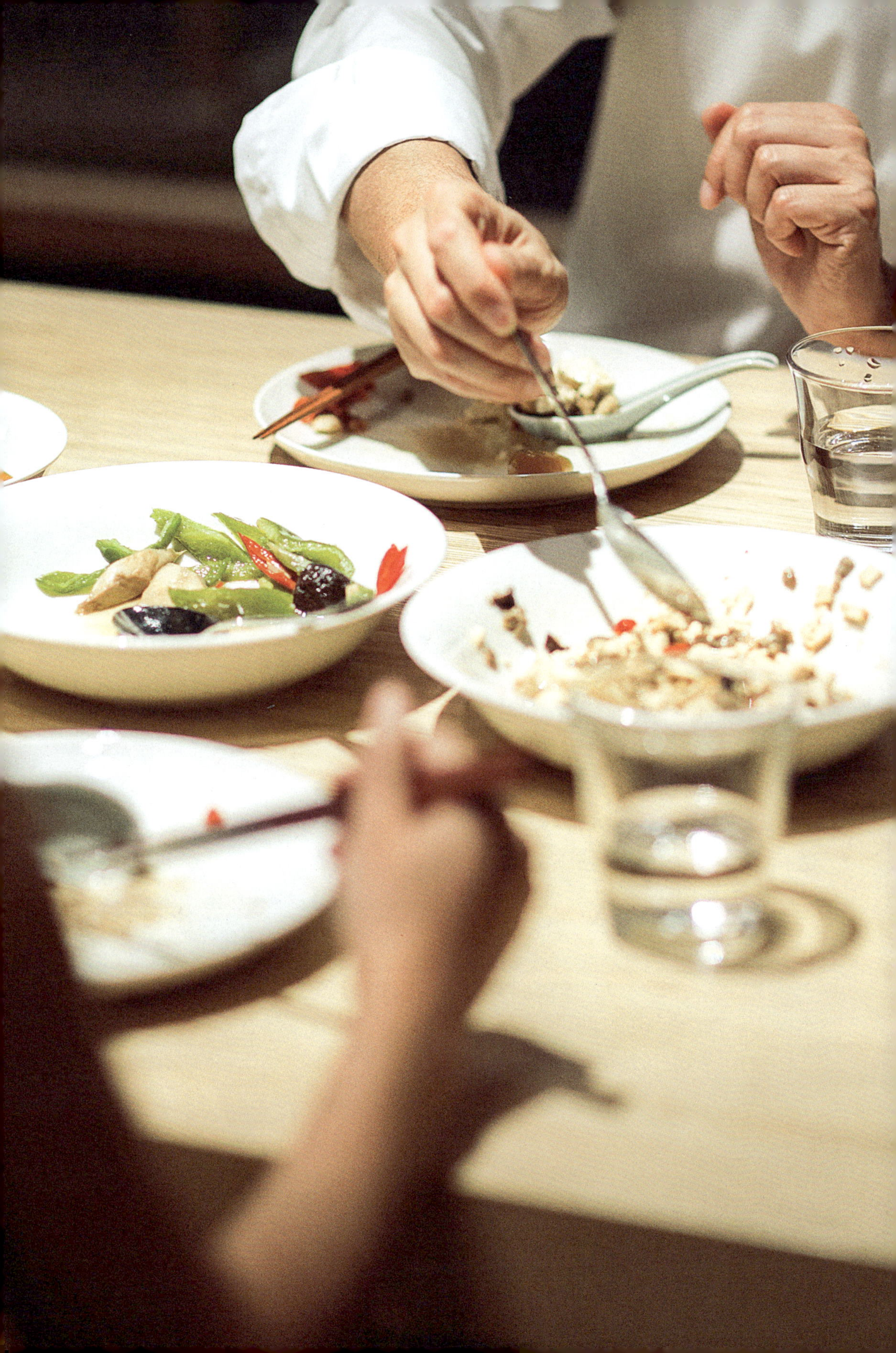

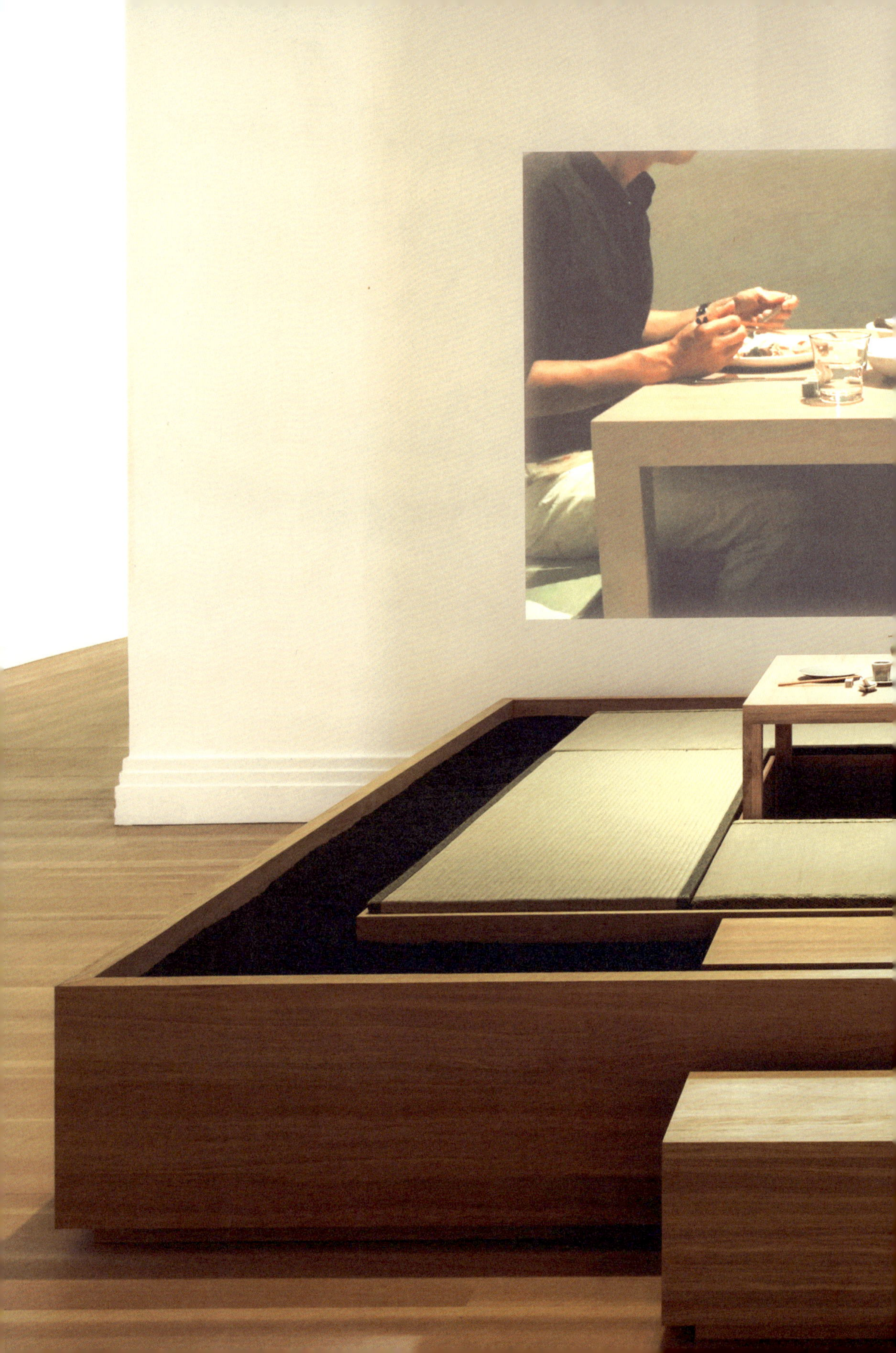

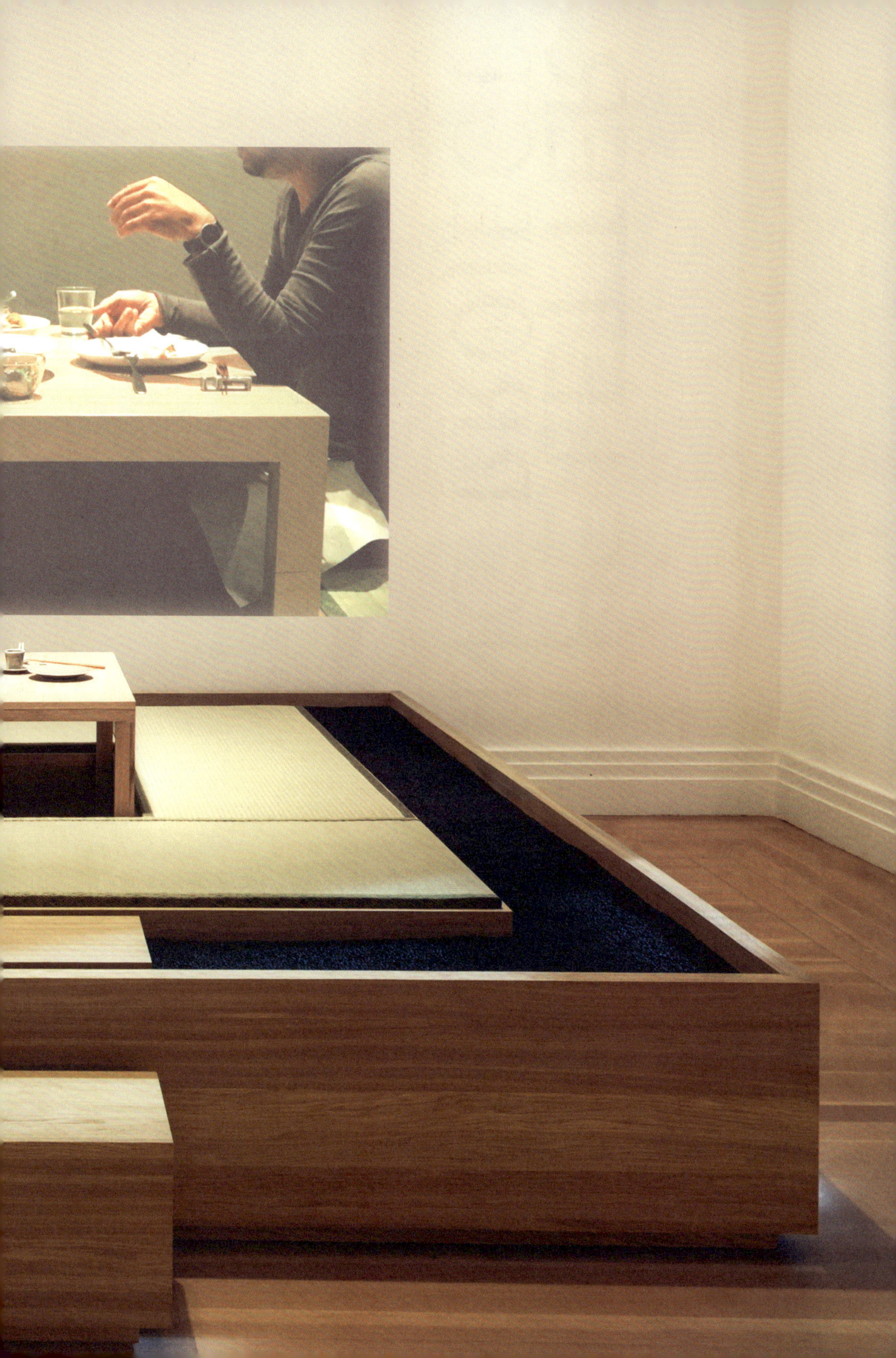

THE LETTER WRITING PROJECT

1998/2020

3 Holzkabinen, Briefpapier, Umschläge, Bleistifte
Jeweils 290 x 170 x 231 cm

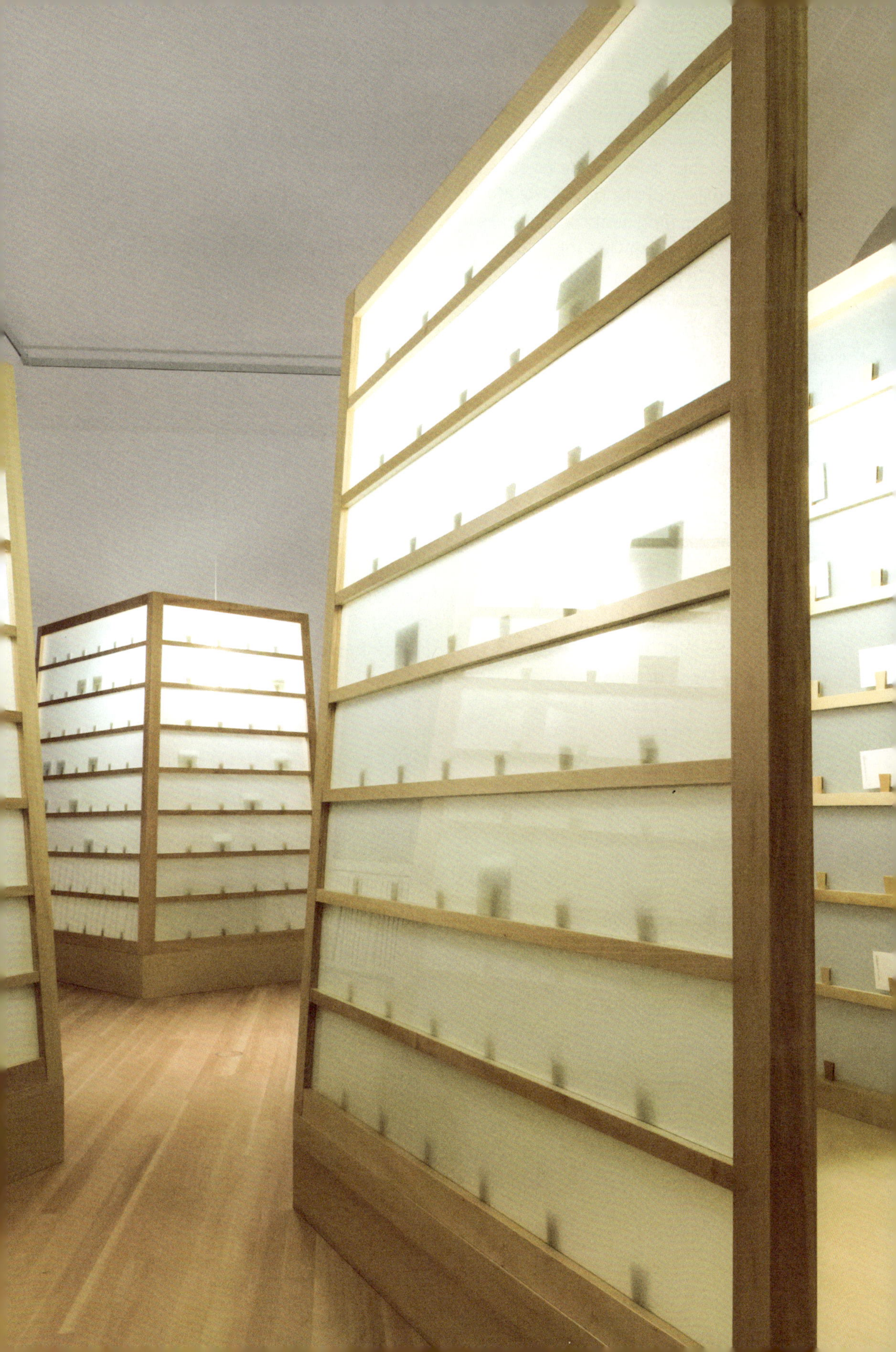

„*The Letter Writing Project* entstand aus einer emotionalen Reaktion auf den Tod meiner Großmutter mütterlicherseits. Als es geschah, war ich auf der High School, während sie mit meinen Eltern in Taiwan lebte. Ich hatte ihr noch viele Dinge sagen wollen, aber nun war es zu spät, und so verbrachte ich die folgenden 18 Monate damit, Briefe an sie zu schreiben. Manche davon waren lang, während andere einfach nur aus Zeichnungen oder zufälligen Gedanken bestanden. Am Ende dieses Prozesses hatte ich rund 120 Briefe. Ich schloss meinen Trauerprozess damit ab, sie zu verbrennen.

In der Zeit, als ich diese Briefe schrieb, rief ich häufig meine Mutter an, um sie etwa zu fragen, wie meine Großmutter privat oder als Ärztin in der Bergstadt Puli war. Meine Mutter erzählte zahlreiche mir unbekannte Familiengeschichten. So erfuhr ich, dass meine Großmutter ihren Kindern gegenüber ziemlich streng war und dass sich die Mädchen meinem Großvater viel näher fühlten.

Meine Familie verbrachte die Ferien jeden Sommer in Puli. Einmal sah ich einen verletzten Einheimischen in die Ambulanz meiner Großmutter gehen, mit Pfeil und Bogen in der einen Hand und einer toten Bergkatze in der anderen. Meine Großmutter versorgte seine blutende Schulter und den Arm mit großer Zärtlichkeit, was ich ängstlich und zugleich bewundernd durch ein kleines Loch im Paravent beobachtete.

Wenn *The Letter Writing Project* zu einem Ende kommt, möchte ich all die nicht abgeschickten Briefe ohne Adressen nach Indien bringen und dort in einer Feuerzeremonie verbrennen. All die kraftvollen Gedanken, Emotionen und Gefühle würden durch das Feuer freigesetzt und dann durch das Wasser davongespült werden. Ich glaube daran, dass diese Emotionen dem Himmel und dem Fluss gehören."

LEE MINGWEI

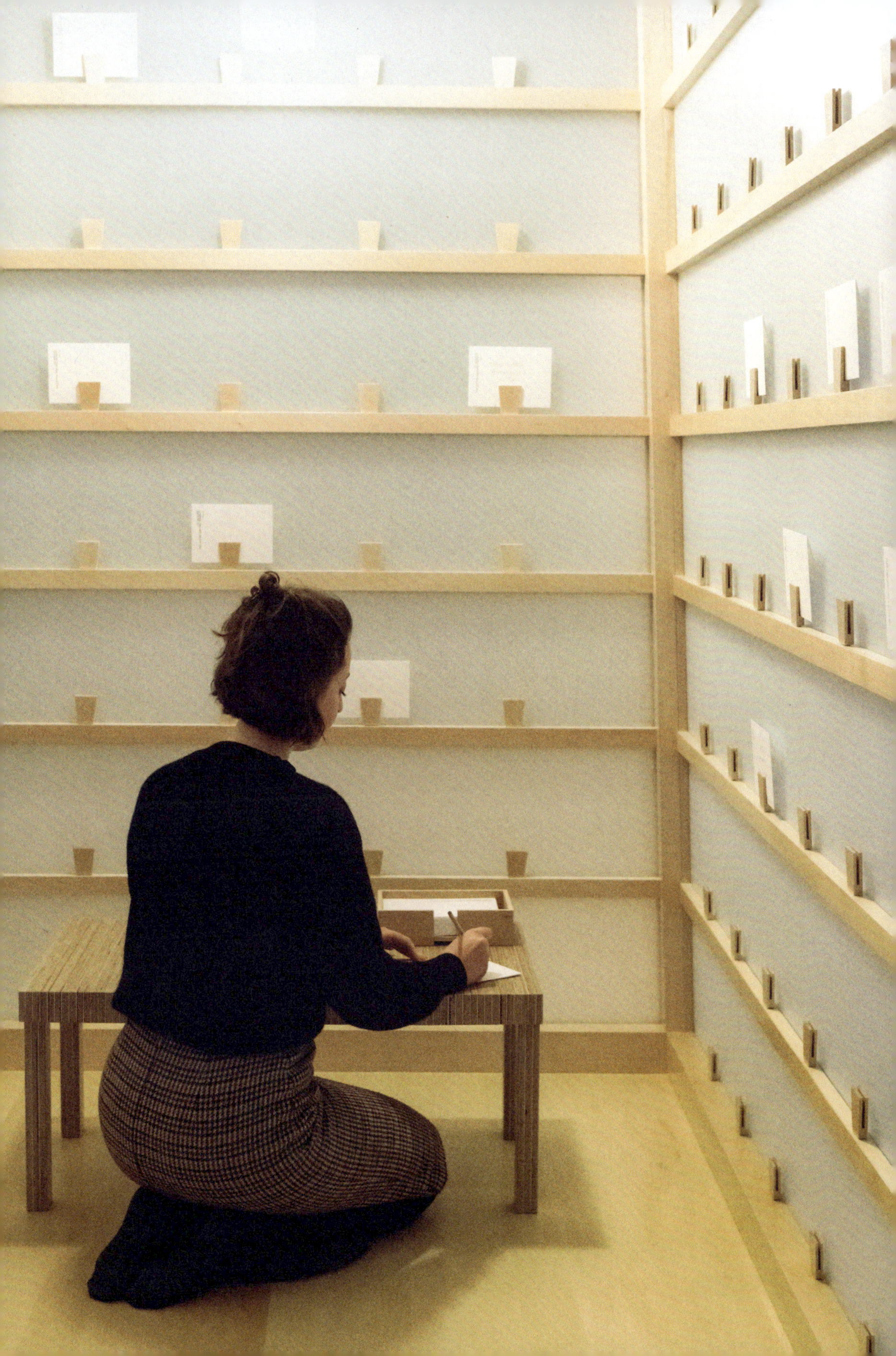

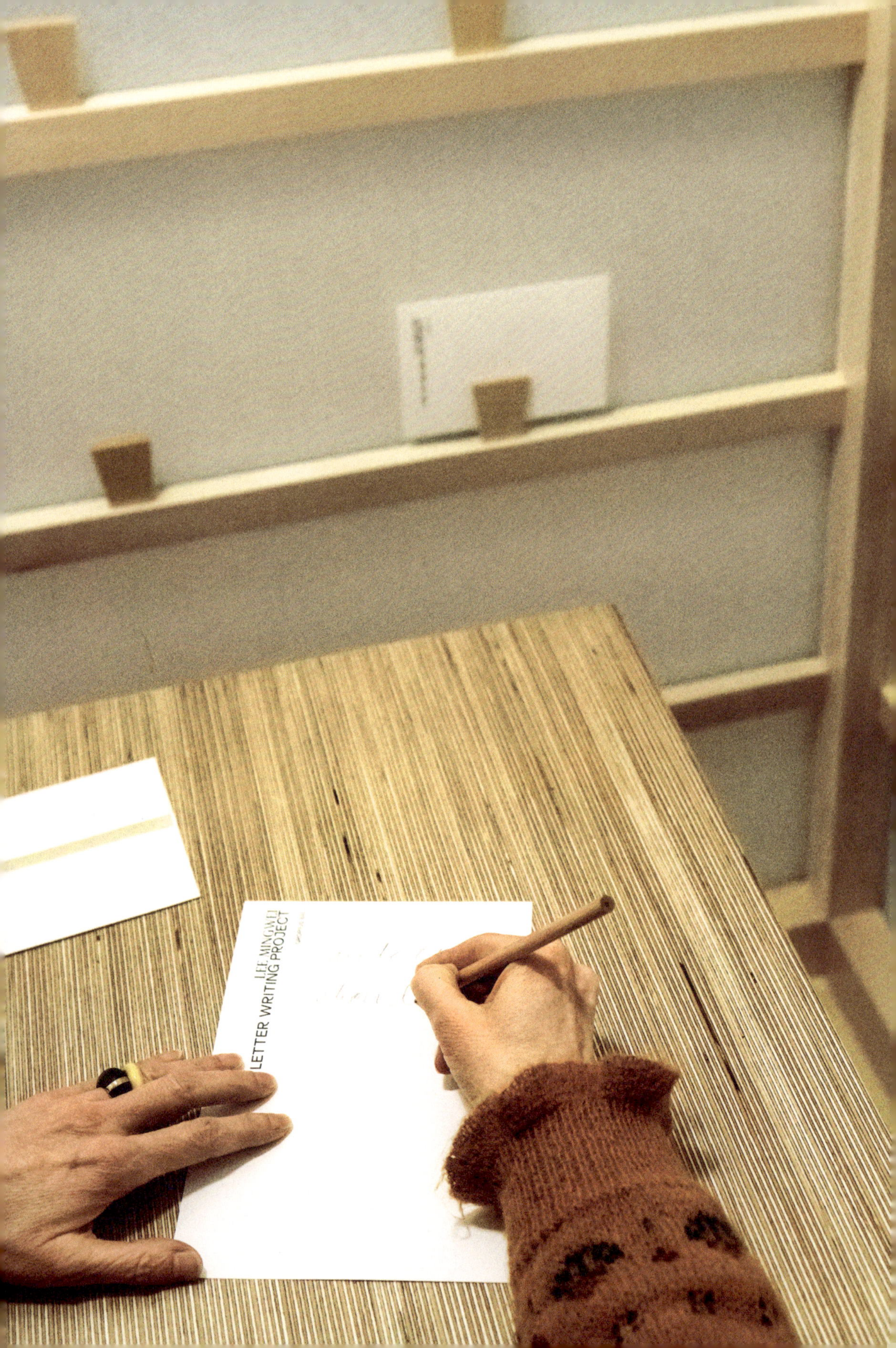
LEE MINGWEI
LETTER WRITING PROJECT

„Ich habe mit Lee zusammengearbeitet, um 2014 *Lee Mingwei and His Relations: The Art of Participation* beim Mori Art Museum in Tokio zu organisieren. Während der Ausstellung war es meine Aufgabe, die Briefe zu sammeln, welche die Besucher*innen geschrieben haben, und diese bei der Post abzugeben. Wir waren beeindruckt von der riesigen Menge an Briefen, die während der Ausstellung verfasst wurden – verschlossen, unverschlossen, einige davon mit Adressen. Als wir die Briefe aussortierten, bevor wir sie zur Post brachten, bereitete es meinen Kolleg*innen und mir eine besonders große Freude, zu erfahren, wer an *The Letter Writing Project* teilnahm und aus welchem Land oder welcher Region sie kamen, und ob sie diese Briefe innerhalb Japans oder ins Ausland verschicken wollten. Meine Aufgabe stand einem Akt des ‚Schenkens' näher, obgleich ich durch das Lesen des unverschlossenen Briefs auch die geteilten Erinnerungen von den Verfasser*innen, ‚empfing'."

AYAKO YOSHIDA

Mitglied des Projektteams für die Ausstellung *Lee Mingwei and His Relations: The Art of Participation* im Mori Art Museum, Tokio, 2014.

MITEINANDER LEBEN IN DER KUNST VON LEE MINGWEI

HARVEY MOLOTCH

Lee Mingwei hinterfragt Trennungen – zwischen Menschen, Kulturen, Museen und dem Publikum. Sein Medium ist die soziale Begegnung, die immer auf eine ruhige Art und Weise, teilweise auch mithilfe von Artefakten, erfolgt. Lee kalkuliert das mit dem Fremden verbundene Risiko mit ein. Das ist seine Kunst. In Close-up und Echtzeit lässt er sich auf Menschen ein, die er nicht kennt – er teilt mit ihnen einen nächtlichen Schlaf, er kocht ihnen ein Abendessen, er flickt ihre Kleidung, die sie an seinen Tisch bringen. Er tut Dinge, die man kaum in einem Museum erwarten würde, er versetzt uns in einen unkontrollierten Raum und nimmt Risiken mit echten Menschen in Echtzeit auf sich. Sein Wagemut liegt darin, anderen zu vertrauen und ihr Vertrauen zu gewinnen. Dieses Leben ist ein Drahtseilakt. Man vertraut aber nicht nur auf seine Nerven, sondern auch auf Zuneigung, Gutherzigkeit und Respekt.[1]

In Anbetracht der Zeiten, in denen wir leben, ist dies ein gewagtes Unternehmen. In anderen Kulturen – an Orten, die menschliche Intimität zulassen – wissen die Menschen genau, was sie von anderen erwarten können: Familien leben dort, Dörfer nehmen jede*n auf, Bräuche werden gepflegt. Jetzt trichtern Eltern ihren Kindern ein, nicht mit Fremden zu sprechen. Diese Warnung wird verinnerlicht. Wer ist sich sicher, ob die*der Fremde nicht eine Bedrohung darstellt? Vorsichtsmaßnahmen werden ergriffen – Schlösser, Alarmanlagen, Tore und wachsame Augen. Die Menschen ziehen sich in selbst errichtete Schutzräume zurück. Der renommierte deutsche Theoretiker Georg Simmel verwendete den Begriff „blasiert", um diese Haltung zu beschreiben – distanziert, gleichgültig, argwöhnisch. Dies kann als Hochmut oder Desinteresse erscheinen und helfen, Ängste zu verbergen, während diese gleichzeitig geschürt werden.

Die Menschen sind sich jedoch auch bewusst, dass sie voneinander abhängig sind. Bei Bedarf können andere helfen. Recherchen zeigen, dass sowohl im Alltag als auch bei Katastrophen Individuen, und sogar Zuschauer*innen, anderen zur Hilfe kommen. Sie springen in Seen, um Kinder zu retten und brechen Türen auf, um Menschen aus dem Feuer zu holen. Im Fall von Unfällen oder Todesfällen sind sie fähig, die Traurigkeit der*des anderen nachzuempfinden und Trost zu spenden – und zumindest manchmal gelingt es ihnen.

Die Herausforderung für uns alle besteht darin, die Vorzüge und Sicherheiten zu genießen, die wir von anderen bekommen, während wir gleichzeitig vorsichtig sein müssen. Wir spielen alle ein doppeltes Spiel. Wir sind auf der Hut, während wir sondieren, wann wir aus unseren Schneckenhäusern herauskommen können. Und wir müssen darauf achten, nicht die Grenzen zu verletzen, die andere für ihr Wohlbefinden benötigen. In Anbetracht möglicher Fehldeutungen und ungeschickter Maßregelungen, ist es kein Wunder, dass wir nicht immer wissen, ob wir weitergehen oder innehalten sollen. Überschreiten wir die soziale Distanz, riskieren wir es, das Schweigen zwischen Fremden unrechtmäßig zu verletzen? Dies sind unsere privaten, vielleicht sogar geheimen, Theatermomente.

Hier kommt Lees Kunst ins Spiel. Als Museumsbesucher, der gleichzeitig Sozialwissenschaftler ist, sehe ich Lee als laufendes Experiment. Wenn seine Projekte fortschreiten, lässt er Menschen in verschiedenen, quasi unerklärlichen Situationen aufeinandertreffen. Seine Interventionen dringen tief in die Seele der Gesellschaft vor und offenbaren dabei die *conditio humana.* Als Zeug*innen von Lees Arbeiten stehen uns „Erkenntnisse“ zur Verfügung, wie sie in der Sozialwissenschaft genannt werden. Diese Erkenntnisse gesellen sich dem Wissen hinzu, zeichnen sich aber auch durch ihre einmalig schöne Geistigkeit und Sensibilität aus.

Die Vorstellung von Schönheit in einem sozial-wissenschaftlichen Experiment ist angesichts der trostlos anmutenden Vorläuferexperimente gewagt. Das vielleicht berühmteste, oder zumindest berüchtigtste, Experiment im Bereich der sozialen Psychologie war Stanley Milgrams *Behavioral Study of Obedience*, das er in den 1960er Jahren an der Yale University durchführte. Milgram wollte wissen, wie weit gewöhnliche Menschen gehen, um anderen unschuldigen Menschen – einzig und allein, weil sie darum gebeten wurden – Schaden zuzufügen. Die Antwort lautet: sehr weit. Während sie durchaus besorgt waren, als sie ihre Taten begingen, waren Milgrams Subjekte dennoch bereit dazu, der anderen Person vermeintlich schädigende (vielleicht sogar tödliche) Elektroschocks zuzufügen. Einem ähnlichen analytischen Ziel folgend, verwandelte der Sozialpsychologe Philip Zimbardo einen Teil des akademischen Gebäudes der Stanford University in ein Gefängnis, um zu sehen, wie weit die Student*innen, die daran teilnahmen, die ihnen zugewiesenen Rollen als „Gefangene*r“ oder „Wächter*in“ übernehmen würden – die Rollen wurden durch einen Münzwurf ermittelt. In nur wenigen Tagen wurden die Wächter*innen so sadistisch (und einige der Gefangenen so mutlos), dass das Experiment abgebrochen werden musste. Das Experiment hat mit seinen Anordnungen (von Subjekten, Requisiten und Artefakten) keine Schönheit hervorgebracht, sondern vielmehr das Gegenteil. Im Gegensatz hierzu geben die Bedingungen, die Lee schafft, den Menschen die Instrumente zur Hand, um Freundlichkeit und Wunder zu erleben.

1 Ich danke Glenn Wharton für ihre Kommentare zu einem vorangegangenen Entwurf.

Ein Licht geht auf: Das Geschenk und seine disruptive Präsenz

Lee verwendet Geschenke als Methode. Das Schenken ist eine altehrwürdige Methode, mit Herausforderungen umzugehen. Geschenke sorgen für freudvolle Momente und bringen Menschen zusammen. In zahlreichen Kulturen wurde auf Systeme des Gabentauschs gesetzt, das berühmteste davon schließt die Zirkulation von Perlen ein, welche die Trobriand-Inselbewohner*innen verbinden (wie es der bahnbrechende Anthropologe Bronisław Malinowski beschrieben hat). Das auffallende Massenschenken zwischen den Menschen der nordamerikanischen Pazifikküste ermöglichte Solidarität und schrieb Status über Potlatch-Systeme zu. Heutzutage stellt die Philanthropie ein analoges Set von Ritualen des Schenkens bereit. Unser eigenes Schenken verläuft in einem begrenzteren Rahmen anlässlich von individuellen Übergangsriten wie Geburtstagen, Hochzeiten und Jubiläen. Hierzu werden wohlüberlegt Dinge gekauft und verschenkt, um Beziehungen zu etablieren, zu reparieren oder zu bestätigen.

In seinen Projekten nutzt Lee Geschenke – die ihm andere machen oder andere sich gegenseitig machen – um Verbindungen in die Wege zu leiten und neue Möglichkeiten zu eröffnen. Zu seinen Taktiken zählt eine historische Form des Schenkens – das Gastgeben, das sich im Laufe der Zeit und je nach Ort verändert hat. Die Gastfreundschaft ist unentbehrlich, wenn Essen und Ruhe nicht anders gefunden werden können, sie ist aber auch dann gern gesehen, wenn die Bedürfnisse nicht so schwerwiegend sind. Im Rahmen von *The Dining Project*, 1997/2020, kocht Lee für die Museumsbesucher*innen eine Mahlzeit. Sie essen zusammen und allein. Sie lernen voneinander, ahmen sich vielleicht gegenseitig nach und riskieren, sich gegenseitig zu verletzten. Sie sehen (und hören und spüren vielleicht sogar) genau, wie die anderen kauen, welchen Teil der Mahlzeit sie in welcher Reihenfolge zu sich nehmen, wie sie ihre Befriedigung zeigen. Wie gehen sie mit unvorhergesehenen biologischen Konsequenzen um, wenn diese auftreten sollten? Diese Risiken werden berücksichtigt.

Lee entwickelt das Gastgeben mit *The Sleeping Project*, 2000/2020, noch einen Schritt weiter. In einem Ausstellungsraum verbringen die*der Unbekannte und der Künstler die Nacht auf zwei getrennten, aber nebeneinanderstehenden Betten. Dieser Vorgang wiederholt sich im Verlauf der Ausstellung mit verschiedenen Gästen. Vertrauen ist die einzige Konstante. Niemand weiß, was passiert, bis es passiert. Um wie viel Uhr schläft man ein? Wann wacht man auf? Wer spricht, über was und wie lange? Es gibt keine Aufnahme, keine Fotos. Auch wenn diese Begegnungen mit einem gewissen Risiko verbunden sind, kam es niemals zu negativen Zwischenfällen (außer teilweise Schlaflosigkeit).

Lee hat auch Lieder in seinem Repertoire. Seine Arbeit *Sonic Blossom*, 2013/2020 (Abb. 5, S. 49), besteht aus einer Performance einer*eines ausgebildeten Opernsänger*in für eine*n einzelne*n Museumsbesucher*in, welcher Zuschauer*innen beiwohnen. Die Sänger*innen, die in ein elegantes Gewand gekleidet sind, wählen mehr oder weniger zufällig eine*n Besucher*in und bieten dieser*diesem ein Lied als Geschenk. Wenn die*der Empfänger*in zustimmt, wird sie*er gebeten, auf einem schönen, vom Künstler entworfenen Stuhl, der gut sichtbar im Raum positioniert ist, Platz zu nehmen. Die Sänger*innen, die immer etwa viereinhalb Meter von der*dem Besucher*in entfernt stehen, singen ein Schubert-Lied. Die Performer*innen blicken der*dem Besucher*in direkt in die Augen, während diese*r den Blick erwidert. Es gibt kein Mikrofon, allein die wunderschöne Stimme erfüllt den Raum. Dadurch entsteht Intimität auf dieselbe Weise, auf die sich Geliebte umarmen oder Eltern ihr Kind anstrahlen. Im Gegensatz zu anderen Kunstwerken in einem Museum wird dieses Geschenk nicht katalogisiert, auf einer Postkarte abgebildet, versichert oder von einem Zeitplan begleitet. Es legt den Schwerpunkt hingegen auf die Beziehungen, auf den Moment zwischen zwei Menschen. Dies erinnert mich an eine Zeile aus dem Song des kanadischen Liedermachers Dan Hill: „And sometimes when we touch, the honesty's too much" (Und manchmal, wenn wir einander berühren, dann ist die Ehrlichkeit zu viel). Die einzige Lösung für die*den Empfänger*in liegt darin, sich zu ergeben, zu kapitulieren und dieses außergewöhnliche Geschenk anzunehmen. Nach den Tränen zu urteilen, die ich in Videodokumentationen der Arbeit sowie bei Live-Performances sah, sind auch die Sänger*innen emotional aufgewühlt. Dies ist eine überwältigende Leistung, die man in einem Museum sehen (und erleben) kann.

Wie wundervolle Musik klingt das Lied vielleicht noch lange nach der Veranstaltung im Geist (und Körper) nach. Insbesondere schafft es Lee, Geschenke weiterzureichen; er ermöglicht ihnen, in die eine oder andere Richtung zu reisen. Diese Reise kommt in bestimmten Arbeiten explizit zum Ausdruck. In *The Moving Garden,* 2009-heute (die Arbeit ist im Gropius Bau nicht zu sehen), nehmen die Besucher*innen beim Verlassen des Museums eine wunderschöne Blume mit. Sie sollen diese auf ihrem Nachhauseweg einer*einem Fremden überreichen. Der Künstler inszeniert auf diese Weise eine Choreografie des Schenkens, die vom Museum in unbestimmte Punkte der Stadtumgebung ausstrahlt. Manchen fällt es leicht, andere brauchen Mut. Auf jeden Fall kreuzen sich Grenzen.

Vergangenheit als Gegenwart in Lees Näharbeiten

Das Herstellen von Beziehungen ist ein ausschlaggebender Aspekt von Lees *The Mending Project,* 2009/2020 (Abb. 6, S. 49). Als Teil der Arbeit verkündet die Institution, dass Lee die Besucher*innen einlädt, Textilien mitzubringen, die einer Ausbesserung bedürfen – ein T-Shirt, ein Schal oder ein Lieblingsstück. Lee oder ein*e stellver-

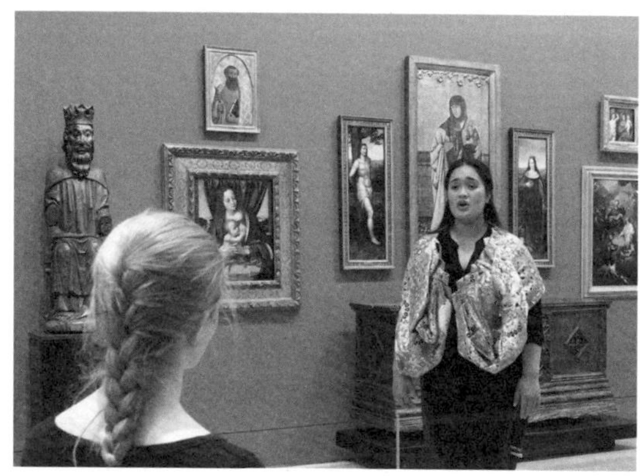

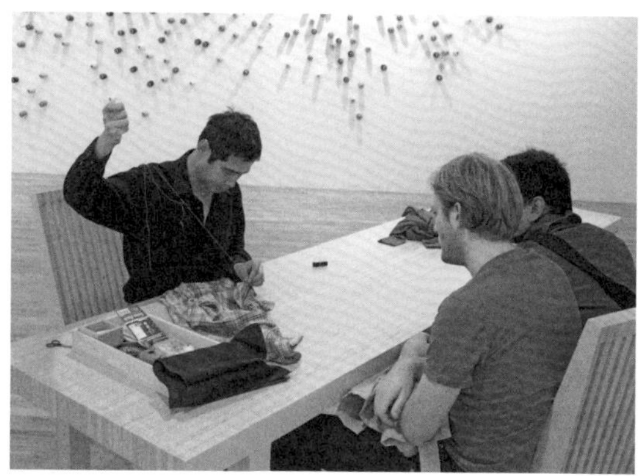

Abb. 5. Installationsansicht mit einer Sängerin in der Ausstellung *Lee Mingwei and His Relations* in der Auckland Art Gallery Toi o Tāmaki, Neuseeland, im Jahr 2016. Im Rahmen von *Sonic Blossom* trägt sie ein Schubert-Lied vor.

Abb. 6. Installationsansicht von *The Mending Project* bei Lombard-Freid Projects, New York, 2009.

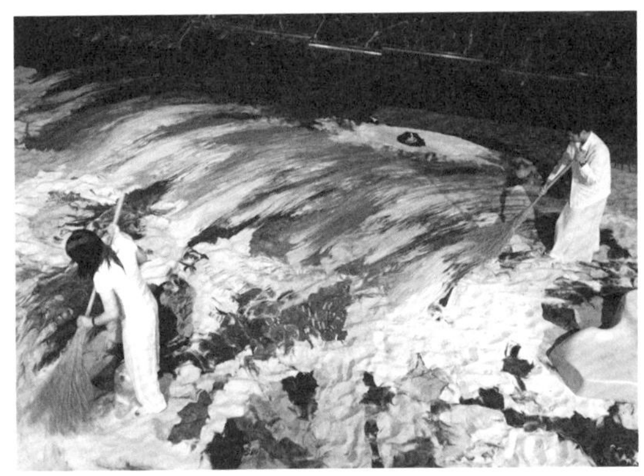

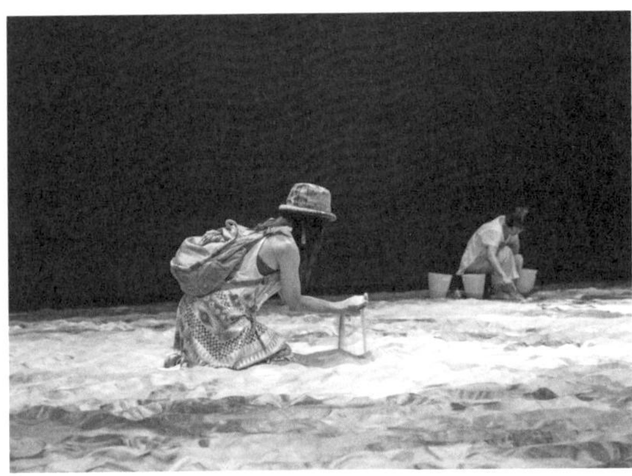

Abb. 7. Nachdem Lee Mingwei den Sand sorgfältig verteilt und geformt hat, um Picassos *Guernica* zu reproduzieren, fegen ausgewählte Performer*innen den Sand, sodass die Arbeit nicht mehr erkennbar ist und zu einem verschwommenen, abstrakten Gebilde wird. Dieser Akt trägt der Vorstellung Rechnung, dass nichts im Leben Bestand hat. Wandel ist die einzige Gewissheit, und Wandel kann Transformation herbeiführen.

Abb. 8. Als *Guernica in Sand* 2015 im Taipei Fine Arts Museum im Rahmen der Ausstellung *Lee Mingwei and His Relations* vorbereitet wurde, kniete sich eine Besucherin nieder, um eine Handvoll Sand wie in einer Sanduhr zwischen ihren Finger hindurchrieseln zu lassen.

tretende*r Flicker*in verbringt dann Stunden damit, jedes Kleidungsstück auszubessern. Da die flickende Person neben der*dem Besitzer*in sitzt und ausbessert, tauschen die beiden Geschichten über Kleidung, Reparaturen oder über alles aus, was ihnen in den Sinn kommt (genau wie bei *The Sleeping Project* oder *The Dining Project* wandern die Gedanken). In der Tradition von Nähgruppe, die sich aus alten Menschen (meist Frauen) zusammensetzen – beispielsweise die afro-amerikanischen Quilterinnen im tiefen Süden der USA oder die traditionellen Stickerinnen in den baltischen Staaten – werden Geschichten und handwerkliche Fähigkeiten weitergegeben. Lees Arbeiten erinnern an diese Praktiken.

Bei Lee gibt es jedoch einige bedeutenden Abweichungen. Wenn er mit einem Stück abgeschlossen hat, beendet er es nicht, sondern bringt das lose Fadenende an der nächsten Wand an, wo es auf alle anderen Fadenenden trifft, die zuvor an der Reihe waren. Wenn die Ausstellung vorüber ist, wird jedes Kleidungsstück an die*den Eigentümer*in zurückgegeben. In der Zwischenzeit aber verbinden sich die losen Enden zu einem bunten, dreidimensionalen abstrakten Gebilde in dem Raum zwischen dem Tisch mit den gefalteten Textilien und der Wand. Als Teil der Arbeit wählt die*der Besitzer*in das Garn für die Ausbesserung aus. In der Regel muss es eine andere Farbe haben als der Stoff selbst. Lee zielt folglich nicht darauf ab, etwas durch genaue Nachbildung zu reparieren, sondern einen Wandel zu signalisieren. Das Ergebnis sind beeindruckende Flickarbeiten. Man fühlt sich an die japanische *kintsugi*-Tradition erinnert, der zufolge Reparaturen, normalerweise an Keramik oder Lackarbeiten, mit Gold hervorgehoben werden, um die mit dem Objekt verbundene Materialgeschichte zu unterstreichen, anstatt diese zu verbergen. Demnach kommen Missgeschicke, Brüche und Tragespuren durch das Ausbessern zum Vorschein und werden nicht behoben. Diese Tradition trägt der Tatsache Rechnung, dass das Leben selbst genauso sein kann: Brüche bieten die Möglichkeit zu Reflexion, Weiterentwicklung und neue Perspektiven, während die mit der Erneuerung verbunden Reinheit abgelehnt wird. Nichts ist je so perfekt, dass es absoluten Schutz benötigt – kein Gefäß, kein Kleidungsstück und keine Lebensweise. Lee folgt einer Philosophie, die nahelegt, die Geschichte gemeinsam als Realität anzuerkennen und zu ehren.

Ausdauer in Sand

In einer großformatigen und absichtlich unbeständigen Arbeit bildet Lee eines der berühmtesten Gemälde der Kunstgeschichte nach. Es handelt sich jedoch nicht um eine „naturgetreue" Reproduktion. Sein *Guernica in Sand*, 2006/2020 (Abb. 7 und 8, S. 50), nimmt Bezug auf Pablo Picassos monumentales Gemälde *Guernica*, 1937 (Abb. 13, S. 121), und zollt diesem durch einen kühnen Akt der Zerstörung Tribut. Anfangs gestaltet Lee seine Version sorgfältig mithilfe bunten Sandes auf dem Boden des Ausstellungsraums. Wenn er das Werk schließlich auf einer Seite „vollendet", steht eine Person bereit, ruhig aber bestimmt darüber zu gehen um das Gemachte zu zerstören. Weitere Personen folgen und tragen mit jedem Schritt zur zunehmenden Unordnung des Werks bei. Während ich dieser Entweihung beiwohnte, kam ein beunruhigendes Gefühl für die Angriffe der 1930er Jahre in Spanien in mir hoch. In einem letzten Schritt fegen Lees Performer*innen den Sand zu Haufen zusammen, sodass er zu formlosen Klecksen zerfällt. Der Sand kehrt dann in seinen natürlichen Zustand zurück. Indem er die Idee der Endlichkeit aufgreift, setzt sich Lee mit den letzten Dingen des Lebens, wie Verlust und Tod, auseinander. Die Herausforderung liegt nicht darin, den Prozess zu initiieren und zu beenden, sondern zu akzeptieren, was geschehen ist, während man offen ist für das, was besser werden könnte. So werden die faschistische Toxizität von Francos Regime und die nachfolgende Unterdrückung eventuell abgeschwächt und auf alternative, hoffnungsvollere Zustände verwiesen.

Lees Gesten vollziehen sich nicht mit Macht und Stärke, sondern mit einer Freundlichkeit, die an Zen erinnert. Sie sollen eine „emotionale Kettenreaktion" auslösen, indem sie sich durch ihre Umsetzung und durch die Verhaltensweisen in der Welt von denen, die sie erleben, fortsetzen. Lees Begegnungen finden nicht einmalig statt. Sie sind Teil eines Flusses und gehören zu dem, das davor kam und als nächstes sein wird. In den zukünftigen Begegnungen der Teilnehmenden wird das, was sie veränderte – wenn auch in geringem Maße – die anderen verändern.

Risiko als ästhetische Strategie

Lee nimmt Risiken auf sich und führt Risiken herbei. Er kann sich nicht sicher sein, wie sich seine angestrebten Beziehungen entwickeln: Die persönlichen Momente sind fragil. Er setzt sich mit Menschen auseinander, nicht mit leblosen Objekten. Selbst in einem perfekt organisierten Museum kann ein logistischer Fehler auftreten. Einige Personen (oder Artefakte) könnten abhandenkommen. Hausmeister*innen könnten den Schlafbereich betreten, das Essen könnte religiöse Befindlichkeiten verletzen, ein*e Besucher*in könnte auf den Umhang der Sänger*innen treten. Die Erinnerung an Familienmitglieder, die mit dem Tod ringen, an geliebte Personen und störrische Kinder birgt das Potenzial emotionalen Schmerzes. In diesem Genre der gesellschaftlich engagierten Kunst müssen die Elemente verbunden werden, ohne Ärger und Bestürzung auszulösen. Ein besonders emotionales und ästhetisches Ergebnis wird vorsichtig entwickelt. Ebenso wie bei den Risiken und Belohnungen von geglückter Improvisation im Theater geht es hierbei unter anderem darum, wie das Projekt mit dem Alltagsleben verbunden ist – ein Blick in ein Gesicht, ein Gang über den Bürgersteig, vorsichtig zu sein oder sich wohl zu fühlen, wenn ein Lied für eine*n gesungen wird.

Komplexe Zusammenstellungen aus Artefakt und Individuum führen die Kunst in Sein über. Die Arbeiten werden je nach Moment koproduziert, manchmal mit Objekten als Werkzeug oder Mechanismus. Sie sind jedoch kein elementarer Bestandteil. Arbeiten wie die von Lee repräsentieren nichts über sich selbst hinaus. Das Geschehen in Echtzeit ist das, was die Arbeit *ist*. Einige Sprachphilosoph*innen, insbesondere Nachfolger*innen von J.L. Austin, fühlen sich vielleicht an die Vorstellung des *Performativen* erinnert. Performativitäten sind Äußerungen, die sich nicht, wie es Wörter für gewöhnlich tun, auf etwas außerhalb des Gesprochenen *beziehen* – Fakten oder Meinungen über die Welt. Das Gesprochene und das Erschaffene finden gleichzeitig statt und sind Teil derselben Handlung. Das „Ja, ich will" in einer Hochzeitszeremonie beschreibt beispielsweise kein Ereignis, die Äußerung *vollzieht es*. Lees Projekte bestehen nicht aus Dingen, Repräsentationen oder Argumenten, sondern aus aufeinanderfolgenden Mikrohandlungen, die durch die nachfolgende Akzeptanz jeder sich daraus entwickelnden Prämisse als gemeinsam hergestellt gelten können.

Wie Lee im Museum und das Museum in Lee ist

Museen (oder Wunderkammern, wie sie auch genannt wurden) wurden im 16. Jahrhundert mit dem Ziel gegründet, Artefakte zu erwerben, um das Wissen über die Welt durch Objekte und Kuriositäten zum Ausdruck zu bringen. In Anbetracht der Tatsache, dass sie oft von wohlhabenden Individuen gesammelt wurden, stand der Status im Vordergrund. Lees Projekte weichen davon ab, und doch bildet der Ausstellungsraum mehr als nur eine Kulisse, er ist eine aktive Kraft. Wenn Lee dieselben Dinge auf der Straße realisieren würde, könnte dies sogar lächerlich wirken – beispielsweise Sand auf einem Parkplatz zu kehren. Die Institution des Museums ist somit ein wesentlicher Bestandteil der Arbeiten. Es ist ein öffentlicher Ort, der Menschen willkommen heißt, wenn auch auf eine kontrollierte Art und Weise. Das Museum legitimiert ein Projekt als etwas, das mit Bedacht produziert wurde, aber nicht wie ein Theaterstück, eine Oper, ein Ballett oder eine Versammlung. Es gibt Wände, Toiletten und Dächer (wo gewünscht) und das Klima wird reguliert. Es gibt außerdem einen Sicherheitsdienst, der für Sicherheit sorgt, wenn Einladungen zu einem Lied, zum Essen oder zu einer Nacht im Museum angenommen werden. Die Besucher*innen können davon ausgehen, dass die Veranstaltungen von Experten*innen und Anwälten*innen abgesegnet wurden.

Genauso wichtig sind die bürokratischen Verbote von Museen, die, vielleicht ironischerweise, auch die Kunst betreffen. So ist es verboten, in Museen zu schlafen. Daher scheint es gewagt, am selben Ort zu schlafen, wie der Künstler. Zwänge, wie der Kunstsoziologe Howard Becker allgemeiner argumentiert, bilden keinen Gegensatz zum Kunstmachen, sondern sind diesem inhärent. Die Überwindung der Regeln ist Teil des Handwerks – dies zu erleben ist Ausdruck der Wertschätzung von Kunst. Es muss Regeln geben, damit man sich mit ihnen auseinandersetzen kann. Daraus entspringt die Avantgarde. Lees Kunst ebnet sich ihren Weg auf behutsame Weise, indem sie Grenzen hinterfragt und sich an diesen abarbeitet, wie es sich für einen zukunftsweisenden Künstler ziemt. Lee nimmt Sitten, Erwartungen und Anstand in den Blick. Auf diese Weise erweitert er auch das – und dies ist oft die Arbeit von Künstler*innen – was für alle zulässig ist, die Leben gestalten. Sich zu befreien ist Teil der Errungenschaft. Der Schauer der Befreiung geht damit einher.

Diese Schönheit muss betrachtet werden. Die Tatsache, dass ein Museum diese Gefühle herbeiführen kann, regt die eigene Selbstwahrnehmung an. Im und außerhalb des Museums hält Lee unerwartete Manöver bereit. Manch eine*r mag kommen, um

Vermeer zu sehen und verlässt das Museum mit einem Lied. Vielleicht wird sie*er dadurch angeregt, mit anderen Grenzen zu experimentieren – in der Kunst, in Institutionen oder dabei, wie wir unsere familiären und bürgerlichen Beziehungen leben. Vielleicht können wir sogar einen Schritt weiter gehen und uns mit unseren Ängsten und Sorgen auseinandersetzen, wenn wir alltäglich „anderen" begegnen – öffentlich und privat. Vielleicht wird der Angst dann kein Vorschub mehr geleistet. Selbst mit Unbekannten können wir sprechen.

GASTFREUNDSCHAFT UND ZEIT

IRINA ARISTARKHOVA

Lee Mingweis Kunst ist eine Kunst, von der man empfangen wird. Als ich Lee 2009 fragte, wie er sich selbst als Künstler beschreiben würde, antwortete er: „Ein sozialer Konzeptualist, dessen Medium das Gastgeben ist.“[1] Von seinen frühen Arbeiten, darunter *The Dining Project*, 1997/2020 (Abb. 9 und 10, S. 56), bis zu späteren Projekten – von denen zahlreiche in der Ausstellung im Gropius Bau zu sehen sind – erkundet Lee die Praxis der Gastfreundschaft. Lee hat die Rolle des Künstlers als Gastgeber perfektioniert. Gastfreundschaft – die Erfahrung, von anderen aufgenommen zu werden oder diese in einem privaten oder öffentlichen Umfeld zu empfangen – entwickelte sich zu einem wichtigen Thema unserer Zeit, die von massenhaften Vertreibungen und Enteignungen einer Vielzahl von Menschen infolge von menschengemachten und natürlichen Katastrophen geprägt ist. Das Gastgeben verspricht eine bessere Zukunft und bündelt Energie, sodass wir für andere und den Planeten Sorge tragen können, anstatt diese zu zerstören. Der französische Philosoph Jacques Derrida hat ausgehend von Diskussionen über Gastfreundschaft, die auf Philosophen wie Immanuel Kant und Emmanuel Levinas zurückgehen, Gastfreundschaft als Idee eingeführt, die eine Alternative für menschliche Beziehungen bietet, insbesondere im Vergleich zu Hostilität und Intoleranz, die zu Kriegen und Konflikten führen.[2]

In Anlehnung an Derrida ermöglichen es uns Lees Arbeiten auch, eine Form des Gastgebens zu verstehen, die wir zu kennen glauben – eine Einladung zu einem Essen, ein Gespräch mit einer*einem Unbekannten oder als Gast beherbergt zu werden – sodass wir diese auf eine ganz neue Art erleben. Ein Aspekt von Lees neuer Form des Gastgebens und fortlaufender Erforschung des Empfangens liegt in der nichtlinearen Zeitlichkeit seiner Arbeiten begründet. Im folgenden Essay analysiere ich zuerst die neue Zeitlichkeit, die sich in Lees Arbeiten entwickelt, und verbinde diese dann mit Fragen nach Erinnerung und Dokumentation: Wie erinnern wir uns an die Gastfreundschaft und welche Rolle spielt die Dokumentation in unserer Erinnerung daran, empfangen zu werden? Lees Arbeiten ermöglichen es folglich, sich mit Derridas komplizierten Theorien bezüglich der Zeitlichkeit der Gastfreundschaft auseinanderzusetzen, da diese „zeitlose, archaische, moderne, aktuelle und künftige“[3] Fragen zusammenführen. Ausgehend hiervon zeige ich schließlich auf, inwieweit Dokumentation und Erinnerung im Rahmen von Lees Projekten Derridas zukunftsorientierter (*à venir* – „das Kommende“) Theoretisierung des Gastgebens eine neue und kritische Dimension verleiht.

Die nichtlineare Zeit des Gastgebens: *The Dining Project*

Lees Kunst des Gastgebens beruht auch darauf, dass er Erinnerungen hervorbringt. Als „sozialer Konzeptualist“ schafft er Bedingungen, die zum Entstehen einer Szene der Gastfreundschaft führen: Wer wird empfangen, wann und wie? Das ist das „Material“, welches unsere Erinnerung fördert – ebenso wie die von Lees Gästen – welche aus sinnlichen Erfahrungen wie Schmecken, Sehen, Hören, Fühlen und Riechen besteht. Da Lee selbst Erinnerungen generiert, muss er sich als perfekter Gastgeber inszenieren und seine Besucher*innen dazu auffordern, perfekte Gäste zu werden. Von Anfang an gestaltet sich jedoch Lees Verhältnis zur Zeit als komplex, wobei sich diese Komplexität auch auf uns, sein Publikum, überträgt. Als perfekter Gastgeber muss er sich mithilfe seiner Vorstellungskraft *vor* der Inszenierung einer Szene der Gastfreundschaft ausmalen, wie sich seine unterschiedlichen Gäste, die er nicht kennt, an seine Gastfreundschaft erinnern werden, *nachdem* sie diese erlebt haben. Wenn Derrida Gastfreundschaft als nichtlinear betrachtet, da sie sich der Idee von Zeitlichkeit widersetzt – als eine zeitlose und gleichzeitig vergangene, gegenwärtige und zukünftige Zeit, die mit zeitgenössischen Vorstellungen des Raum-Zeit-Kontinuums in der Physik im Einklang steht – dann fügen Lees Arbeiten eine weitere Form von Nichtlinearität hinzu. Es handelt sich hierbei um eine subjektive, intime Vorwegnahme der Erzeugung von Erinnerungen in anderen Menschen. Dabei geht es außerdem um die Vorstellungskraft, die durch die kreative Empathie und Intentionalität einer Begegnung erzeugt wird. Diese Begegnung wird dadurch überdauern, dass sie selbst erinnerungswürdig ist. Dies ist die zeitliche Verschiebung, die Lees Gastfreundschaft ausmacht – die Zukunft vor der Gegenwart, der Sprung ins Unbekannte.

Eine der Möglichkeiten, um die komplexe Zeitlichkeit von Lees Gastfreundschaft nachzuvollziehen, besteht darin, den Erinnerungen derer zu folgen, die an Lees Projekten teilgenommen haben, und dabei zu versuchen zu verstehen, wie Erinnerungen zur Entfaltung von Lees Szenen der Gastfreundschaft beitragen.[4] Um solch eine Entwicklung nachzuvollziehen, ziehe ich als Fallstudie Marys Erinnerungen heran, die 1997 das *The Dining Project* miterlebte, eines von Lees Schlüsselwerken, das dem Akt des Gastgebens gewidmet ist.

Jacques Derrida, einer der wichtigsten Philosoph*innen, die sich mit Gastfreundschaft auseinandergesetzt haben, spricht von einer „Lähmung“ der Gastgeber*innen und vom Gastgeben als etwas, das „immer kommend ist“: „Die Gastfreundschaft kann nur jenseits der Gastfreundschaft stattfinden, indem man entscheidet, die Gastfreundschaft kommen zu lassen, die sich selbst auf der Schwelle dessen, was sie ‚ist‘, lähmt [...]. In diesem Sinne wissen wir vielleicht nicht (noch nicht, aber immer noch nicht), was Gastfreundschaft heißt, und daß sie auf ihre Chance wartet, daß sie sich zu ihrer Chance jenseits von dem, was sie ‚ist‘ – die Lähmung nämlich auf der Schwelle, die sie ist – streckt. In diesem Sinne ist sie immer ankünftig, aber von einer Ankunft, die sich nicht als Gegenwart einstellt und sich als solche nie einstellen wird.“[5]

Das Gastfreundschaftserlebnis, auf das sich Derrida hier bezieht, ist durch eine Art Unterbrechung charakterisiert. Sie entfaltet sich nicht stringent: Sie unterbricht sich selbst. Diese Unterbrechung, die Diskrepanz der Gastfreundschaft, tritt aufgrund der Tatsache auf, dass es keine perfekte Gastfreundschaft gibt. Das Ideal einer perfekten Gastfreundschaft,

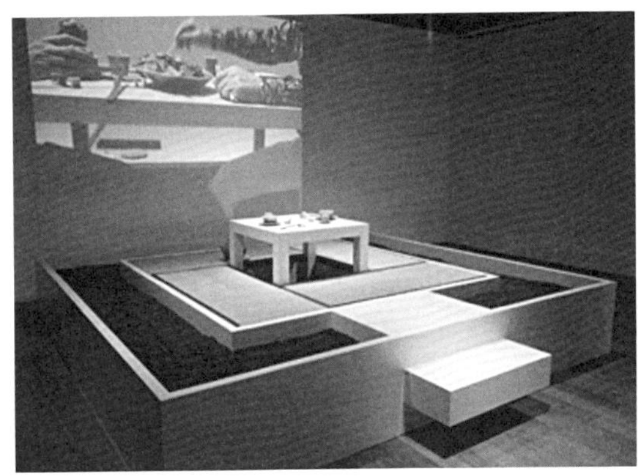

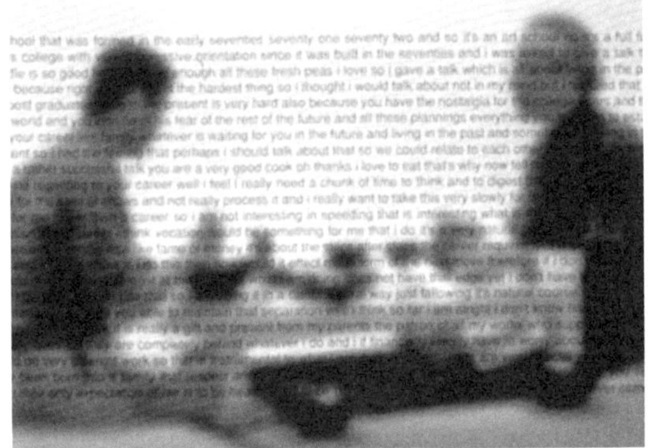

Abb. 9. Diese hölzerne Konstruktion war 2007 als Teil der Ausstellung *Duologue* im Museum of Contemporary Art in Taipeh zu sehen. Wenn auf der Plattform gerade nicht gegessen wurde, zeigte eine Video-Dokumentation von *The Dining Project* das gemeinsame Essen.

Abb. 10. Diese Aufnahme von *The Dining Project* zeigt Lee Mingwei und seinen Gast David Ross, den damaligen Direktor des The Whitney Museum of American Art, im Jahr 1998, als dort Lees Ausstellung stattfand. Der Text gibt das Gespräch wieder, das die beiden während des Essens führten.

ohne Hierarchien und Bedingungen für ihre Gäste, existiert nicht, da die Gastfreundschaft in Wirklichkeit immer nur eine Annäherung an ein Ideal ist: Es gibt folglich keine unbedingte, gleichwertige Gastfreundschaft. Dem gastfreundschaftlichen Verhältnis liegt etwas Ungleiches zugrunde, selbst wenn es als herzlich, großzügig, gebend wahrgenommen wird, und den Gast letzten Endes in dem Glauben belässt, später nichts geben zu müssen. Die Schwelle hier ist die der unsicheren Gastgeber*innen, die die Ankunft ihrer Gäste erwarten, und der unsicheren Gäste, die nicht wissen, was sie erwartet. Es besteht die Möglichkeit, dass sich das Gastfreundschaftserlebnis – in Zukunft – gut entwickelt, oder auch nicht. Der mit der Gastfreundschaft einhergehende, unbestimmte Charakter gesellt sich der Unmöglichkeit hinzu, im Voraus zu wissen, wo sie beginnt und endet, wie lange man willkommen ist (für immer?) und ob sich dies allzu früh ändert und zum Scheitern der Gastfreundschaft führt. Nach Derrida sollte die Entscheidung, ob man Gastgeber*in oder Gast ist, nicht auf die leichte Schulter genommen werden, da wir nicht wirklich wissen „was Gastfreundschaft ist", und ob dieser bereits die Möglichkeit des Scheiterns, die Möglichkeit der Host/ilität,[6] innewohnt.

Gastfreundschaft ist in diesem Sinn mit dem *à venir* dieser dekonstruktiven Theorie verbunden, da es sich um eine ausgesprochen komplexe und spezielle Vorstellung und Praxis handelt. Gastfreundschaft ist weder privat noch öffentlich, egal ob auf räumlicher oder ökonomischer Ebene. Sie ist nichts, das gesetzlich innerhalb des rechtlichen Rahmens erforderlich ist, aber als Vorstellung und Theorie fußt sie auf der Idee des Kosmopolitischen. In seinem Essay *Hostipitality* beginnt Derrida mit der Idee des Kosmopolitismus, wie ihn Immanuel Kant forderte, und wie er in der internationalen Gesetzgebung entwickelt wurde – der zufolge sich die Bürger*innen verschiedener Länder gegenseitig ohne „Hostilität" besuchen können, oftmals berechtigt durch ein Visa (ein Besuchsrecht, wie zwischen Gastgeber*in und Gast, beruhend auf Einladung, beispielsweise von Bürger*innen als „Gastgeber*innen"). Obgleich die Gastfreundschaft nicht im genauen kantischen Sinn im heutigen Gesetz verankert ist, spielte sie eine maßgebliche Rolle für den Beginn des internationalen Rechtssystems und seine Vorstellung vom kosmopolitischen Bürgertum. Ihr Grenzbereich liegt folglich zwischen der persönlichen und politischen Sphäre.

Derridas zirkuläre Zeitlichkeit bezeugt auch ihren performativen Charakter: Es gibt keine einmal etablierte, ewige, solide Gastfreundschaft. Sie wird durch Gesten, Sinne, Räume und Objekte verkörpert, praktiziert, beschlossen und gefühlt. Was das Gastfreundschaftserlebnis zusätzlich verkompliziert, ist die doppelte Performativität, da die Gastfreundschaft, um sich zu vollziehen, mindestens zweier Personen bedarf: Gastgeber*in und Gast. Folglich gibt es mindestens zwei Schwellen, zwei Gastfreundschaften, zwei Vergangenheiten, Gegenwarten und Zukünfte der Gastfreundschaft. Das, was Derrida im obigen Zitat „Gastfreundschaft" nennt, könnte auch als der Moment zwischen diesen beiden bezeichnet werden, zwischen der Gastfreundschaftserfahrung von Gastgeber*in und Gast. Diese besondere Situation, ein Gastfreundschaftserlebnis mit vorausgehender Einladung und deren Annahme, der Ankunft des Gasts, seiner Dauer und schließlich seines Abschlusses und seiner Erinnerungen wird noch weiter verkompliziert, sobald die Kunst ins Spiel kommt. Künstler*innen, die wie Lee im zeitgenössischen Umfeld eines Museums oder einer Galerie arbeiten, werden von der Institution beherbergt und beherbergen wiederum deren Publikum. Zeitlichkeit wird in diesem Kontext vielschichtig, da die Erwartungen von Gastgeber*innen und Gästen bei privaten Begegnungen nicht notwendigerweise einem öffentlichen Umfeld entsprechen. Diese Spannung zwischen privater und öffentlicher Sphäre birgt jedoch auch Chancen, und Lee hat bestimmt mehreren institutionellen „Gastfreundschaften" durch sein Engagement in verschiedenen Ausstellungräumen, wie aktuell im Gropius Bau, den Weg geebnet.

Wenn Derridas Unsicherheiten in Bezug auf die Gastfreundschaft auch mit deren unbestimmter Zukunft zusammenhängen, dann sind Lees Arbeiten nicht nur mit diesem futuristischen Gastfreundschaftspostulat verbunden, sondern entwickeln sich auch ausgehend von dieser. Meiner Ansicht nach zeigen Lees Arbeiten, inwieweit projizierte Erinnerungen erzeugt werden *bevor* die Situation stattfindet, und die Zukunft in diesem Kontext folglich nicht das eigentliche Problem darstellt. Die Zukunft wird in die gegenwärtige Praxis der Gastfreundschaft miteinbezogen. Die*der Gastgeber*in bereitet ein Essen zu, bevor sie*er die Gäste mit ihren Erinnerungen zurücklässt, und bringt auf diese Weise eine Zeitmaschine der Gastfreundschaft hervor. Diese Zeitmaschine ist unberechenbar,

1 Das Zitat von Lee stammt aus einer E-Mail-Korrespondenz mit der Verfasserin, 9. März 2009.

2 Ein kurzer Überblick über Derridas Gedanken zum Konzept der Gastfreundschaft, das für meinen Essay von Relevanz ist und aus dem ich hier zitiere, findet sich in seinem Essay „Hostipitality", übersetzt von Barry Stocker mit Forbes Morlock, *Angelaki: Journal of the Theoretical Humanities*, Band 5, Nr. 3, 2000: 3-18. In meinem Buch *Arrested Welcome: Hospitality in Contemporary Art* (University of Minnesota Press, 2020) lege ich dar, dass zeitgenössische Künstler*innen einen großen Beitrag zu den einschlägigen Diskussionen zur Gastfreundschaft leisten können, indem ich neben Lees Arbeiten auch die von Ana Prvački, Faith Wilding, Kathy High, Mithu Sen, Pippa Bacca, Silvia Moro und Ken Aptekar analysiere.

3 Derrida, 2000, S. 3.

4 Die Erfahrungsberichte, die in dieser Publikation enthalten sind, liefern weitere Hinweise zur nichtlinearen Entfaltung der Gastfreundschaft in Lees Arbeiten.

5 Jacques Derrida: *Von der Gastfreundschaft*, übersetzt von Markus Sedlaczek (Wien: Passagen Verlag, 2018).

6 „Host", der englische Begriff für „Gastgeber*in", bildet paradoxerweise den Wortstamm des englischen Ausdrucks für „Feindseligkeit" oder „Hostilität" - „hostility". [Anm. der Übers.]

da es noch keine „Zukunft" zum Erinnern gibt. Im Kontext von Lees Arbeiten sind die*der Gastgeber*in und der Gast während des Prozesses verletzlich und unsicher. Die Personen bereiten sich selbst auf das bestmögliche Ergebnis vor, welches vielleicht gar nicht zustande kommt. Hierbei handelt es sich um eine phänomenologische Situation, in der es um die Struktur von Erfahrung in ihrer individuellen Innerlichkeit geht. Gastfreundschaft beruht auf einem hohen ontologischen Anspruch: Es geht sowohl um unsere eigene Subjektivität als auch um die Erzeugung einer Welt für die anderen. Themen wie Zugang, Macht, Bedürfnis und Freude sind in dem Thema der Gastfreundschaft enthalten. Das Spiel mit unserer eigenen Verletzlichkeit innerhalb dieses Kontexts verstärkt den Rashomon-Effekt der multiplen Realitäten und erzeugt somit Erinnerungen an das besondere Erlebnis von Gastfreundschaft.

Lee begann *The Dining Project* Mitte der 1990er Jahre, als Masterstudent an der Yale University. Die Idee, dass Künstler*innen Essen zubereiten, um ihre Community zu erweitern, wurde seit den 1970er Jahren praktiziert.[7] Lee ergriff die Möglichkeit, diesen Ansatz an seine Grenzen zu führen und seine eigene Ästhetik der Gastfreundschaft zu einer kontinuierlichen Praxis des Gastgebens unter vier Augen weiterzuentwickeln. Lee bezeichnet seine Kunstwerke als „partizipatorische Installationen". Eine der ersten Teilnehmer*innen ist heute eine Kollegin von mir, die ich Mary nenne.[8] Mary erinnerte sich in einem Gespräch mit mir, dass sie, als sie während ihres ersten Jahres im Studierendenwohnheim auf den Aufzug wartete, ein an der Wand angebrachtes Poster entdeckte, das die Studierenden zu einem Essen mit einem Künstler als Teil seiner Abschlussausstellung einlud. Mary, deren Neugier geweckt worden war, notierte sich die Nummer. Marys Freund*innen hatten ganz nach dem Motto „Spreche nicht mit Fremden" Angst um ihre Sicherheit, konnten sie aber nicht von der Teilnahme abhalten.

War Mary zu vertrauensvoll? Wie würde sie in Erfahrung bringen, ob Lee tatsächlich ein Künstler war? Sie erinnert sich daran, wie sie zaghaft Lees Atelier in der Universität betrat und sofort wahrnahm, wie gut dieser gekleidet war, auf welch ästhetische Weise das Essen präsentiert wurde und wie schön der Raum aussah. Mehrere Aufnahmen von Lees nachfolgenden Wiederholungen von *The Dining Project* zeigen, wie sich der Künstler stets makellos und elegant kleidet, wenn er seine Essen ausrichtet. Mary erinnert sich an ein Essen, das aus mehreren Gängen bestand, und wie dieses auf formelle Weise mit „richtigen" Schüsseln und Besteck arrangiert war. Dieses Essen bildete den Auftakt von Lees charakteristischer Ästhetik der Gastfreundschaft. Üblicherweise erhalten Gäste durch die Gastfreundschaft Hinweise bezüglich ihrer Bedeutung für die*den Gastgeber*in: Einem Gast wird am Tisch der wichtigste Platz zugewiesen und sie*er erhält das beste Essen, das auf dem edelsten Geschirr serviert wird. Diese Hierarchien können Gäste auch an Hinweisen wie der Komplexität der Gerichte und ihrer Zubereitungszeit ablesen, und daran, welchen Stellenwert die*der Gastgeber*in dem Genuss der Speisen beigemessen hat – eine *Kostprobe* der mit der Gastfreundschaft verbundenen Elemente.

Mary hatte nicht damit gerechnet, dass Lee ihr als Studentin so einen Empfang zuteil kommen lassen würde. Ihrer Ansicht nach verkomplizierte sein Verhalten die soziale Dynamik: Mary erinnert sich daran, wie verletzlich und unbehaglich sie sich fühlte, von einem Fremden, dem Künstler, so respektvoll behandelt zu werden. Gastfreundschaft ist nach Derrida „archaisch", da sie dazu verwendet wurde, Hierarchien in Bezug auf Geschlecht, Alter, Klasse und Status sowie kulturelle, religiöse und ethnische Unterschiede festzulegen. Einige Gäste werden in den meisten Traditionen von Gastfreundschaft „besser" als andere behandelt. Obgleich es nicht in Lees Sinne ist, können Arbeiten wie seine diese Differenzen und Erwartungen eindringlich herausstellen. Darüber hinaus sind diese Hierarchien auf so subtile Weise verwurzelt, dass sie in unserem Gedächtnis haften bleiben, egal wie hart Lee als Künstler daran arbeitet, eine sehr viel unkompliziertere Form der Erinnerung hervorzubringen: ein positives Gefühl der Zugehörigkeit, sich willkommen zu fühlen. Ist sich Lee dieser Hierarchien der Gastfreundschaft bewusst? Allem Anschein nach ist er sich dessen bewusst, und es ist genau dieses Bewusstsein, das seiner Fürsorge zugrunde liegt, was im Wesentlichen einen subversiven Akt darstellt. Seit seiner ersten, dem Gastgeben gewidmeten Arbeit wendet er die Gastfreundschaft als eine egalisierende Praxis gegenüber seinen Gästen an. Trotz unserer besten Absichten kann Gastfreundschaft jedoch dazu führen, dass sich die Gäste verstärkt ihrer selbst bewusst werden anstatt sich wohlzufühlen. Ein Gastfreundschaftserlebnis wie *The Dining Project* kann erdrückend wirken, wenn traditionelle oder spezifische Rollen unsere unmittelbaren Reaktionen zu stark beeinflussen. Lee lässt es jedoch nicht zu, dass ihn die von Derrida beschriebene „Unmöglichkeit einer perfekten Gastfreundschaft" am Gastgeben hindert.

Marys Reaktion auf Lees Gastfreundschaft wurde größtenteils durch die Tatsache geprägt, dass ihr unmittelbares Umfeld in einem Studierendenwohnheim in ihren eigenen Worten ein „ziemliches Durcheinander" war. Sie verglich Lees gut ausgestattetes Atelier in Yale, wo das köstliche Essen stattfand, mit den „wenigen guten Lokalen", die es damals in New Haven gab. Sie sagte, dass „es schwierig war, sich etwas Ähnliches wie Lees Raum in der Stadt vorzustellen!"[9] Es war jedoch genau dieser Kontrast zwischen der Bachelor-Studentin, die sich im Alltag einfach kleidete und aß, und dem Respekt, den ihr ein Fremder zollte, der dazu führte, dass sich Mary noch nach vielen Jahren so gut an dieses Essen erinnert. Diese emotionale Dimension von Gastfreundschaft als einer Ästhetik, die dafür sorgt, dass man sich als ein besonderer Mensch willkommen fühlt, ist die Stärke von Lees Arbeiten. Marys Erinnerungen müssen nicht präzise sein, sie muss diese jedoch als etwas Lebendiges *mit sich führen*, damit der Effekt der Gastfreundschaft von *The Dining Project* andauert.

Der globale Charakter der zeitgenössischen Kunst fordert die Traditionen der Gastfreundschaft heraus, nicht zuletzt auch zwischen Künstler*innen und ihrem Publikum. Diese Art von Internationalismus vermischt verschiedene persönliche und kulturelle Perspektiven. Daraus ergibt sich eine komplizierte Dynamik. Ein Künstler wie Lee fordert traditionelle, mit der Gastfreundschaft verbundene Rollen heraus und hinterfragt, inwieweit sich Macht nach Geschlecht, Klasse, Herkunft und sonstigen Identitätsmerkmalen verteilt. Normalerweise waren dies diskriminierende Faktoren, welche den Austausch zwischen Gastgeber*innen und Gästen in unterschiedlichen Umfeldern beeinflussten. Lees Vorstellung von Gastfreundschaft ist hingegen demokratisch. Einige Elemente seiner Arbeiten folgen gängigen Klischees von Gastfreundschaft – beispielsweise seine formellen Tischarrangements – während sein Ziel neu und radikal ist: die Ermöglichung eines horizontalen, hierarchielosen emotionalen Austauschs mit den Betrachter*innen. Ein derartiger Radikalismus hängt auch davon ab, *wer* die Arbeit erlebt und wann und wo diese erlebt wird.

Lees ästhetische Praxis zielt darauf ab, die Teilnehmenden anzuregen, sich mit ihren eigenen Erfahrungen von Zugehörigkeit auseinanderzusetzen. Lee konzentriert sich insbesondere auf zwei Aspekte der Gastfreundschaft: Erstens behandelt er jeden Gast so, als ob sie*er in diesem Moment die wichtigste Person sei, und zweitens stellt er beste Qualität bereit (um ein perfekter Gastgeber zu sein). Nach seinem Yale-Abschluss wurde Lee gebeten, *The Dining Project* bei Lombard Freid Fine Arts in New York zu wiederholen. Auf die Frage, wie sich sein Projekt in der Übersetzung vom Atelier in den Ausstellungsraum veränderte, antwortete er: „Ich konnte mir sehr viel bessere Zutaten leisten und

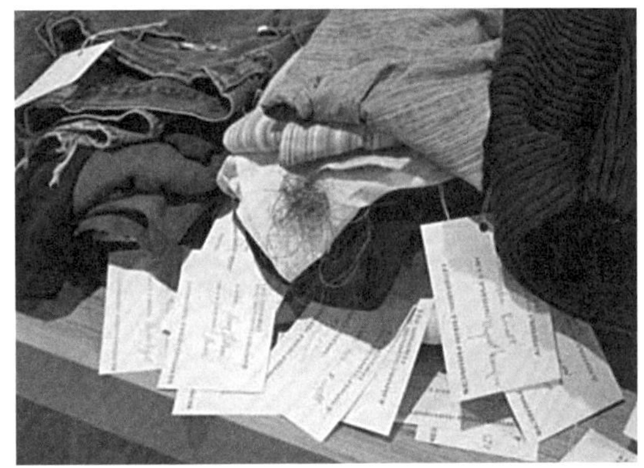

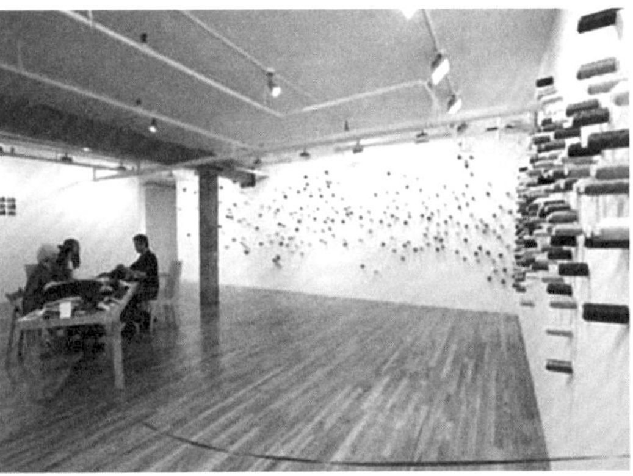

Abb. 11. Die Etiketten, die im Rahmen von *The Mending Project* an den ausgebesserten Kleidungsstücken angebracht werden, geben Auskunft zu Namen und Beruf der Besitzer*innen. Diese können ihre Kleidungsstücke am letzten Ausstellungstag im Ausstellungsraum abholen.

Abb. 12. Installationsansicht von *The Mending Project* bei Lombard-Freid Projects, New York, 2009. Die Aufnahme zeigt einen langen Tisch, zwei Stühle und eine Wand, die von bunten, kegelförmigen Garnspulen überzogen ist.

die Gäste wurden durch ein öffentliches Losverfahren anstelle einer Werbeanzeige in einem Studierendenwohnheim ausgewählt. [Dies wurde dazu genutzt], um den Zeitplan und den Anmeldeprozess abzuwickeln."[10]

Der Unterschied zwischen dem informellen Atelierraum und der formelleren Galerie oder dem Museum ist über die Qualität der Lebensmittel hinaus von Relevanz. Im Fall von Gastfreundschaftserlebnissen muten formelle und überfüllte Museumsräume künstlich an und scheinen sich weniger für persönliche Begegnungen zu eignen. Im Kontext zeitgenössischer Kunstkritik bewerten zahlreiche Wissenschaftler*innen Museen aufgrund ihrer Künstlichkeit und ihres Publikums als problematische Räume.[11] Lees Kunst hinterfragt, inwieweit Museen und Galerien demokratischer und zugänglicher für ein breiteres Publikum werden könnten und wie die Kunst diesen Grenzbereich zwischen den Kategorien herstellen kann.[12] Die Frage nach der Rolle der Erinnerung im Rahmen von diesen Gastfreundschaftserlebnissen fügt dem Ganzen eine weitere Dimension hinzu: Die fehlende Privatsphäre in Großausstellungen führt zu zahlreichen Formen der Dokumentation, die Gastgeber*in und Gast nicht immer begrüßen.

Die (Nicht-)Dokumentation des Gastgebens

Am 22. August 2017 betrat ich die Hauptausstellung der 57. Venedig-Biennale, insbesondere um Lees *The Mending Project*, 2009/2017, zu erleben. Das Projekt stach zuerst als eine Installation von bunten Garnspulen ins Auge, die sich über die Wände verteilten. Dadurch entstand ein Gefühl von Farbe und Verwundbarkeit, da die Fäden so dünn und ephemer waren (Abb. 11 und 12, S. 60). Im Zentrum des Raums stand ein Tisch. Eine Person saß einer anderen gegenüber. Die Idee, die *The Mending Project* zugrunde liegt, besteht darin, dass eine Person ein Kleidungsstück abgibt, das von der flickenden Person „repariert" wird. Mithilfe von

Faden und Nadel wird das Kleidungstück dann repariert und die*der Besucher*in kann es vor Verlassen der Ausstellung abholen. Während des Flickprozesses entwickelt sich ein Gespräch zwischen der flickenden Person und der*dem Teilnehmenden. Lee beschreibt seine Erfahrung als eine persönliche, da sie sich normalerweise in der Privatsphäre des eigenen Zuhauses zutrug. Er schildert auch, inwieweit dem Flickprozesses eine persönliche Bedeutung innewohnt. Als er in Taiwan aufwuchs, war das Land arm und das Reparieren und Flicken von Kleidung war eine Praxis (die weitaus gängiger war, als neue Kleider zu kaufen, wenn alte repariert werden mussten). Das Flicken „schenkt mir auf emotionaler und visueller Ebene etwas sehr Befriedigendes" sagt Lee.[13] „Durch alle Kulturen hindurch tragen wir Kleider als unsere zweite Haut" und selbst wenn er in Ländern flickt, in denen er aufgrund der Sprachbarriere nicht mit den Ausstellungsbesucher*innen sprechen kann, ist das Flicken von Kleidung eine universelle Erfahrung. Lee stellt seine Vorstellung vom Flicken für Unbekannte als eine Geste der „Fürsorge und des Reparierens, als ein Geschenk für eine andere Person"[14] heraus.

Die Venedig-Biennale ist eine sehr öffentliche Ausstellung, was dazu führt, dass sich jede Erfahrung weniger intim und dafür umso exponierter anfühlt. Als ich auf der Biennale durch zahlreiche Räume hindurch zu *The Mending Project* gelangte, bemerkte ich, dass der Großteil der Kunstwerke Objekte oder Medien (Video, Audio, Animation) waren, die vom Leben, einschließlich des menschlichen Lebens, handelten. Jedoch waren dort keine *Lebewesen*, mit denen man hätte interagieren können. Alle Arbeiten waren entweder leblose Objekte oder wurden auf Bildschirmen präsentiert. Lees Arbeit war die einzige, auf die ich an diesem Tag stieß, die ein menschliches Wesen einbezog, das auf mich wartete, um die „Magie" der Kunst erlebbar zu machen. Lee betont ebenfalls die interaktive Natur seiner Projekte und die Tatsache, dass diese undenkbar wären ohne eine Person, die ein Kleidungsstück zum Flicken abgibt und sich auf ein Gespräch einlässt. In Wirklichkeit haftete Lees Idee, inmitten chaotischer öffentlicher Räume Intimität zu kreieren, aufgrund ihrer kontemplativen Intentionalität etwas Beruhigendes an. Lee gestaltete das Umfeld um, auch wenn dieses anfangs nicht als Willkommensort konzipiert war.

Theoretische Schriften zur Gastfreundschaft betrachten das Gastfreundschaftserlebnis oftmals aus

7 Für Besucher*innen zu kochen und sie zu beherbergen wurde in der zeitgenössischen Kunst seit den 1970er Jahren umfassend praktiziert. Ein Beispiel hierfür ist der Künstler Rirkrit Tiravanija, der in diesem Kontext von Bedeutung ist und über dessen Arbeiten umfangreich geschrieben wurde. Tiravanija kochte erstmals 1990 Pad Thai in der New Yorker Paula Allen Gallery und hat diese Arbeit seither in unterschiedlichen Form neu realisiert. Nicolas Bourriaud entwickelte unter anderem anhand von Tiravanijas Arbeiten seine Idee der „relationalen Ästhetik". Siehe Nicolas Bourriaud: *Relational Aesthetics*, übersetzt von Simon Pleasance und Fronza Woods unter Beteiligung von Mathieu Copeland (Dijon: Les presses du reel, 2002). Darüber hinaus bieten die folgenden Quellen einen Überblick über eine Kunst, die sich mit dem Gastgeben und der Teilhabe auseinandersetzt und auch als „die Kunst der sozialen Praxis" beschrieben wird: Stephanie Smith (Hg.): *Feast: Radical Hospitality in Contemporary Art* (Chicago: Smart Museum, University of Chicago, 2013); Nato Thompson (Hg.): *Living as Form: Socially Engaged Art from 1991-2011* (New York: Creative Time Books and the MIT Press, 2012); Ted Purves (Hg.): *What We Want Is Free: Generosity and Exchange in Recent Art* (Albany: State University of New York Press, 2005); Sally Tallant und Paul Domela (Hg.): *The Unexpected Guest: Art, Writing, and Thinking on Hospitality* (London: Art/Books, 2012); Claire Doherty (Hg.): *Contemporary Art: From Studio to Situation* (London: Black Dog Publishing, 2004).

8 „Mary" bat mich, nicht ihren richtigen Namen zu verwenden.

9 Das Zitat von Mary stammt aus einem Gespräch mit der Verfasserin, 19. September 2013. Die Zitate gehen auf dasselbe Gespräch und die persönliche Onlinekorrespondenz mit der Verfasserin zurück, 21.–23. Juni 2018.

10 Das Zitat von Lee stammt aus einem Gespräch mit der Verfasserin, 1. April 2013.

11 Für die verschiedenen Sichtweisen zu diesem Thema siehe: Grant H. Kester: *Conversation Pieces: Community and Communication in Modern Art* (Berkeley: University of California Press, 2004); Grant H. Kester: *The One and the Many: Contemporary Collaborative Art in a Global Context* (Durham: Duke University Press, 2011); Miwon Kwon: *One Place after Another: Site-Specific Art and*

der Vogelperspektive, während die*der Verfasser*in nicht offenlegt, welche Position sie*er einnimmt, oder auf welcher Seite sie*er steht – Gastgeber*in, Gast oder beides. Nichtsdestotrotz nehmen die Leser*innen oftmals wahr, dass es unmöglich ist, die Position objektiver Beobachter*innen einzunehmen, wenn man Argumente in Bezug auf die Gastfreundschaft vorbringt. Je mehr man versucht, seine Vorliebe für einen spezifischen Gast oder eine*n spezifische*n Gastgeber*in zu verbergen, desto weniger „objektiv" wird man in Bezug auf die eigenen Präferenzen.[15] Lee verweigert sich dieser komfortablen, sicheren und scheinbar neutralen Position. Als ich über Lees Arbeiten schrieb, habe ich selbst festgestellt, dass es unmöglich ist, Lees Kunst zu erleben, ohne dass man selbst vom Künstler und seinen Gastgeber*innen empfangen wird, deren *Modus operandi* darin besteht, mich zu empfangen. Lee lehrt uns, dass wir uns dem ganzen Potenzial seiner Arbeiten öffnen, wenn wir uns auf die Emotionen, Gefühle, phänomenologischen Obsessionen und epistemologischen Komplexitäten der Gastfreundschaft einlassen. Dieser Aspekt kristallisierte sich deutlicher heraus, als ich mich mit der Frage nach der Dokumentation von Lees Arbeiten beschäftigte. Wessen Erfahrung repräsentiert die Dokumentation? Ein*e gute*r Gastgeber*in würde das Mittel der Dokumentation nicht als Beweis dafür, ein*e perfekte*r Gastgeber*in zu sein, hinzuziehen wollen. Es liegt an anderen, die Qualität von Lees Gastfreundschaft zu bezeugen (wie diese Publikation beweist).

Es besteht folglich eine gewisse Spannung zwischen Lees Intention, eine intime Begegnung mit Unbekannten zu arrangieren, und der gängigen Foto- oder Videodokumentation von zeitgenössischen Kunstwerken. Diese Spannung manifestiert sich auch auf Lees Webseite. Zahlreiche der angeführten Projekte werden neben ihren Titeln und Werkbeschreibungen von keiner „Dokumentation" begleitet. Man könnte sogar sagen, dass die Kunst (des Gastgebens) existiert, um diejenigen Momente zu repräsentieren, die nur in unserem (kollektiven) Gedächtnis leben, da es unethisch oder zumindest aufdringlich wäre, sie auf eine andere Art und Weise in Erinnerung zu rufen. Wenn wir unseren Gästen sagen, dass sie sich wie zu Hause fühlen sollen, impliziert dies die Privatheit und den Komfort einer intimen Innerlichkeit des Seins, auch des Bei-sich-Seins. Ein weiteres potenzielles Problem bezüglich der „Dokumentation von Gastfreundschaft" ist mit dem Scheitern, der multisensorischen und subjektiven Qualität einer Gastlichkeitsszene gerecht zu werden, verbunden. Wenn ich mich selbst in dem Video und der fotografischen Dokumentation zu *The Mending Project* betrachte, das ich bei der Venedig-Biennale erlebte, dann fördert diese Dokumentation meine Erinnerung, beeinträchtigt sie aber auch. Sie fügt „faktische Details" hinzu, wie die Farbe meines T-Shirts oder die Position der von Lee angelernten Gastgeberin, die meinen Hut reparierte. Diese faktischen Details fördern jedoch nicht meine Erinnerung an das, was ich bezüglich der *Gefühle* meiner Gastgeberin in jenem Moment *gespürt* habe. Diese Dokumentation gibt nicht unbedingt Aufschluss über die Gastfreundschaft. So sehr ich mich auch daran erinnern möchte, wie ich mich während unseres Gesprächs bei *The Mending Project* fühlte und wie sich meine Gastgeberin fühlte, war es der flüchtige Moment einer menschlichen Verbindung, die Lee unter dem Deckmantel des „Flickens" herstellte, den ich am meisten schätzte. Mehr als die Dokumentation schätze ich meinen alten Hut, der mit diesen bunten Fäden „ausgebessert" worden war. Als Objekt besitzt der Hut jetzt eine Aura, die mit der Materialität der Zeit erfüllt ist, welche die Gastfreundschaft benötigt: Fürsorge, Vorbereitung und Vorwegnahme. Lees Ästhetik dehnt und verwirft die Zeit zwischen Vergangenheit, Gegenwart und Zukunft. Seine Gastfreundschaft ist stets so präsent wie sie „zukünftig" ist.

Einige Künstler*innen lehnen es ab, ihre Kunst zu dokumentieren, da sie die

Dokumentation als eine Form der „Objektivierung“ und der „Produkterzeugung“ betrachten. In diesem Sinn könnte man die Dokumentation der Prozesse der Gastfreundschaft als verwerflich ansehen, da sie ein kostenloses Geschenk sein sollte. Die Authentizität der Ästhetik der Gastfreundschaft wird fragwürdig, wenn diese als Dokumentation verkauft wird. Eine fehlende Dokumentation könnte auch nahelegen, dass „man sich gegenseitig Raum gewährt“, oder, in anderen Worten, dass man im Moment des Gastgebens präsent ist, ohne an die Folgen – seine Spuren – zu denken. Es ist wichtig, sich gegenseitig Raum zu lassen und die Folgen für jede einzelne Person zu berücksichtigen, wenn wir diesen (visuellen und psychologischen) Raum gewähren. Im obigen Gespräch mit Mary verwendete ich ein Pseudonym, da selbst jetzt die Erinnerung an die Gastfreundschaft und ihre Intimität zu privat für sie sein könnten, wenn sie diesen Text als „Dokumentation“ betrachtet. Schreiben ist letztendlich ein öffentlicher Akt, genauso wie in einem Museum beherbergt zu werden. Die Dokumentation kann der vielschichtigen Entfaltung eines Kunstwerks entgegenwirken, das sich mit der Gastfreundschaft auseinandersetzt. Die Dokumentation kann aber auch das Teilen von Erinnerungen auf einer persönlichen, existenziellen Ebene beeinträchtigen, auch noch lange nach der Begegnung selbst. Sie kann sich weiterentwickeln und die gelebte Erfahrung ersetzen.

Auch Bilder sind mächtige Instrumente, um Erinnerungen zu erzeugen. Die der Dokumentation inhärente Zeitlichkeit möchte uns „zurück“ zu dem Erlebnis führen. Das ist eines ihrer Ziele: „Dies hat sich ereignet.“ Die Dokumentation bringt ein Dokument und Zeugnisse bezüglich der vergangenen Realität hervor. Die mit der Gastfreundschaft verbundene Arbeit widersetzt sich jedoch solch einer linearen Zeitlichkeit, da diese *in* unseren Körpern, in uns, weiterlebt. Sie bleibt bei uns. Anders ausgedrückt, die Kunst der Gastfreundschaft kann unabhängig vom Kontext der zeitgenössischen Kunst ein Teil von uns werden. Gastfreundschaft gründet auf unserer verkörperten Erfahrung. In Lees Arbeiten teilen wir Essen, Schutz und Zeit miteinander. Lee schafft die Rahmenbedingungen, die diesen Moment des Teilens ermöglichen. Gleichzeitig beruht die Gastfreundschaft jedoch auch auf unserer verkörperten Erfahrung von Innerlichkeiten, von den Gefühlen, die dieses Teilen auslöst. In diesem Sinn ermöglicht Lee eine *geteilte Innerlichkeit.* Lees Arbeiten zur Gastfreundschaft führen einen komplexen Wandel herbei: Eine Person verändert sich nicht nur in dem Moment selbst, sondern wird sich im Laufe der Zeit immer weiter verändern, in ihrer Gegenwart, Vergangenheit und Zukunft.

Locational Identity (Cambridge, Mass.: MIT Press, 2002); Renate Dohmen: *Encounters Beyond the Gallery: Relational Aesthetics and Cultural Difference* (London: I.B. Tauris, 2016); Claire Bishop: *Artificial Hells: Participatory Art and the Politics of Spectatorship* (New York: Verso, 2012); Sally Tallant und Paul Domela: *The Unexpected Guest* (London: Art/Books, 2012); Michael Corris, Jaspar Joseph-Lester und Sharon Kivland (Hg.): *Hospitality*, Transmission Annual (London: Artwords Press, 2010). Ich möchte mich bei Maureen Connor bedanken, die mich auf das letzte Buch in diesem Verzeichnis aufmerksam gemacht hat und mir dieses auch geschenkt hat.

12 Lewis Hyde: „Isabella's Will“ in *Lee Mingwei: The Living Room* (Boston: Isabella Stewart Gardner Museum, 2000), S. 15-21.

13 Lee Mingwei: *The Mending Project*, Video, hochgeladen von Virgil Wong, 2. Oktober 2012 unter https://www.youtube.com/watch?v=kfduRgfMD_4.

14 Ebd.

15 Ich habe diesen Aspekt in *Hospitality of the Matrix: Philosophy, Biomedicine and Culture* (Columbia University Press, 2012) detaillierter ausgeführt und erörtert, inwieweit geschlechtsspezifische Unterschiede in wichtigen und tradierten philosophischen Ansätzen zur Theoretisierung der Gastfreundschaft vernachlässigt wurden.

THE SLEEPING PROJECT

2000/2020

Holzbetten, Nachttische, persönliche Gegenstände

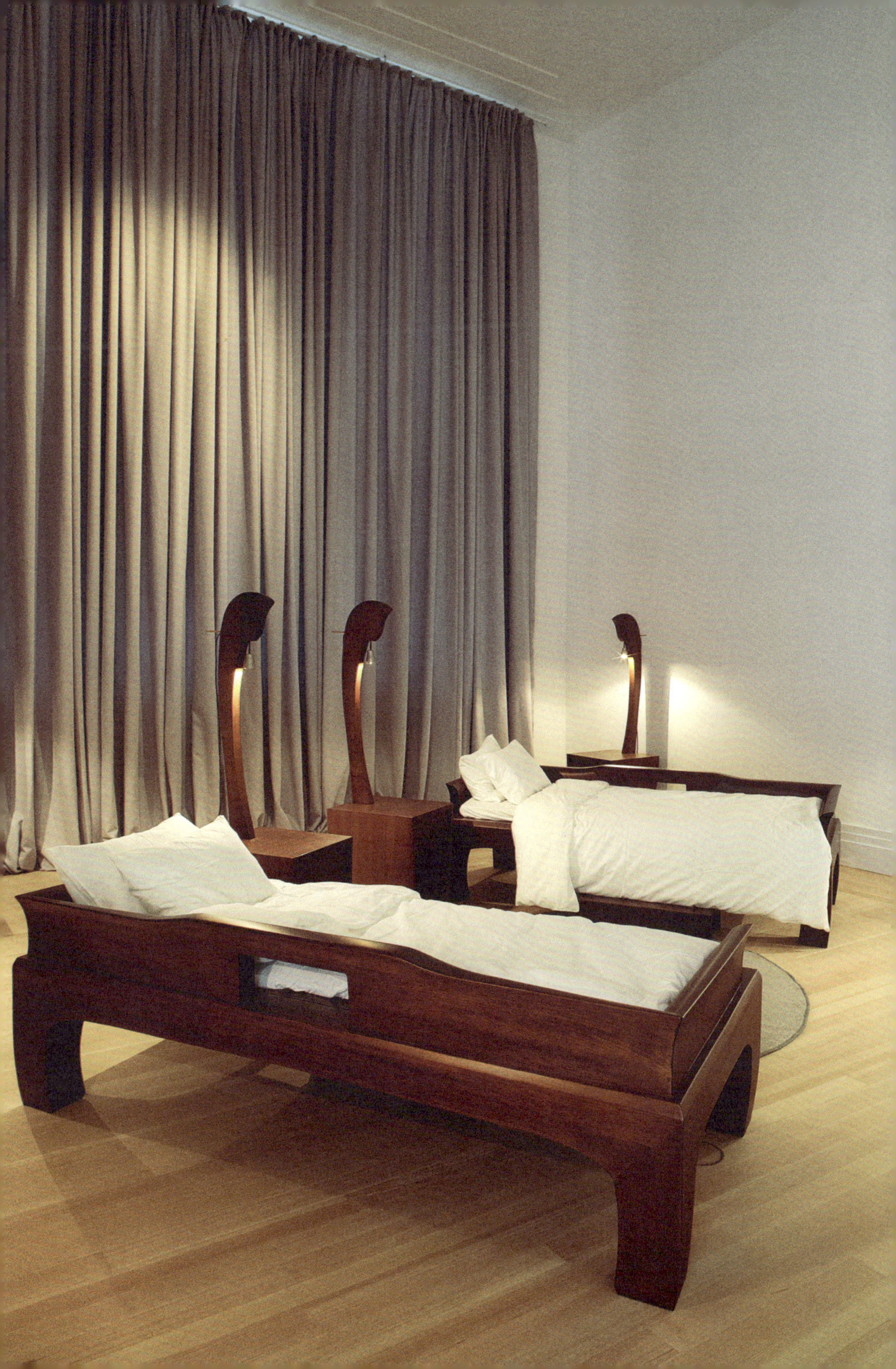

„Der Grundstein für *The Sleeping Project* wurde in meiner späten Jugend gelegt. Direkt nach meinem Schulabschluss gönnte ich mir eine Rucksackreise durch Europa. In einem der Nachtzüge auf dem Weg von Paris nach Prag teilte ich mir das Abteil mit einem älteren Herrn. Wir begannen ein höfliches Gespräch, doch nach und nach erfuhr ich, dass seine ganze Familie während des Zweiten Weltkriegs umgekommen war. Er war der Einzige, der Auschwitz überlebt hatte; seine Großeltern, Eltern, Geschwister, Cousins und Cousinen und alle anderen Familienmitglieder waren ermordet worden. Ich erinnere mich daran, wie er erzählte, dass eine der Aufseherinnen sehr nett zu den Kindern gewesen war; gleichzeitig war sie aber diejenige, die die Türen zu den Kammern schloss und das Gas aufdrehte. Nach drei Stunden umarmte er mich und legte sich schlafen. Ich lag den Rest der Nacht wach und versuchte mir vorzustellen, wie viele Menschen auf derselben Strecke in die Konzentrationslager gebracht worden waren.

Als ich *The Sleeping Project* zum ersten Mal durchführte, sagten mir alle vor der ersten Nacht, dass ich besonders auf meine Sicherheit bedacht sein müsse. Der Galerist legte sogar einen automatischen Notruf neben mein Kopfkissen. Ich kam voller Angst und Sorge in die Galerie – starrte die Betten an und dachte an all die Albträume, die wahr werden könnten. Am nächsten Tag war ich extrem müde und schluchzte den ganzen Heimweg nach Brooklyn über. Ich musste einen langen Spaziergang durch den Prospect Park machen, um mich zu beruhigen und mir zu überlegen, wie ich die folgenden 19 Abende angehen sollte. Ich sah einen jungen Vater, der seine kleine Tochter im Arm hielt und ihr vorsang. Mir wurde klar, dass ich genauso offen und verletzlich wie ein Baby sein musste. Wenn jemand ein Kind sieht, möchte er es instinktiv schützen, nicht zerstören. Wenn wir uns hingegen mit emotionalen Schildern und Waffen bewehren, werden wir getestet."

LEE MINGWEI

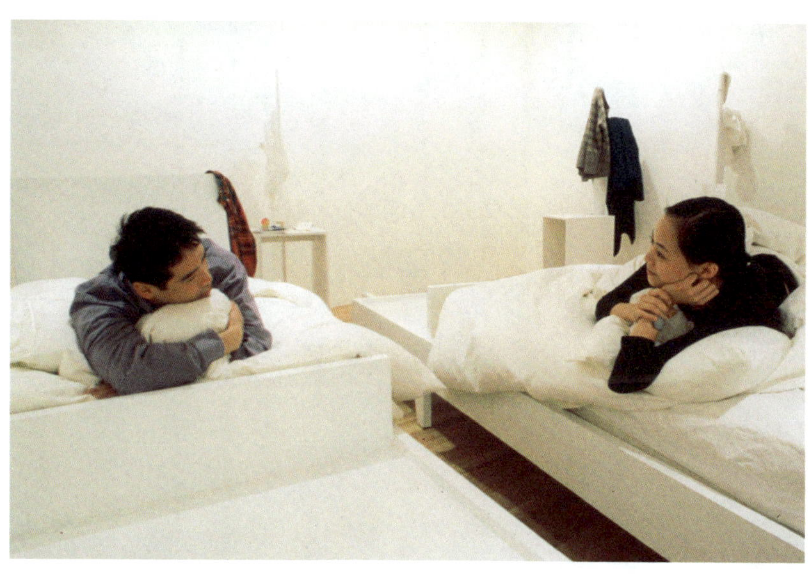

Lee Mingwei führte *The Sleeping Project* erstmals im Jahr 2000 bei Lombard Freid Fine Arts, New York, durch, wie diese beiden Aufnahmen zeigen. Die Teilnehmer*innen wurden mittels eines Lotteriekartensystems ausgewählt. Das Projekt brachte zwei einander unbekannte Personen (eine davon der Künstler) dazu, gemeinsam im selben Raum zu übernachten.

Vor dem Schlafengehen konnten die Personen persönliche Objekte, die sie aus ihren Schlafzimmern mitgebracht hatten, auf Nachttischen neben den Betten ablegen, wo diese bis zum Ausstellungsende präsentiert wurden.

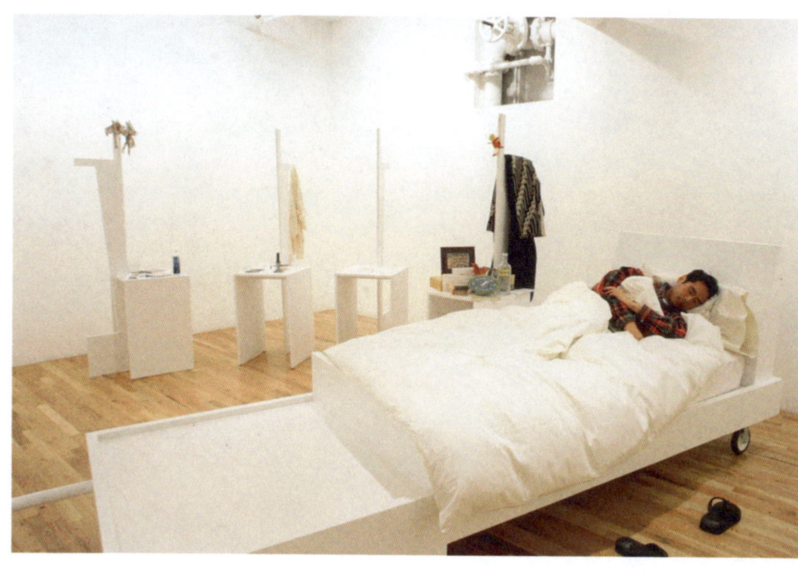

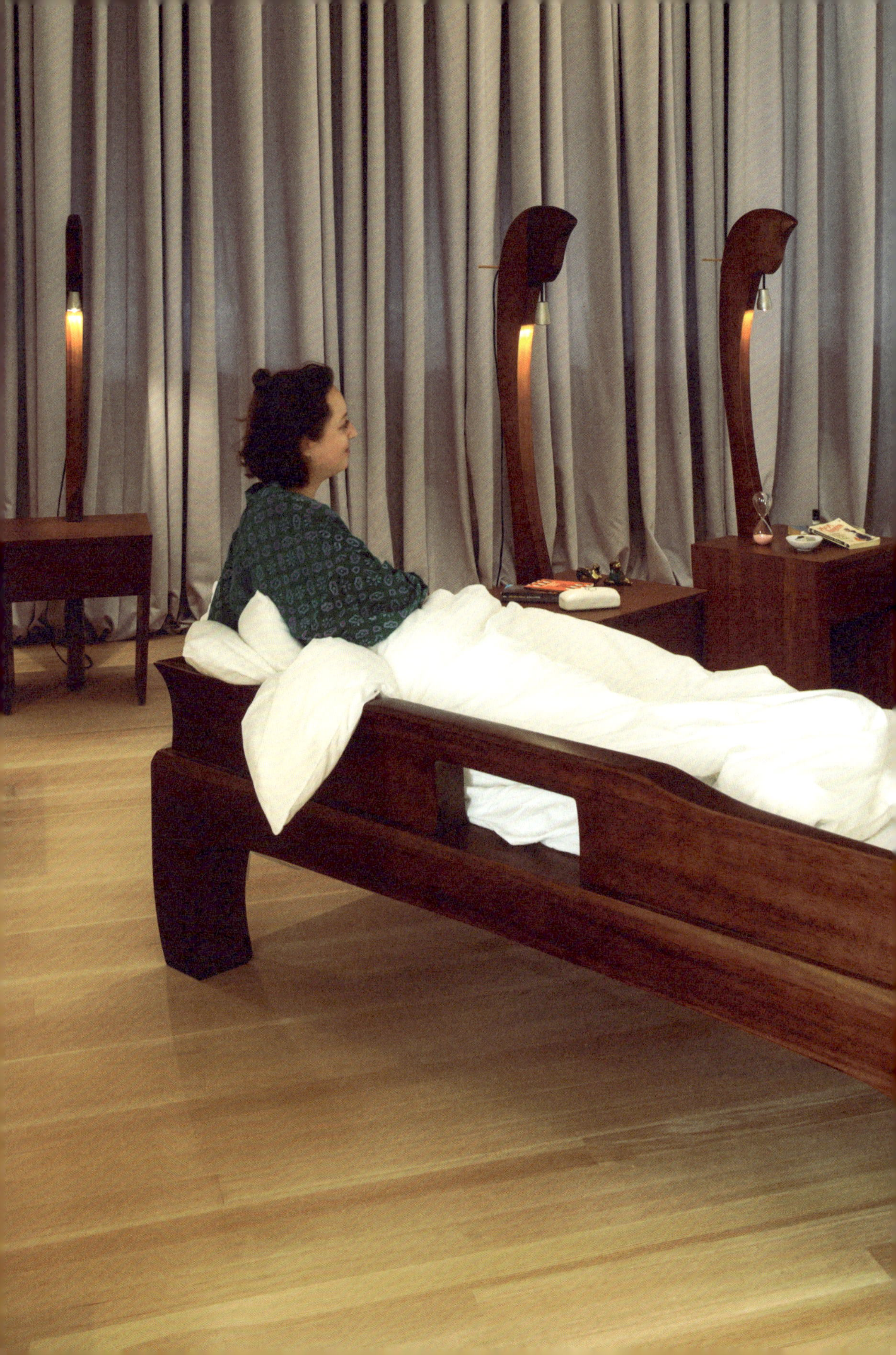

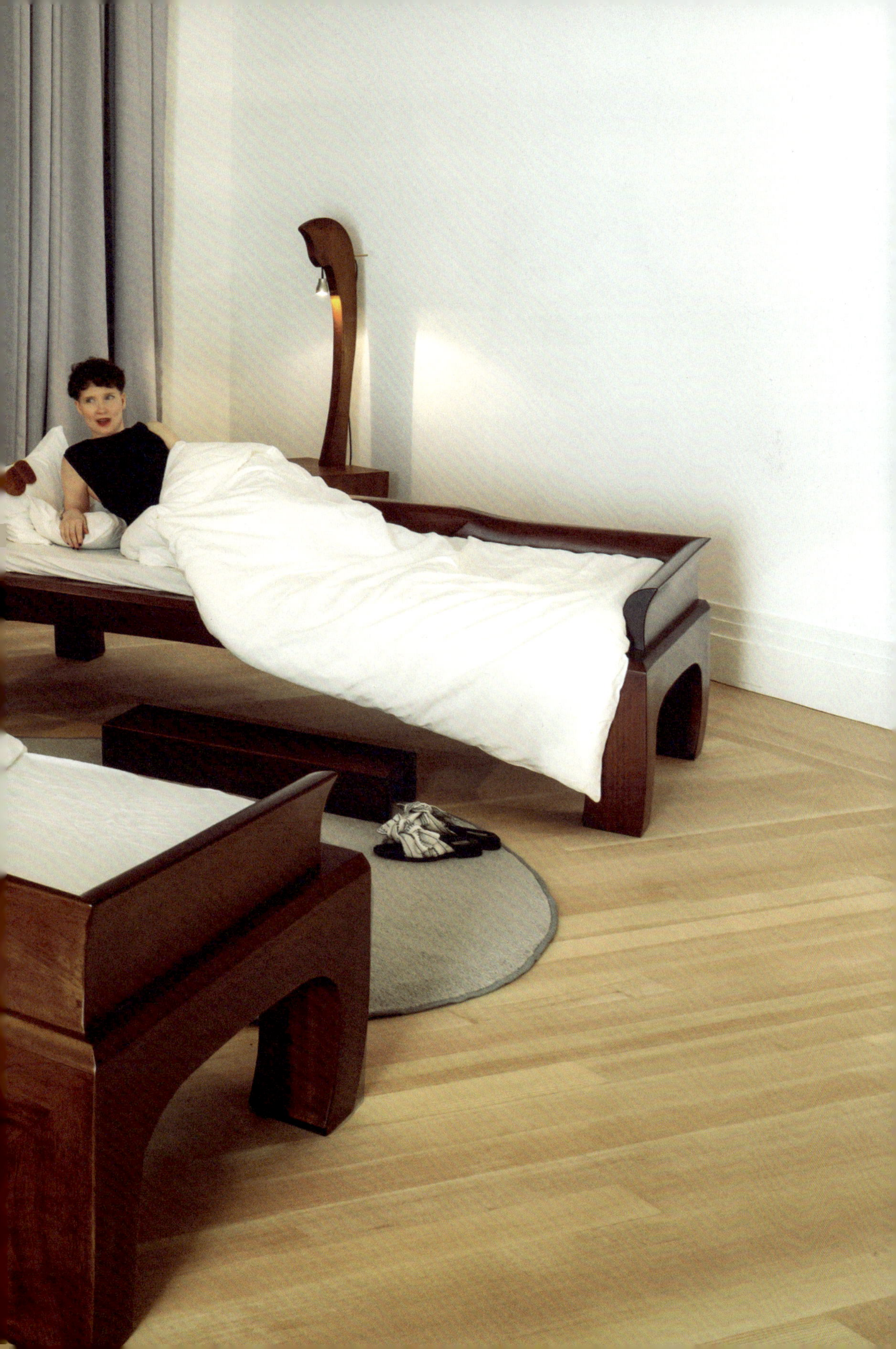

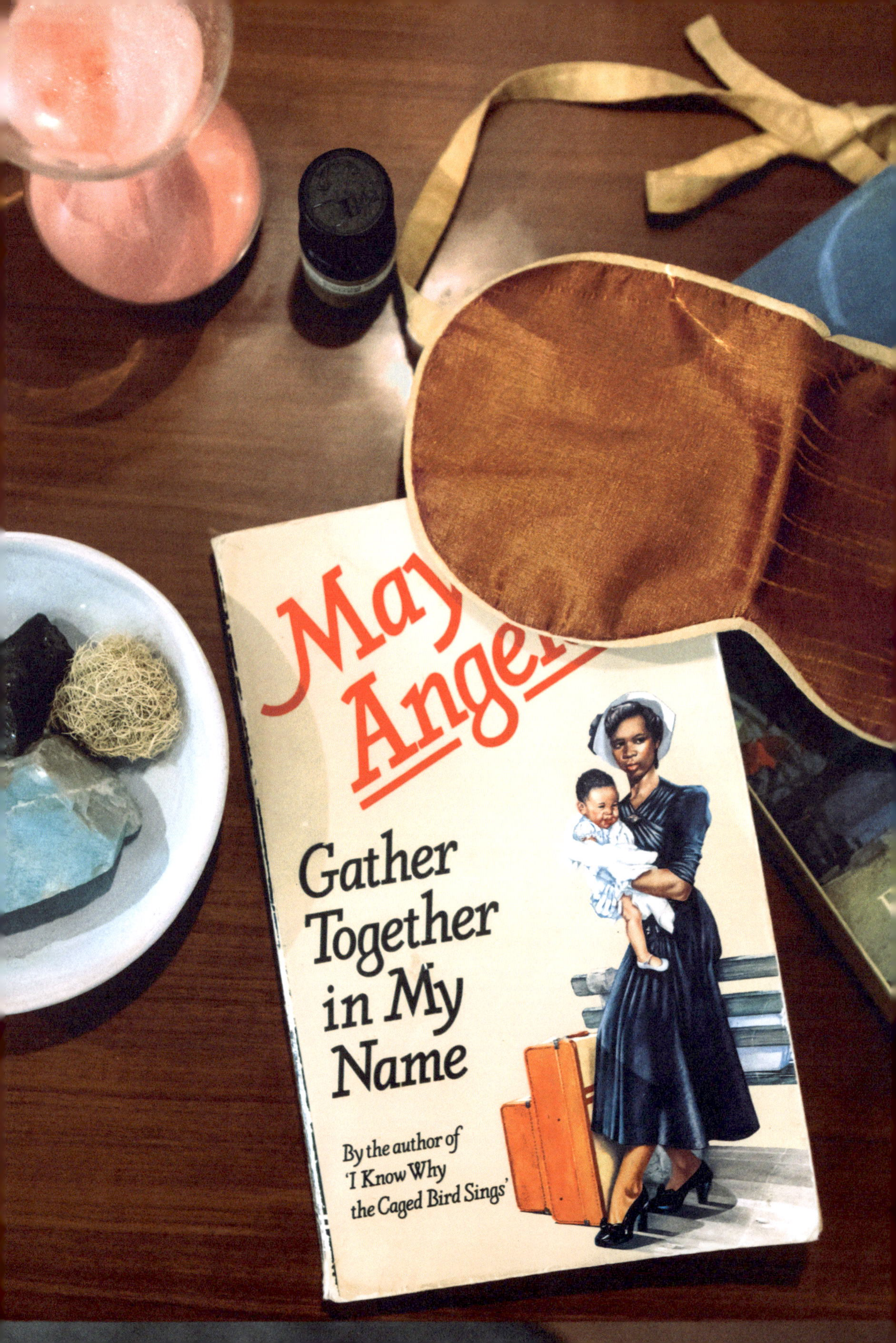
Gather
Together
in My
Name
By the author of
'I Know Why
the Caged Bird Sings'

„Meine Partnerin in *The Sleeping Project* war eine junge Japanerin, eine Fotografin, die Kunst studierte. Wir trafen uns um etwa 21:00 Uhr in der Auckland Art Gallery Toi o Tāmaki und schlüpften in unsere Pyjamas. Wir legten uns hin und sprachen einige Stunden über das Leben, die Liebe und die Kunst. Ich erinnere mich an die nächtlichen, chimärenhaften Schatten der Bäume, die ein Tableau von verschiedenen Formen auf die Wände projizierten. Während des Schlafens träumte ich intensiv. Es schien mir, als ob die Geister zum Leben erweckt worden wären, Hunderte von Seelen machten Kunst, kamen unter dem Gebäude hervor und füllten den Raum. Obgleich die Situation nicht bedrohlich war, schien es, als ob alle Geister, die mit dem Gebäude in Verbindung standen, in der Dunkelheit auftauchen. Ich wachte in der Morgendämmerung bei rosafarbenem Licht und faszinierenden anthropomorphen Schatten auf, die die Bäume in den Raum warfen. Meine Gefährtin und ich zogen uns an, begaben uns zur Laderampe, umarmten uns innig und gingen unserer eigenen Wege.“

RHANA DEVENPORT

Ehemalige Direktorin der Auckland Art Gallery Toi o Tāmaki, Neuseeland, die im Jahr 2016 die Ausstellung *Lee Mingwei and His Relations: The Art of Participation* zeigte.

Lee Mingwei entwickelte *The Sleeping Project*, nachdem er mit einer ihm unbekannten Person eine Nacht in einem Zugabteil verbracht hatte. Im Laufe der Nacht erfuhr er die persönliche Geschichte des Mannes. Das Thema der Arbeit ist die persönliche Verbindung, die sich zwischen zwei Unbekannten entwickeln kann, die ohne sexuelle Absichten gemeinsam die Nacht verbringen.

THE LIVING ROOM

2000/2020

Möbel, private Sammlungen, Pflanzen

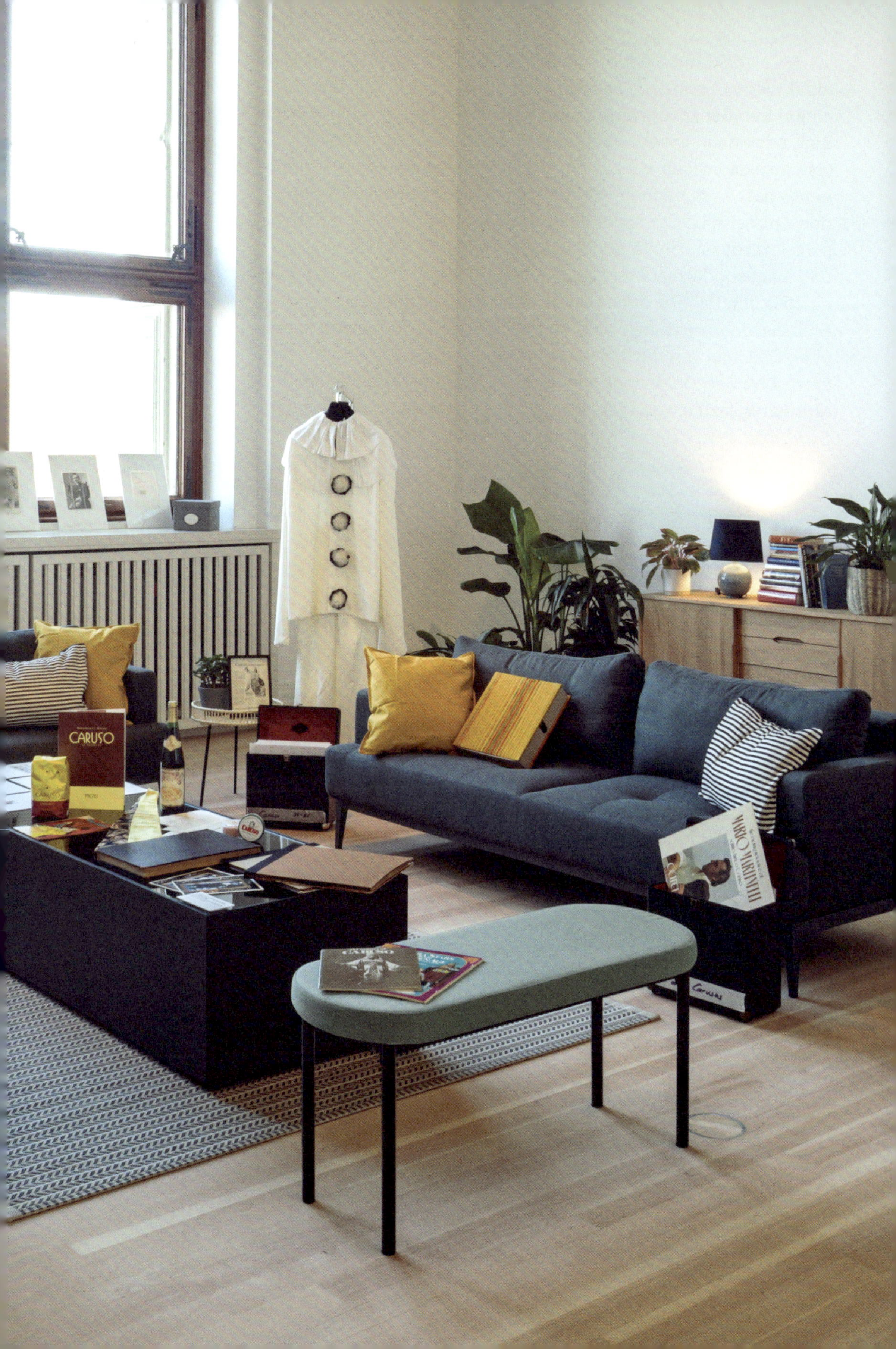
CARUSO
MARIO MARTINETTI
Carusos
CARUSO

„1999 lud mich das Isabella Stewart Gardner Museum als *Artist in Residence* ein. Es war meine erste Erfahrung mit einem Residenzprogramm, allerdings merkte ich nach kurzer Zeit, dass mein vorgeschlagenes Projekt, ein allzu simples, rein intellektuelles Vorhaben, keine große emotionale Komponente hatte. So begann ich, mit dem Aufsichtspersonal und den Angestellten zu sprechen und jede*r von ihnen hatte eine sehr interessante und durchdachte Sicht auf die Sammlung und insbesondere auch darauf, wie Frau Gardner gewesen sein mochte. Ich dachte mir, dass es doch großartig wäre, wenn Frau Gardner noch hier sein könnte, um mir ihre ganz persönlichen Geschichten darüber zu erzählen, wie sie die Kunstwerke erworben hat. Dann kam mir die Idee, die Angestellten des Museums dazu einzuladen, ihre eigenen Sammlungen zu zeigen. So wurde jede*r dieser Gastgeber*innen in gewisser Weise zu Frau Gardner.

Isabella Stewart Gardner lebte von 1840 bis 1924 und war eine berühmte Mäzenin ihrer Zeit. Frau Gardner öffnete ihr Haus für Dichter*innen, Künstler*innen, Musiker*innen und Schauspieler*innen. Ihrem Willen entsprechend musste alles im Museum so bleiben, wie sie es gestaltet hatte. Es ist sehr interessant zu sehen, was wir sammeln, aber noch interessanter ist es, unsere persönlichen Sammlungen zu kuratieren und zu entscheiden, auf welche Art und Weise wir sie mit Unbekannten teilen.

Was meine eigene Sammlung angeht: Ich habe die Schatulle meiner Großmutter aufbewahrt, zu der eigenartige kleine Objekte gehören, wie etwa versteinerte Muscheln, persönliche Siegel, antike Tonscherben, alte Reisepässe, Briefe und Fotografien meiner Eltern. Diese Kiste werde ich mitnehmen, sollte ich mich einmal in einer Extremsituation befinden und schnell fliehen müssen.“

LEE MINGWEI

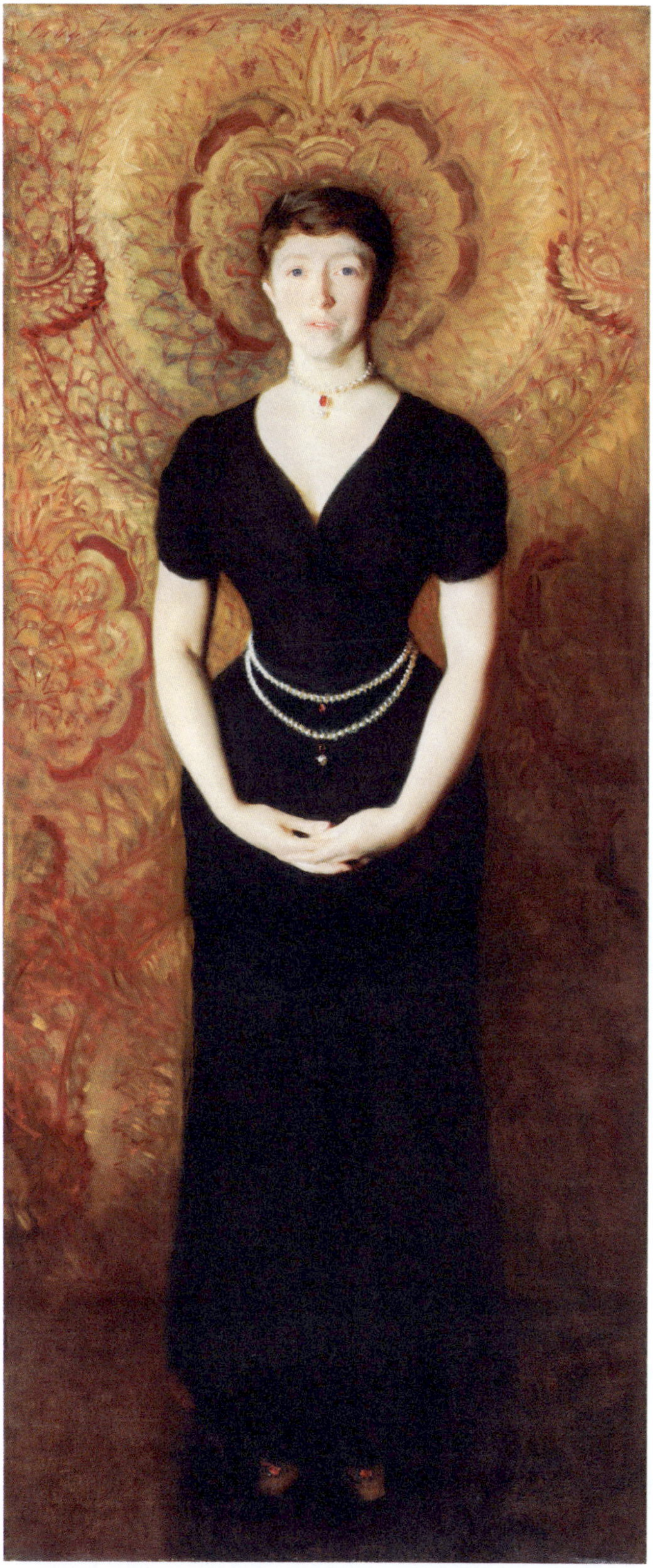

Isabella Stewart Gardner (1840-1924), hier gemalt von John Singer Sargent, war die Tochter des wohlhabenden Leinenhändlers David Stewart und seiner Frau Adelia Smith Stewart. Isabella Stewart Gardner wurde eine führende US-amerikanische Kunstsammlerin und Philanthropin. Sie wuchs in Manhattan auf und unternahm ausgedehnte Reisen in den Nahen Osten und nach Europa. 1903 gründete sie das Isabella Stewart Gardner Museum in Boston und legte fest, dass die permanente Sammlung auch nach ihrem Tod unverändert fortbestehen sollte. Singer Sargent gilt als der erste „Artist in Residence“ des Museums, da ihn Isabella Stewart Gardner 1903 dazu einlud, den Gotischen Raum als sein Atelier zu nutzen.

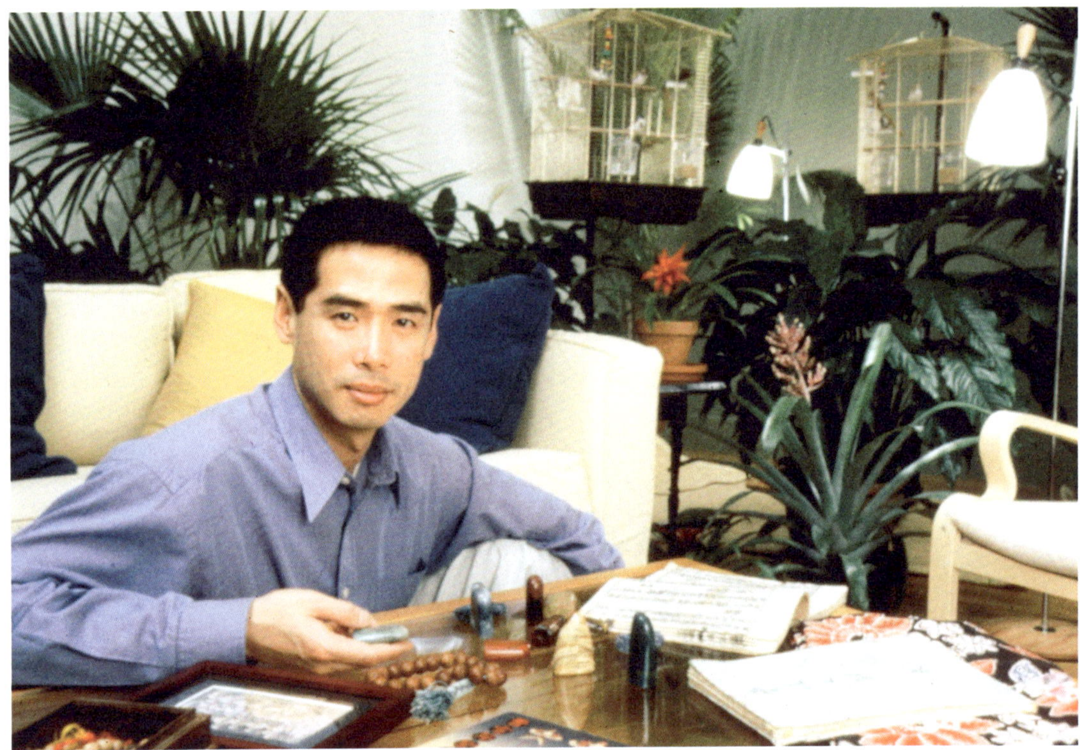

1992 initiierte Anne Hawley, die damalige Direktorin des Isabella Stewart Gardner Museum, im Geiste der Museumsgründerin ein Artist-in-Residence-Programm. 1999 nahm Lee Mingwei an dem Programm teil. Den Höhepunkt seines Aufenthalts bildete die Umgestaltung eines Ausstellungsraums in ein Wohnzimmer, in dem verschiedene Personen, von Museumsmitarbeiter*innen bis hin zu örtlichen Studierenden, als Gastgeber*innen auftraten und Objekte mitbrachten, die für sie eine besondere Bedeutung hatten. Heute ist dieses Projekt dauerhaft im Museum zu sehen und in einem eigens entworfenen Raum im neuen Flügel der Institution untergebracht.

„An einem kalten Wintermorgen im Februar 2000 war ich Gastgeberin in *The Living Room* und wartete auf eine*n Besucher*in. Vier Finken zwitscherten energisch in ihren Käfigen, während ich zwei Gemälde studierte, die ich mitgebracht hatte – eines von Richard Yarde und ein anderes von Maud Morgan. Ich freute mich darauf, meine Gedanken zu teilen, fühlte mich aber auch ziemlich exponiert. Die ersten Besucher*innen waren ein Paar, das ich kannte: Die beiden widmeten sich seit ihrer Pensionierung gemeinsamen Schreibprojekten. Sie waren warmherzig und lebhaft. Sie hatten eine kleine Statur, aber eine große Offenheit. Ich erinnere mich auch gut an eine Familie aus New Jersey mit zwei Töchtern im Teenageralter. Sie wollten etwas über die feine Grenze zwischen Kunst und Nicht-Kunst erfahren. Dies regte ein lebhaftes Gespräch mit vielen Standpunkten an. Nach meinem zweiten Tag als Gastgeberin versagte mir die Stimme. Meine Erfahrung war bereichernd und erfreulich. Lees Projekt zwang mich, innezuhalten und mir Zeit für gute Gespräche mit den Besucher*innen zu nehmen. Dank dieses Projekts vergaß ich meine Rolle als Museumsdirektorin und richtete meine Aufmerksamkeit auf meine Liebe zu den beiden Gemälden und den großartigen Menschen, die das Museum besuchten. *The Living Room* bot mir Interaktionen, die zutiefst menschliche Verbindungen zurückließen."

ANNE HAWLEY

Emeritierte Direktorin, Isabella Stewart Gardner Museum.

„*The Living Room* zeigt, inwieweit kurze Begegnungen, insbesondere zwischen Fremden, Veränderungen bewirken können. Ein einfacher Austausch kann dazu beitragen, unsere unbewussten Mutmaßungen in Bezug auf andere und unsere Umgebung zu revidieren. Beide Parteien sind Gebende und Empfangende des Geschenks. Es war eine faszinierende Erfahrung für mich, Teil dieses persönlichen Austauschs zu sein."

TIFFANY YORK

Projektleiterin von *The Living Room* am Isabella Stewart Gardner Museum.

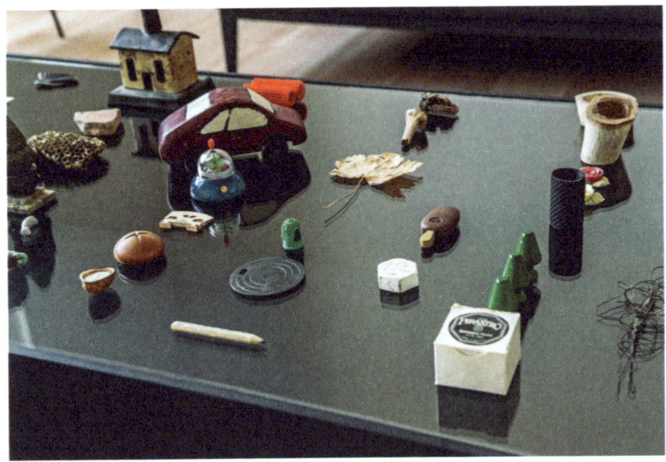

#DIESAMMLUNGEN
Barbara Christin

Meine Sammlung besteht aus alltäglichen und trivialen Dingen, die meine Aufmerksamkeit erregt haben: ein geschnitztes Spielzeugauto, ein geschweißtes Haus für die Modelleisenbahn, ein Teeei mit Stiel, ein Skelett aus Draht, Kleinigkeiten, die ich auf der Straße gefunden habe.

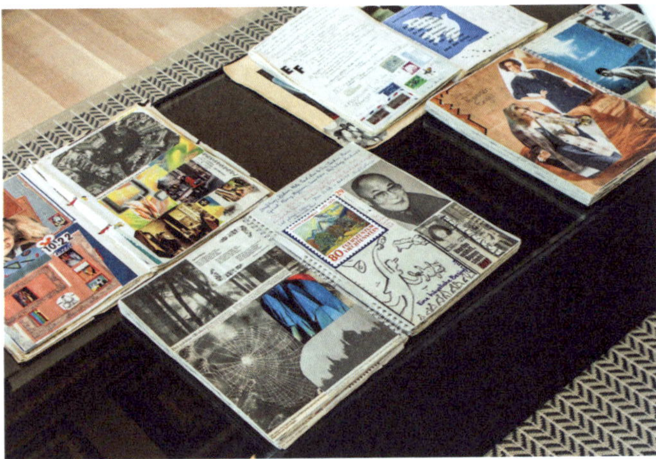

COLLAGENBÜCHER-SAMMLUNG
Simon Haßler

Die Sammlung besteht aus Collagenbüchern meines Großvaters, der in etwa 300 Büchern seine visuellen Eindrücke, Ideen und Erfahrungen festgehalten hat. Zeitungsauschnitte, persönliche Bilder und Texte vermischen sich in vielseitigen Collagen.

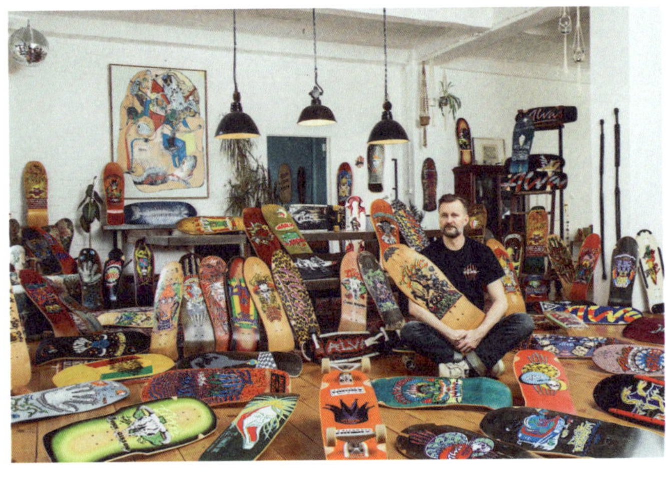

VINTAGE-SKATEBOARD-SAMMLUNG
Timo Hillbrecht

Ich sammle altes bedrucktes Holz, Vintage Skateboards der Marke ALVA. Neben der Geschichte der Gründung, des Skateboard Teams und der Designs, faszinieren mich ebenfalls der Herstellungsprozess und die Kunst des Siebdrucks, mit dem die Bretter früher bedruckt wurden.

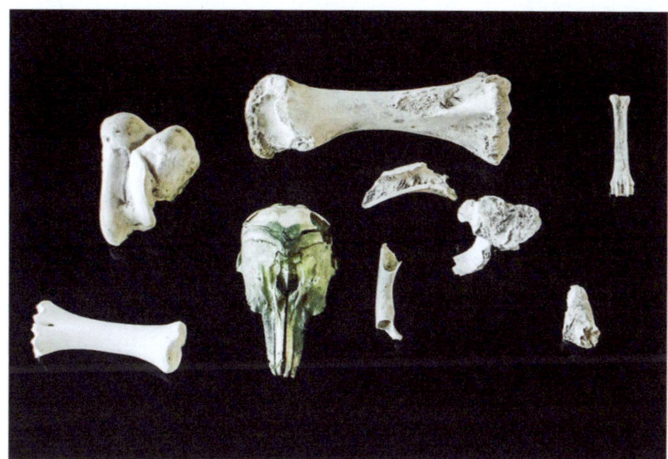

TIERKNOCHEN-SAMMLUNG
Petra Lehnardt-Olm

Ich sammle Tierknochen und -schädel. Mich faszinieren die beim Verfall sichtbar werdenden Strukturen und Formen, sowie eingelagerte Spuren ihrer „Geschichte" und ihres Fundortes, beispielsweise Erdfarben und Moosreste. Es handelt sich um Fundstücke oder Geschenke.

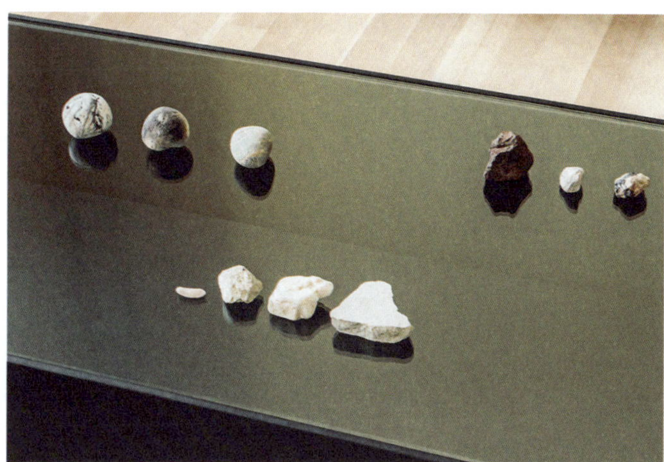

STEINE-SAMMLUNG
Celine Loesche

Meine Sammlung besteht aus Steinen. Sie werden mir aus aller Welt mitgebracht oder ich sammle sie selbst. Sie erzählen eine persönliche Geschichte von mir und meinen Mitmenschen. Ich habe ein Karteikartensystem für die Steine angelegt. Die Entscheidung für einen Stein ist immer auch eine Entscheidung gegen einen anderen Stein!

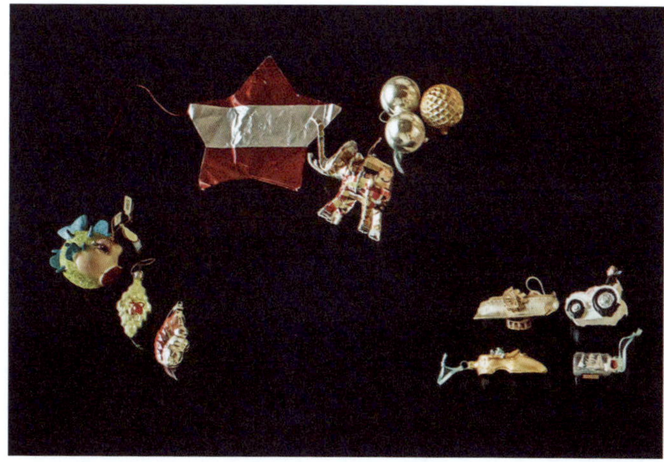

BAUMSCHMUCK-SAMMLUNG
Katrin Mundorf

Kein Tannenbaum! Meine Sammlung an Weihnachtsbaumschmuck hängt jedes Jahr an einem baumhohen Holzgestell: Altes, Neues, Kitschiges, Selbstgebasteltes, von Freunden Geschenktes, in Urlauben Gekauftes. Jedes Stück hat seine eigene Geschichte, ebenso wie es zu diesem speziellen Weihnachtsbaum kam.

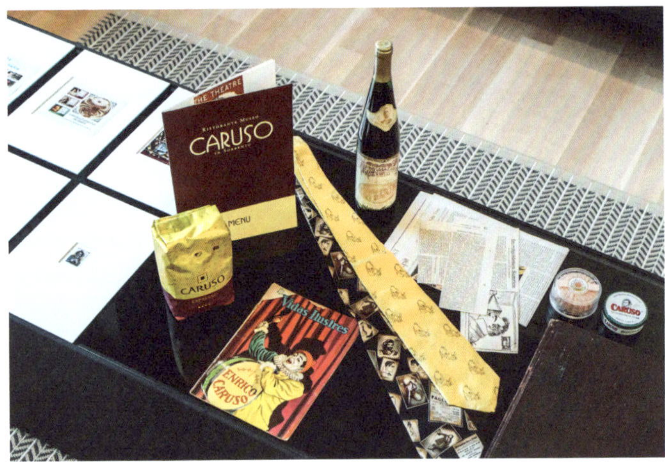

CARUSO-KRONENBODEN-SAMMLUNG
Karen Stuke

Meine Sammlung dreht sich um Enrico Caruso: Schellackplatten, Grammophone, Bücher, Briefmarken, Fotos. Mir geht es nicht darum, ob Caruso der beste Sänger der Welt war, sondern darum, warum er es bis heute sprichwörtlich ist und wie man damals und heute mit Caruso umging.

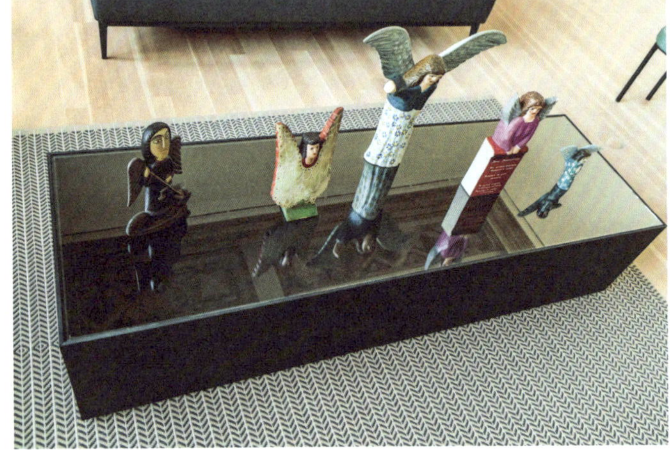

SAMMLUNG POLNISCHER VOLKSKUNST
Urszula Usakowska-Wolff

Ich möchte einen Ausschnitt aus meiner Sammlung der polnischen Volkskunst, vor allem aus der Kaschubei, zeigen. Es handelt sich um fantasievolle, bemalte und mit Schriftzügen versehene Figuren, worunter sich fantasievolle Engel mit zwei oder vier Köpfen befinden.

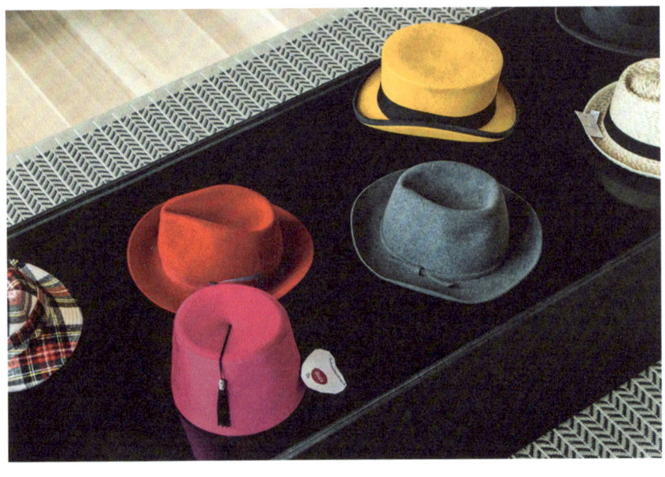

HUT-SAMMLUNG
Stephan Wahner

Ich präsentiere meine Sammlung aus Hüten. Diese Hüte versuche ich mir in verschiedenen Städten zu kaufen.

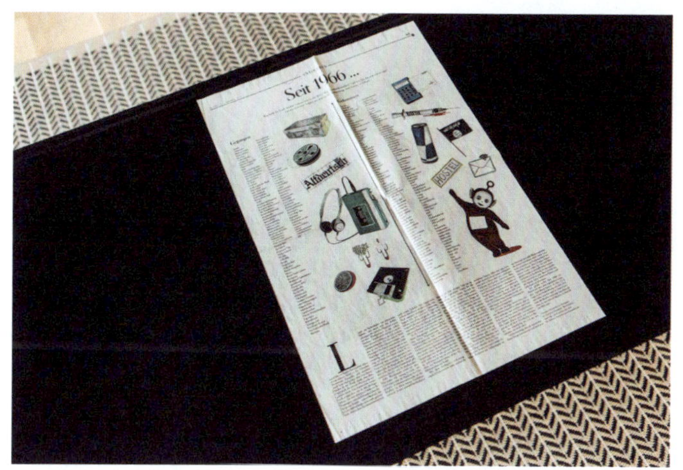

SEIT 1966 – ZWEI LISTEN
Thomas Oberender

An meinem 50. Geburtstag begann ich eine Liste über Dinge zu führen, die seit 1966 erfunden wurden, und eine zweite Liste von Dingen, die seither aus meiner Lebenswelt verschwunden sind. Dinge verorten uns in der Zeit und zugleich in der Gesellschaft, haben mit Herkunft, Status und Bewusstsein zu tun.

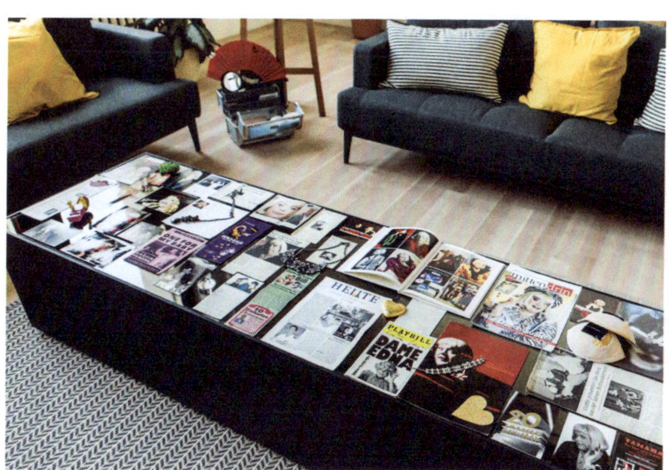

23 JAHRE GRÄFIN TAMARA
Jens Dierkes aka Gräfin Tamara

Meine Sammlung zeigt Erinnerungen an 23 Jahre auf der Bühne mit circa 920 Shows meiner Travestie Kunstfigur Gräfin Tamara. Die spezielle Mixtur von insgesamt 154 Chansons und 100 Prozent spontaner Interaktion mit dem Publikum endet mit einer allerletzten Show am 2. Mai 2020 in der WABE in Berlin.

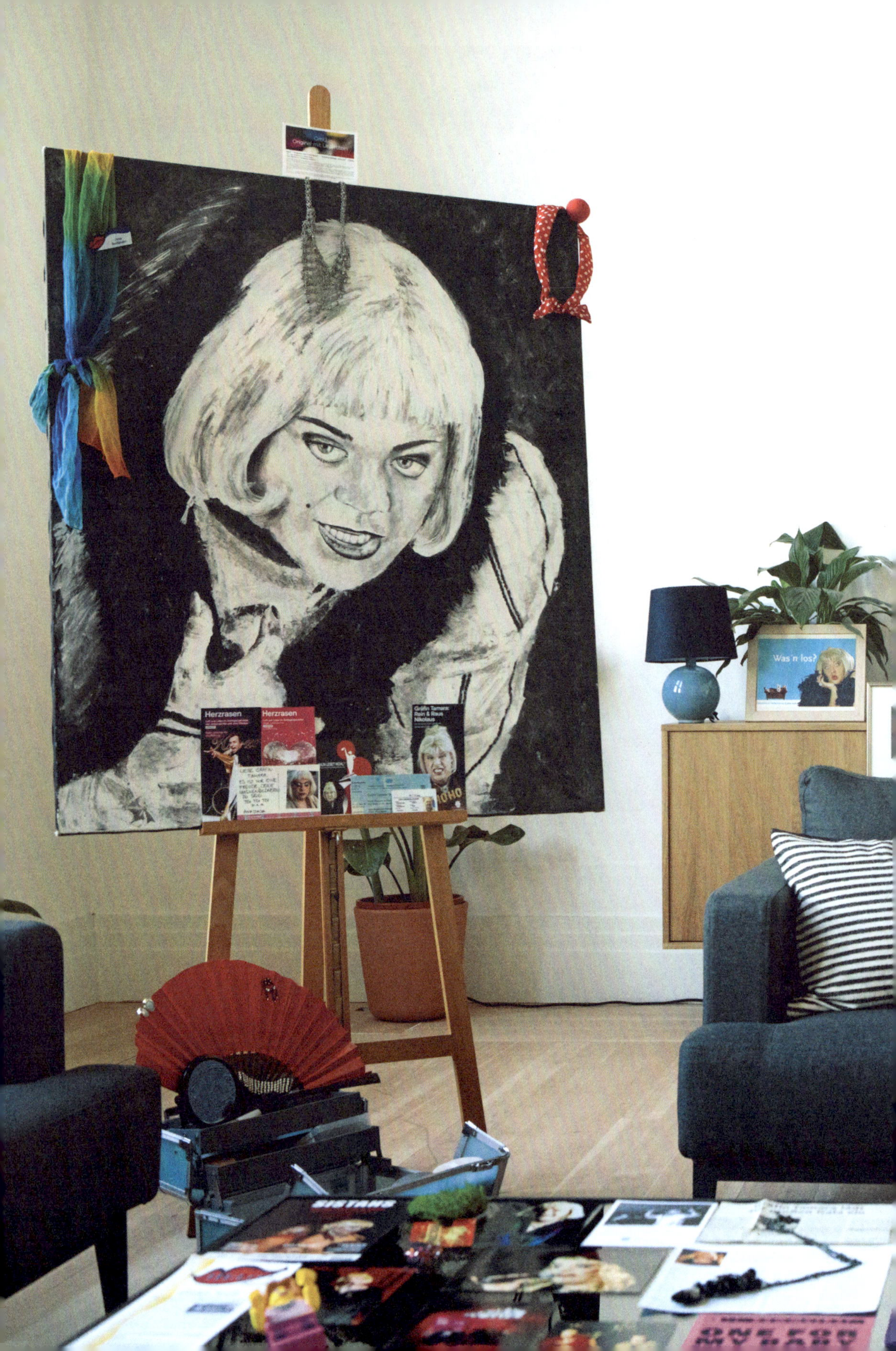

Herzrasen
Herzrasen
Gräfin Tamara: Rein & Raus Nikolaus
Was 'n los?

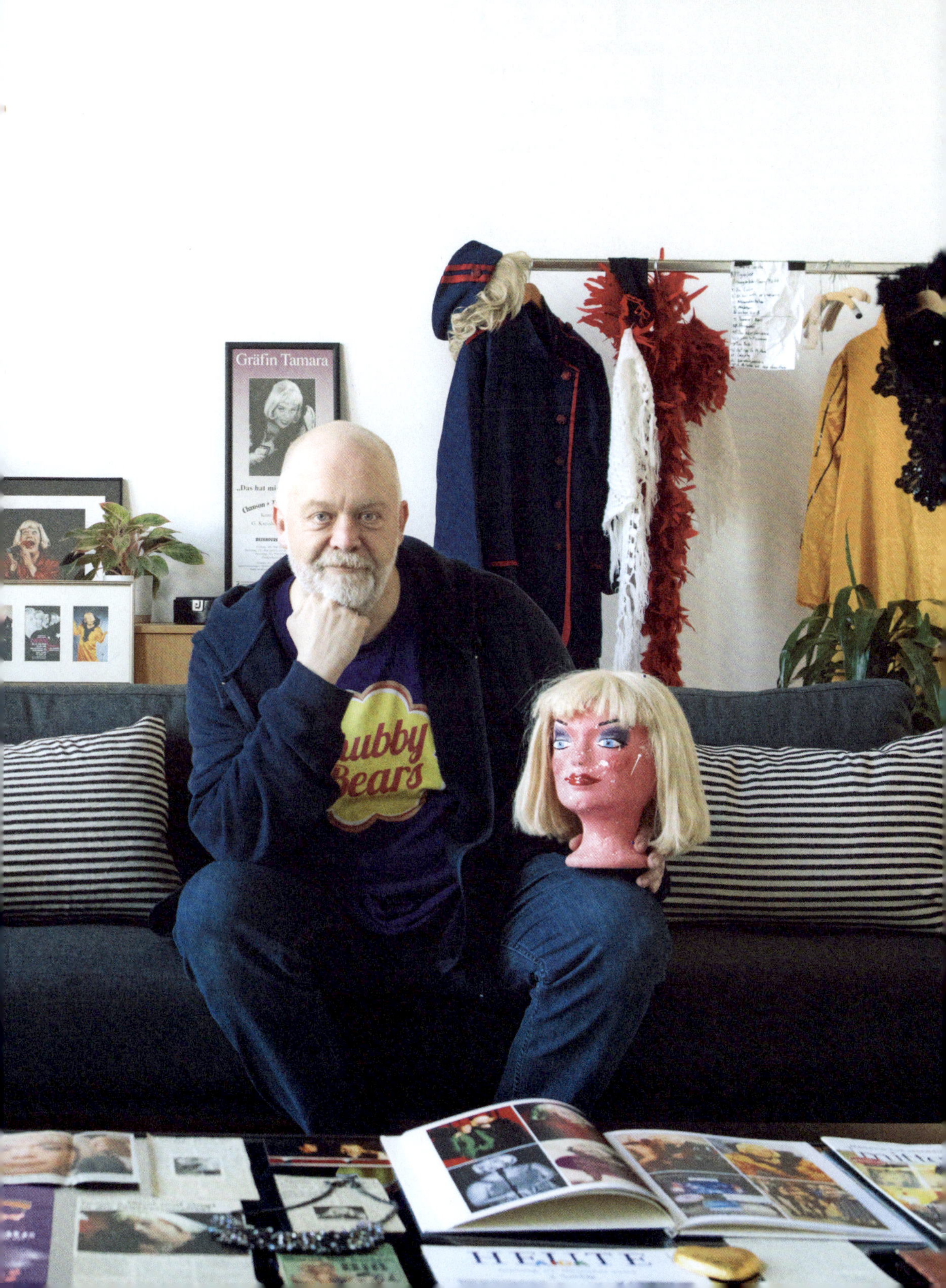
Gräfin Tamara
ubby
Bears

THE TOURIST

2001/2020

Holzvitrine, Holzkisten, persönliche
Gegenstände, Zweikanal-Video, Ton
52 Min., 30 Sek.

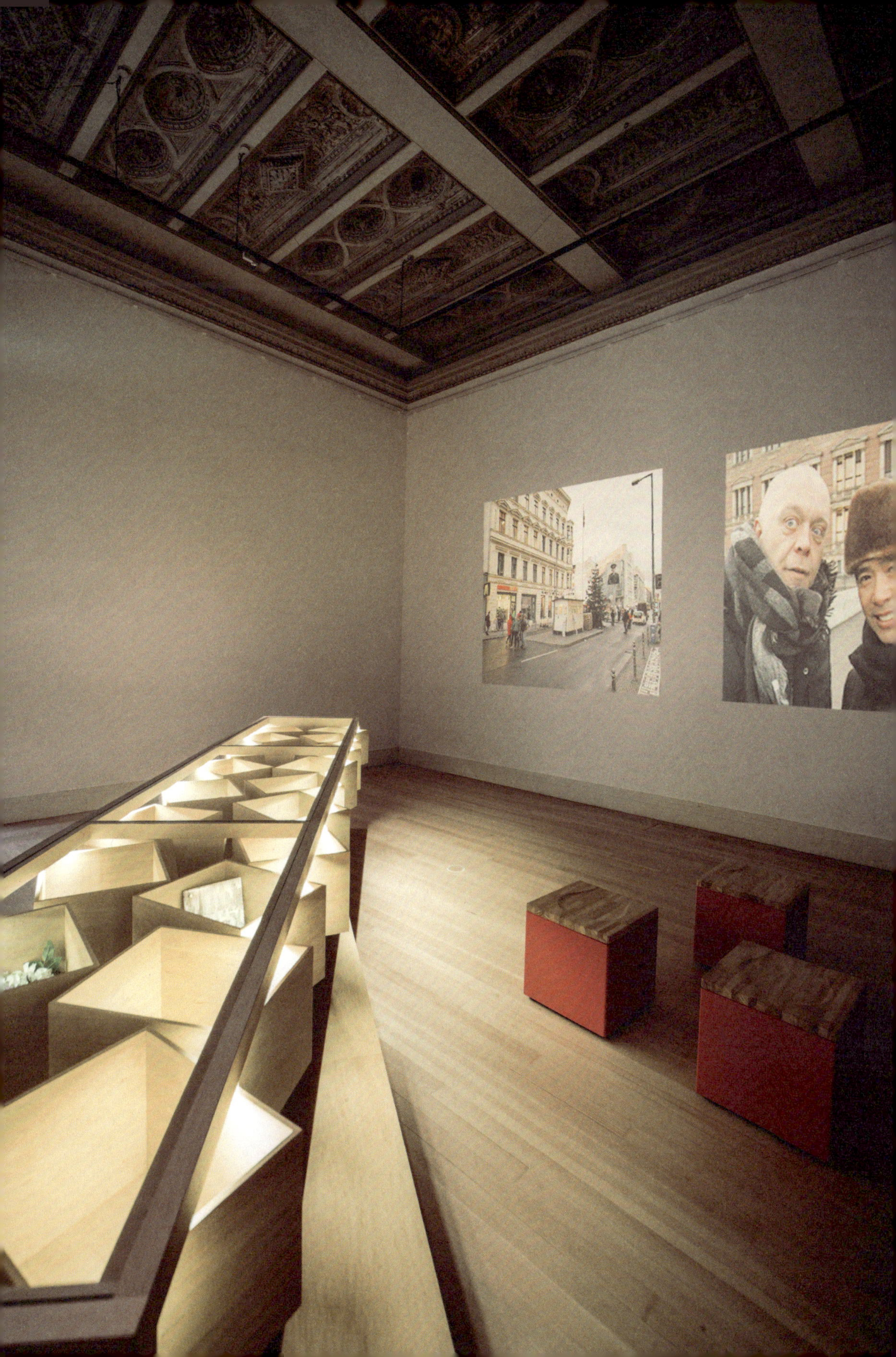

Während die ursprüngliche Idee für *The Tourist* in Rom entstand, wurde das Projekt weltweit in zahlreichen Städten mit verschiedenen Personen durchgeführt. Lee Mingwei wurde unter anderem durch Tainan, New York und Paris geführt.

„Mein in Rom aufgewachsener Neffe Sean nahm mich, als er noch sehr klein war, ins Forum Romanum mit. Ich war überrascht davon, auf welchem Weg er mich durch die antike Stätte führte, denn dieser richtete sich nach der Karte in seinem Kopf, auf der eingezeichnet war, wo alle Katzenfamilien lebten. Anstatt die Ruinen zu besichtigen, konnte ich eine historische Stätte mit den Augen eines sechsjährigen Jungen sehen. Die antike Stadt wurde lebendig. *The Tourist* war das Resultat. In der Arbeit geht es darum, zu zeigen, wie man bekannte Dinge durch die Augen einer anderen Person sieht.

Wenn ich eine Tour durch Paris gebe, nehme ich Freund*innen oft mit zu den Wochenmärkten und in die wundervollen Kathedralen. Außerdem mache ich gerne einen Spaziergang von unserem Haus im Stadtteil Le Marais zum Jardin du Luxembourg, der an einigen historischen Orten vorbeiführt, wie beispielsweise am Place des Vosges, am Notre-Dame de Paris, am Hôtel de Ville und am Jardin des Plantes. Oft machen wir eine Pause in meinem Lieblingscafé, um in der Nähe von Notre Dame ein wenig auszuruhen. In New York wiederum, wo ich ebenfalls lebe, nehme ich Freund*innen häufig mit auf einen Morgenspaziergang, der in Brooklyn Heights startet. Dann gehen wir durch das Viertel Dumbo und über die Brooklyn Bridge und essen in Chinatown zu Mittag. Meistens gehen wir an schöne Orte und genießen köstlichen Kaffee, leckeren Kuchen und Snacks."

LEE MINGWEI

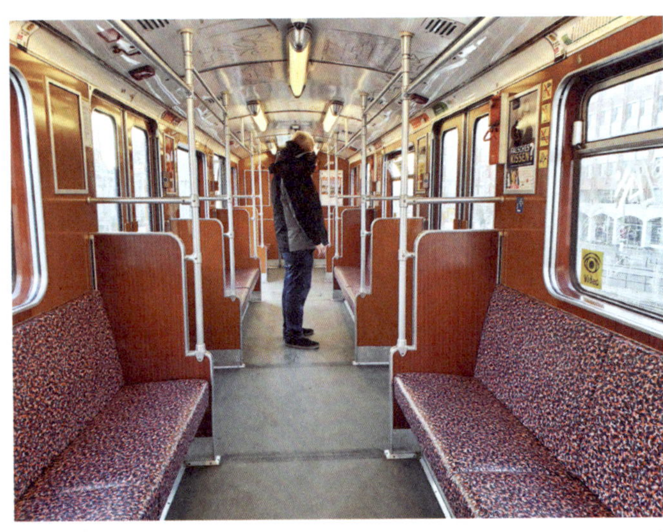

„Mein Name ist Jens Dierkes. Ich bin 48 Jahre alt und lebe mit meinem Mann aus Israel seit vier Jahren in Berlin Friedrichshain. Ich zog vor 14 Jahren nach Berlin. Zu dieser Zeit arbeitete ich als Direktionsassistent bei der Schaubühne und wohnte in Kreuzberg in der Nostitzstrasse. Für unseren Stadtspaziergang im Rahmen von *The Tourist* beschloss ich, mit Lee die Orte meiner Vergangenheit aufzusuchen. Zuerst zeigte ich ihm den Alexanderplatz, dann das Berghain, oder genauer die Panorama Bar, wo ich sehr viel Zeit mit meinem Ehemann verbrachte. Danach begaben wir uns zum U-Bahnhof Warschauer Straße und schauten uns Teile von Kreuzberg 61 an. All diese Orte sind mit Erinnerungen an meine persönliche LGBT-Geschichte hier in Berlin verbunden.“

JENS DIERKES

Mitarbeiter des Gropius Bau Willkommensteams / Secura Protect.

Im Januar 2020 gab Jens Dierkes Lee Mingwei im Rahmen der jüngsten Version dieser Arbeit eine persönliche Tour durch Berlin. Diese Fotografien zeigen den Künstler am Checkpoint Charlie, einem der Grenzübergänge zwischen Ost- und West-Berlin während des Kalten Kriegs, und Jens Dierkes, unterwegs in einem leeren Berliner U-Bahn-Wagen.

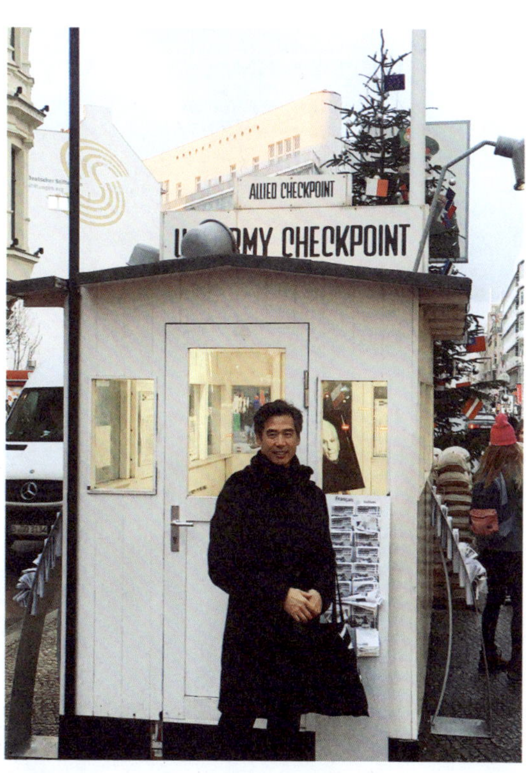

„Ich wollte Lee Mingwei an einen Ort namens Kunitachi mitnehmen, den ich mit wundervollen Kindheitserinnerungen verbinde. Ich habe diesen Ort lange Zeit nicht mehr aufgesucht, und diese Reise ermöglichte es mir, meine Kindheitserinnerungen wachzurufen. Die blühenden Kirschblüten waren wunderbar um diese Zeit. An diesem Ort wurde der Skinhansen-Hochgeschwindigkeitszug entwickelt. Es ist aber auch der Ort, an dem ich einst spielte. Ich wollte, dass Lee eine idyllische Stadtlandschaft in einem Vorort fernab des Stadtzentrums erlebt. Natürlich gehört dieser Ort zu Tokio, hier leben aber ganz einfache Menschen. Durch diese Erfahrung und Lees freundliche Art lernte ich, dass man durch dieselbe Stadtlandschaft gehen und unterschiedliche Perspektiven haben kann. Wenn man unterschiedliche Erfahrungen an demselben Ort macht und gemeinsam über seine Eindrücke und Erfahrungen spricht, schenkt man sich auf gewisse Weise gegenseitig etwas. Ich wollte, dass er meine Tour als meine Poesie erlebt."

TARO SHINODA

Gastgeber von *The Tourist*, der Lee Mingwei im Rahmen seiner Ausstellung bei Perrotin 2019 durch Tokio führte.

In der Holzvitrine sind persönliche Gegenstände versammelt, die mit den Touren, die Lee Mingwei miterlebte, im Zusammenhang stehen. Dahinter befindet sich ein Zwei-Kanal-Video, das einige dieser Szenen wiedergibt.

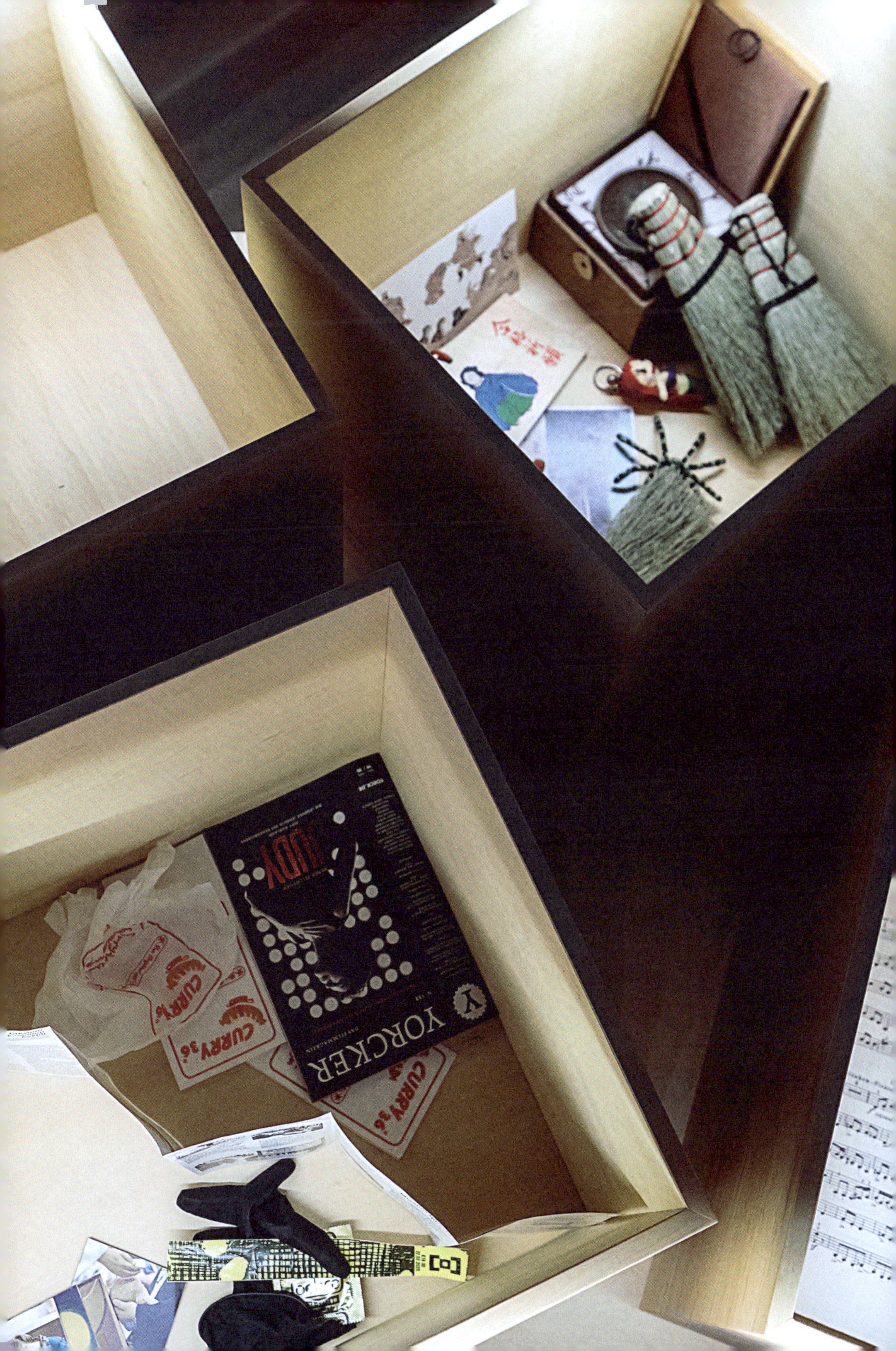
YORCKER
DAS FILMMAGAZIN
CURRY 36
CURRY 36
CURRY 36

NU WA PROJECT

2005

Bambus, Seide, Baumwollfaden, Acryl
350 x 112 cm

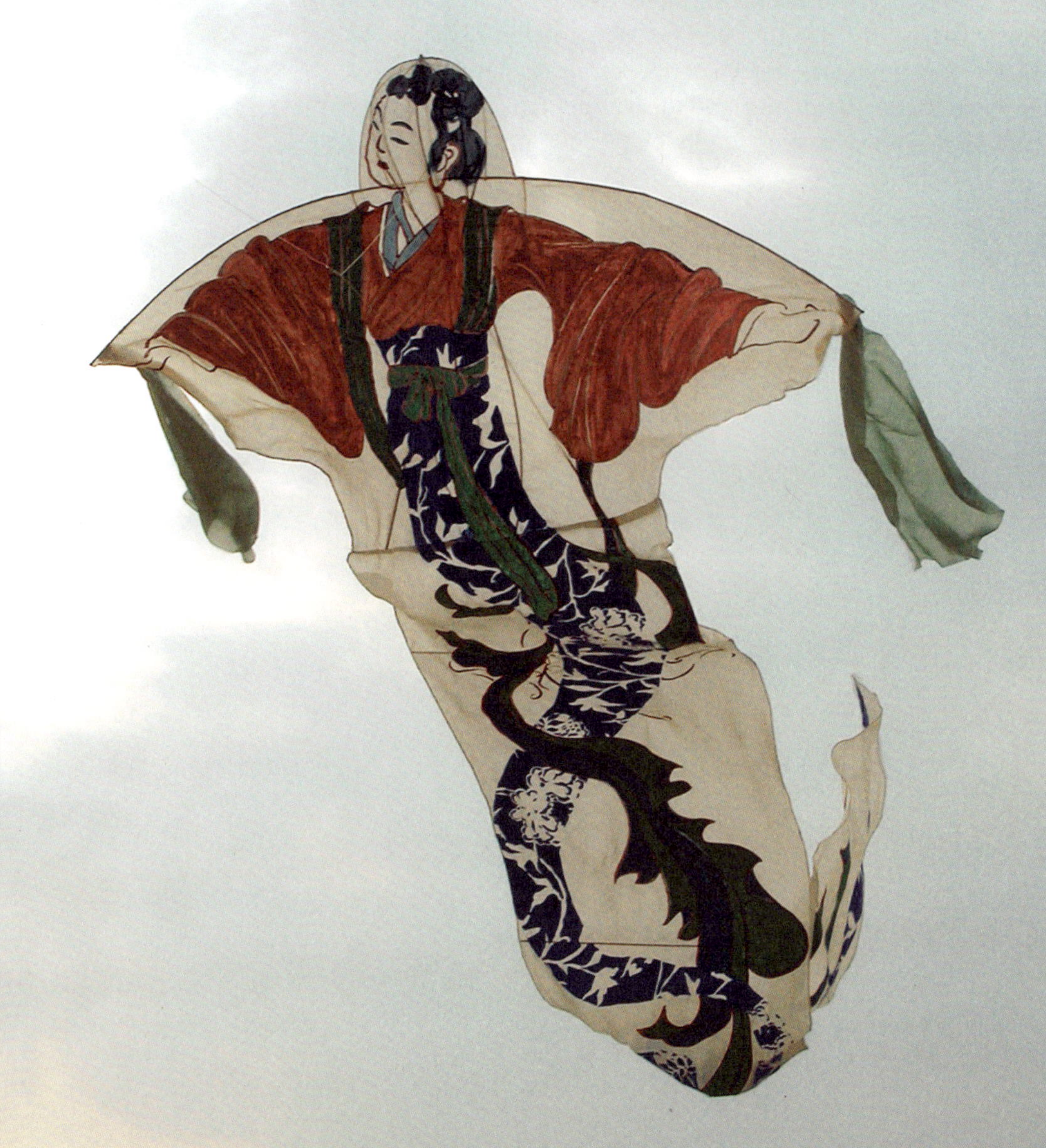

„Nu Wa ist eine Gottheit der frühchinesischen Mythologie, die zugleich Schöpferin und Bewahrerin ist. Sie flickte mit den Träumen, die sie von ihren Kindern gesammelt hatte, ein riesiges Loch im Himmel (und diese Kinder sind in gewisser Weise wir). Die Idee des *Nu Wa Project* war es, dass, wer auch immer diesen Seidendrachen besitzen würde, ihre*seine Träume auf den Seidenstoff schreiben sollte. Sobald der Stoff mit den Träumen vollgeschrieben wäre, sollte man den Drachen steigen lassen, so hoch es ging, und dann die Schnur durchtrennen, damit Nu Wa das Loch im Himmel flicken kann. Ich arbeitete mit dem Drachenhersteller Meister Hsieh zusammen, der hierbei eines seiner letzten großformatigen Werke kreierte, und mit Chao Yu-Hsiu, der das Bild von Nu Wa auf den Stoff malte. Meister Hsieh musste mir zeigen, wie man einen Drachen aus handgewobener Seide steigen lässt, der ganz anders als ein Drachen aus Polyester gehandhabt werden muss."

LEE MINGWEI

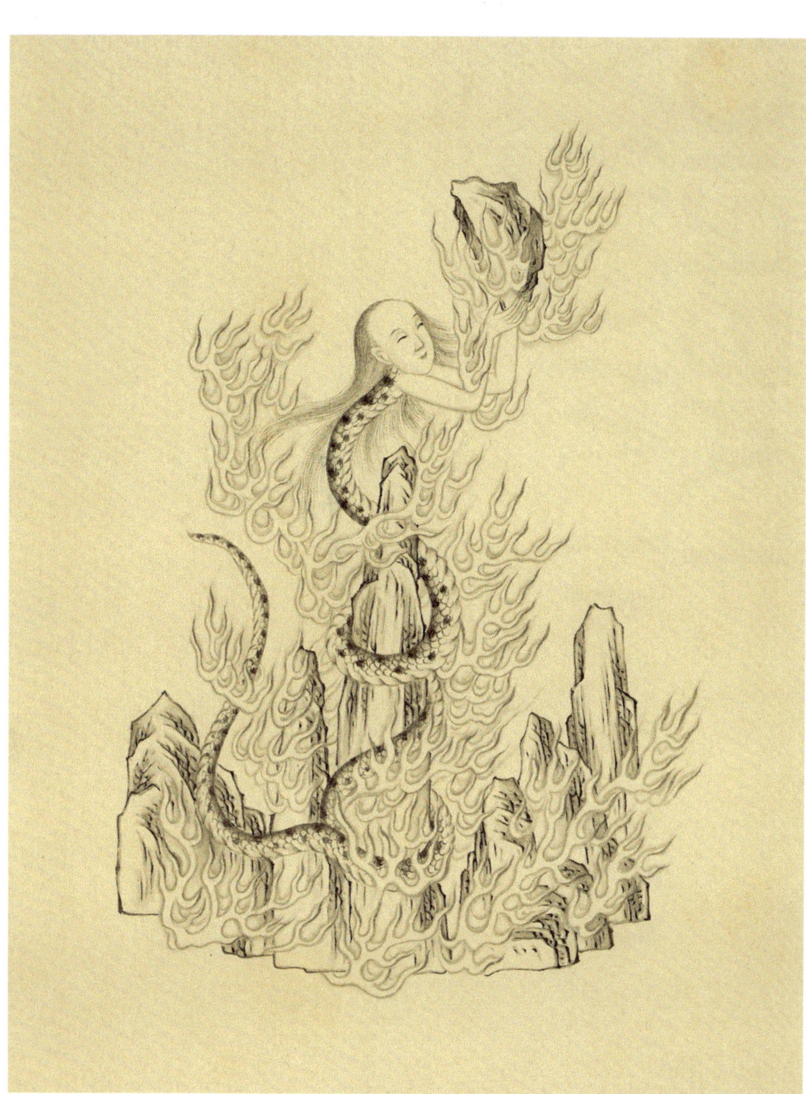

Dieser Druck zeigt den chinesischen Mythos von Nu Wa, der Schöpfergöttin, die das Himmelsgewölbe repariert. Ein alter chinesischer Text, der *Huainanzi*, beschreibt Nu Wa zu einer Zeit, als Himmel und Erde erschüttert wurden. Nachdem das Himmelsgewölbe von Göttern im Kampf zerrissen wurde, wurde das Land von Wasser überflutet und das Feuer loderte. Nu Wa mischte Steine zu einer Paste, um den Himmel zu reparieren und so ihre Schöpfung, die Menschheit, zu schützen.

FABRIC OF MEMORY

2006/2020

Holzplattform, Holzkisten, textile Gegenstände
485 x 485 x 65 cm

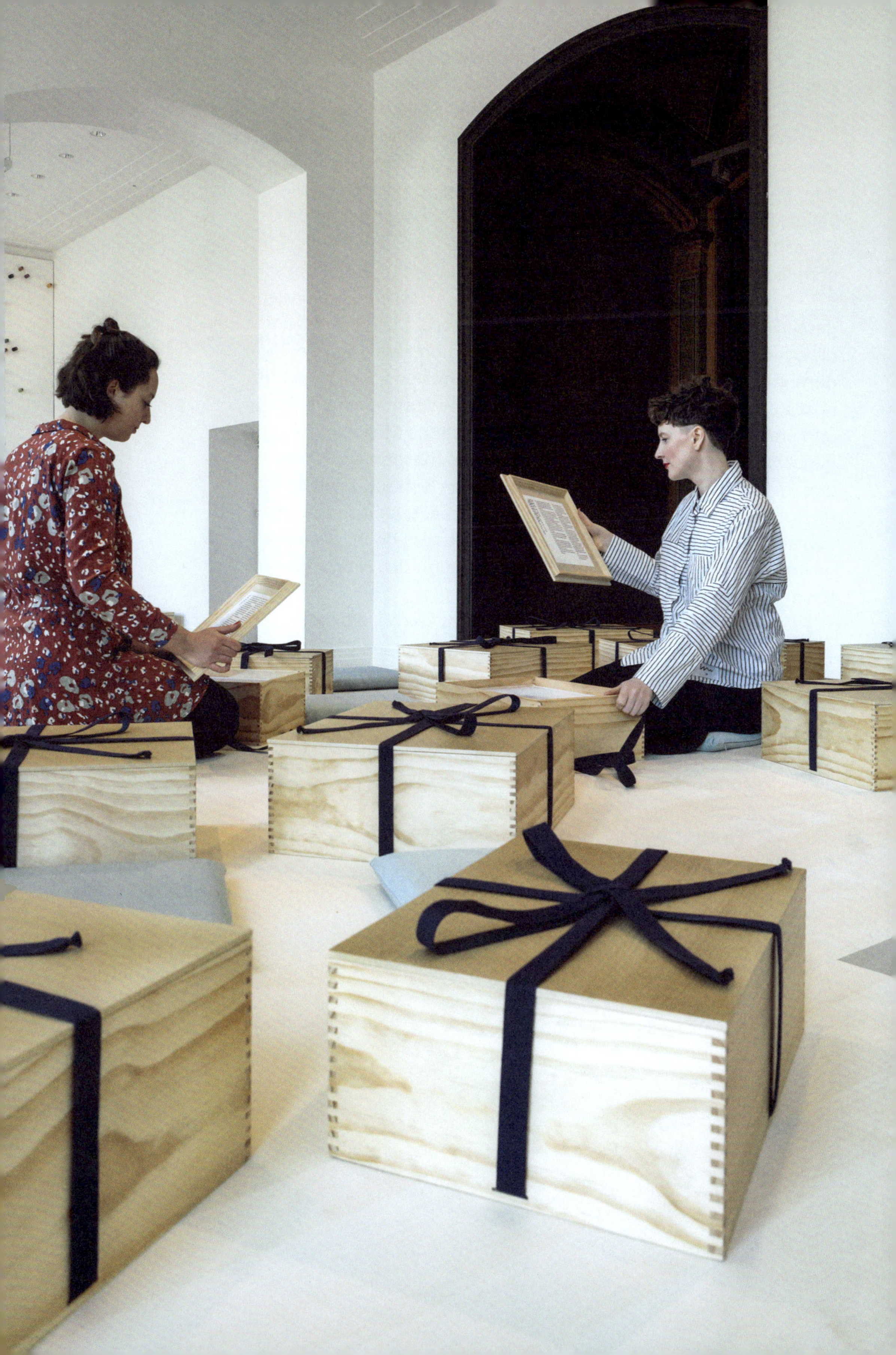

„Für diese Arbeit habe ich Freiwillige darum gebeten ein Kleidungsstück mit einer persönlichen Geschichte einzureichen. Die Textilien befinden sich jeweils in einer Holzkiste und wenn Besucher*innen diese öffnen, kann die persönliche Geschichte gelesen und das dazugehörende Kleidungsstück betrachtet werden. Das Holzpodest ist mir dabei wichtig: Ich forderte die Teilnehmenden auf, die Schuhe auszuziehen, bevor sie*er das Podest betritt, um einen möglichst intimen Raum zu kreieren, in dem diese Geschichten erlebt werden konnten.

Das Werk bezieht sich auf meinen ersten Tag im Kindergarten, an den ich mich noch immer erinnere. Meine Mutter hielt meine Hand. Ich besitze ein Foto von diesem Tag und darauf ist zu sehen, dass ich schlechte Laune habe, weil ich nicht in den Kindergarten gehen wollte. Meine Mutter aber war klug und umsichtig und hatte die vorherigen sechs Monate dazu genutzt, nähen zu lernen, um die Kleider zu machen, die ich an diesem Tag trug. Sie sagte: ‚Wenn du Mama vermisst, stell dir vor, dass ich dich umarme, denn alles, was du trägst, habe ich selber gemacht.' Ich wünschte, ich hätte diese Kleider noch; sie waren meine zweite Haut und gaben mir Wärme und den Mut, in den Kindergarten zu gehen.

Ich erinnere mich noch ganz genau daran, als dieses Projekt 2011 nach dem Erdbeben und dem Tsunami in der Shiseido Gallery in Tokio gezeigt wurde. Dort wurde ein Kimono ausgestellt, der Wasserflecken hatte. Er war der einzige Gegenstand, den die Dame aus ihrem Haus retten konnte, als das Wasser hereinströmte. Der Kimono war ein Erbstück, das von ihrer Urgroßmutter stammte."

LEE MINGWEI

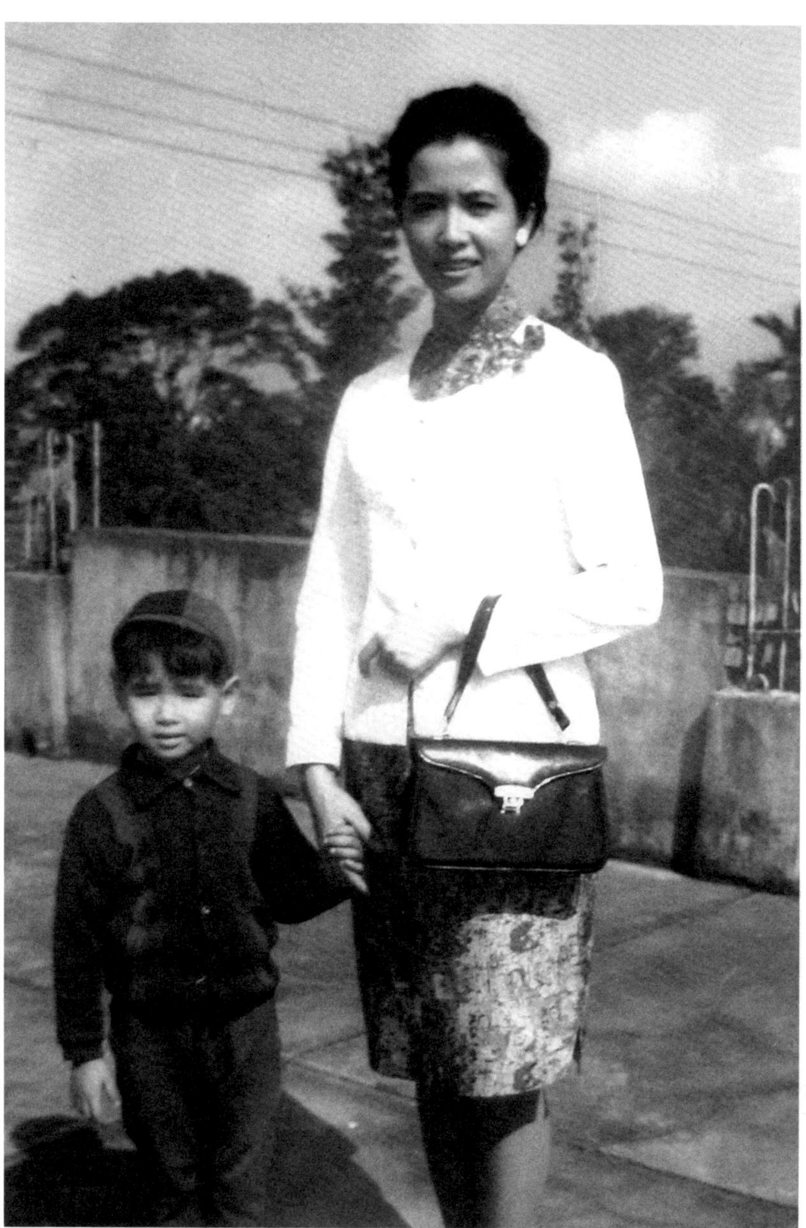

Diese Schwarz-Weiß-Aufnahme zeigt den jungen Lee Mingwei zusammen mit seiner Mutter an seinem ersten Kindergartentag. Er trägt ein Outfit, das sie für ihn genäht hat.

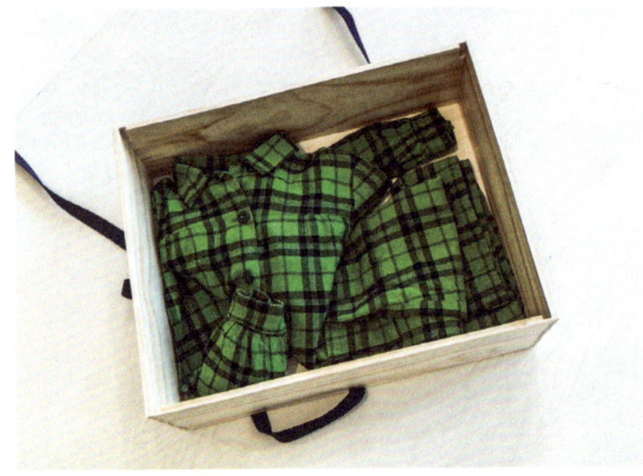

KITTEL

Diesen Kittel, an dem die Zeit unbemerkt vorübergegangen ist, hat meine Großmutter vor 45 Jahren für meine Mutter genäht. Sie nähte damals zwei Kittel aus demselben Stoff. Einen großen für meine Mutter und einen kleinen für mich. Meine Großmutter hatte bei einer Damenschneiderin in einem baskischen Dorf nähen gelernt. Der Kittel hat seit den 70ern alle Umzüge und jeden noch so ausgiebigen Frühjahrsputz überlebt. Ich habe ihn immer wieder mal getragen und jedes Mal hat er mich in meiner Identität bestärkt.

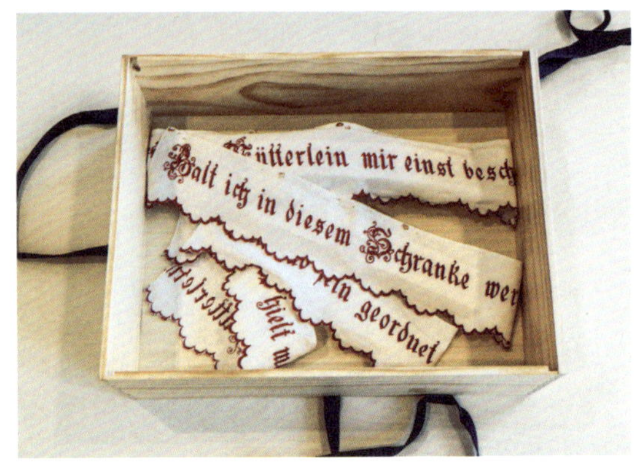

BESTICKTE SCHRANKBORTE

Was Mütterlein mir einst beschert, / halt ich in diesem Schranke wert, / Soll glatt und fein geordnet sein, / Wies' [sic] einstens hielt mein Mütterlein

Die Stickerei zierte den Schrank meiner Oma. Als sie demenzerkrankt ins Pflegeheim zog, nahm meine Mutter die vergilbte Borte ab und wusch sie. Sie gab sie mir zu einem Besuch meiner Oma wieder mit. Oma lobte mich überschwänglich bei jedem weiteren Besuch. Dass der Dank ihrer Schwiegertochter gebührte, kam nicht an. Für uns ist es eine lieb gewonnene Anekdote.

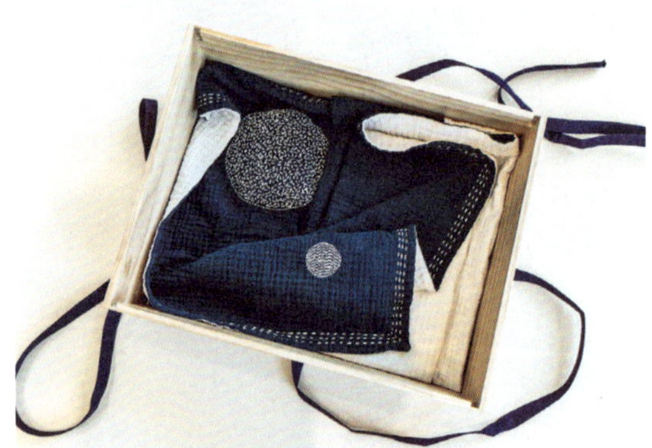

MOND-DECKE

Dies ist meine „Mond-Decke". Sie sieht aus wie ein Himmel mit Monden aus Reis und Regen. Ein Bauer in den Bergen unweit des Mekongs stickte diese Monde. Meine Mutter lebte lange Zeit in Asien. Vor meiner Geburt kam sie nach Berlin, aber sie konnte damals nicht gut schlafen. Sie fühlte sich einsam und schrieb eine Geschichte für mich über ein kleines schlafloses Kaninchen, das jede Nacht vom Mond abgeholt wird, um durch den Himmel zu reisen. Meine Mutter fertigte meine Decke stückweise an. Ich kann mich mein ganzes Leben lang darin einwickeln oder sie später meinem Kind geben.

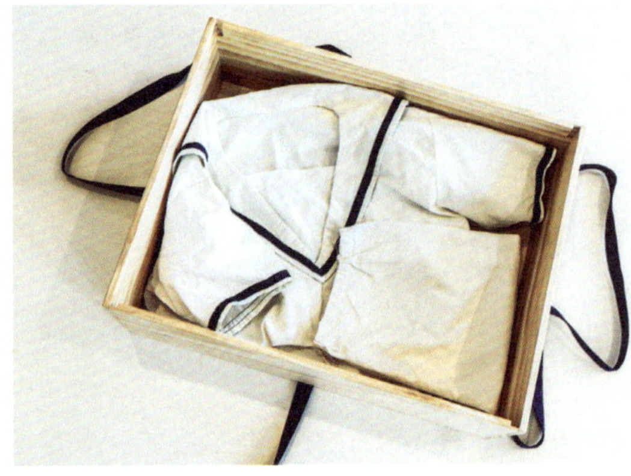

KLEINER MATROSE

Als ich elf Jahre alt war, wurde ich ausgewählt, den Baron zu spielen. In der letzten Szene von *C'era due volte il Barone Lamberto* sollte ich als Kind verkleidet die Bühne betreten. Meine Großmutter nähte diesen Matrosenanzug in einer einzigen Nacht. In meinen Zwanzigern bewarb ich mich bei der Theaterakademie und begann, als professioneller Schauspieler zu arbeiten. Der hübsche weiße Matrosenanzug blieb gut geschützt in meiner Schublade und erinnert mich an die Zeit, als ich ein pummeliges, schüchternes Kind war. Als meine Großmutter starb, hatte ich das Gefühl, dass sie das verträumte Kind für immer mit sich mitnahm.

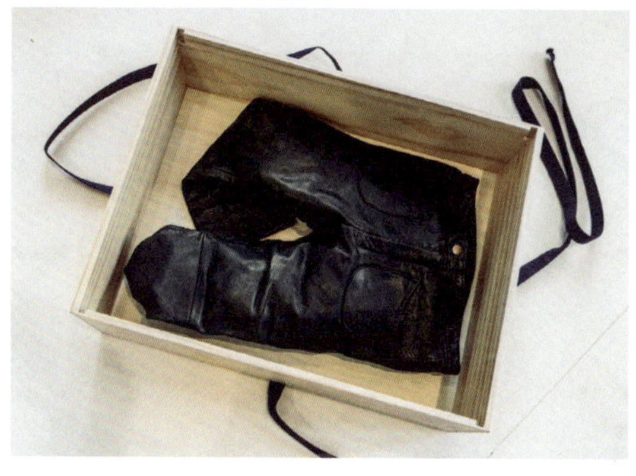

LEDERHOSE

Eine stabile Hose, die ich nur ab und zu einfetten muss, die nicht kaputtgehen kann, wenn mein Kind mal wieder nur auf den Knien unterwegs ist, die habe ich mir immer gewünscht. Mein Vater hat mir diesen Wunsch erfüllt. Er fertigte ein Schnittmuster an und besorgte das Leder. Mein Kind hat die Hose sehr lange und gern getragen. Sie wuchs praktisch mit, unten wurde umgekrempelt. Wenn ich die Hose ansehe, denke ich an meinen Vater und rieche seinen typischen Geruch, Zigarre und Pfeife, Leder und Sattelfett.

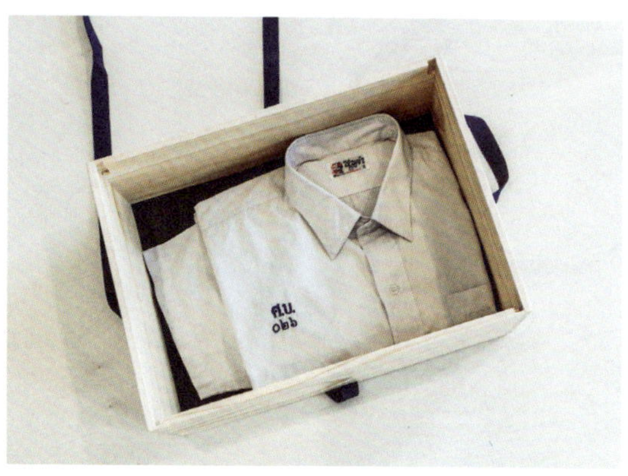

THAILÄNDISCHE SCHULUNIFORM

Dies ist das Hemd der Schuluniform, die ich 1994-1995 als Austauschschüler an der Sri Boonyanon School in Nonthaburi, Thailand, getragen habe. Meine Gasteltern haben es mir gekauft. Auf die Brust sind die Zahlen 026 gestickt, da ich der 26. Schüler aus dem Ausland war. Meine Hemden waren täglich verdreckt und verschwitzt, da ich in den Pausen und nach der Schule oft Sport trieb. Ich musste daher die Vorwäsche selbst übernehmen. In die hohe Kunst des Bügelns führte mein Gastvater mich erst ein.

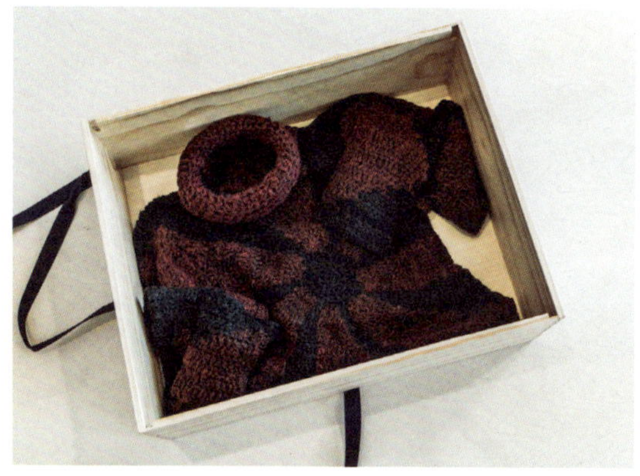

SELBSTGEHÄKELTER PULLOVER

Kurz nach ihrer Hochzeit im Jahr 1961 in New Jersey strickte meine Mutter für meinen Vater einen Pullover aus burgunderfarbenem Garn. Der Pullover wurde mir als Teenager in den 1980er Jahren vererbt und war jahrelang eines meiner Lieblingsstücke, welches mich auf meinen Reisen überall hin begleitete. Ich gab ihn dann an eine enge Freundin weiter, die sich in den Pullover verliebt hatte und schließlich nach Kalifornien zog. Dort fand ich ihn Jahre später. Ich nahm ihn dann mit nach Berlin, dort trennte ich den Pullover auf und fertigte zusammen mit dem neuen schwarzen Garn diesen Pullover mit Spinnennetzmuster an.

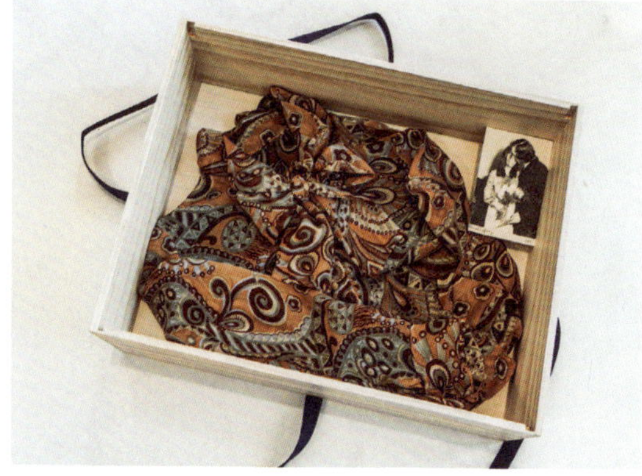

HOCHZEITSBLUSE

Wir haben im Mai 1975 in Halle geheiratet, es war eine kleine Hochzeit, wir waren Studenten und hatten wenig Geld, unser Sohn war gerade zwei Monate alt. Ein weißes Prinzessinnenkleid kam nicht infrage. Wir entschieden uns für einen langen weißen Rock und suchten die passende Bluse. Wir fanden einen hauchzarten gemusterten Seidenstoff, aber was tun mit zwei Meter Seide? Mein Mann nähte die Bluse am Abend vor der Hochzeit mit der Nähmaschine meiner Mutter zusammen, die ich selbst nie benutzen durfte.

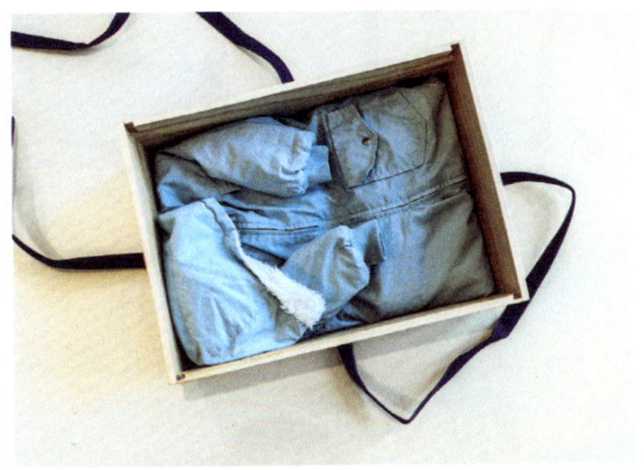

BLAUER OVERALL

Der blaue Overall ist das einzige Kleidungsstück aus meiner Kindheit, welches ich noch besitze. Es hat mich all die Jahre begleitet. Unser Familienalbum ist voller Fotos, auf denen ich den Overall trage. Ich war ein oder zwei Jahre alt. Wenn ich mir heute, nach 41 Jahren, die Fotos anschaue, spüre ich noch immer diese Geborgenheit. Der Overall war ein Geburtstagsgeschenk meines Onkels, der erblindete, als er sechs Jahre alt war. Meine Mutter schenkte ihn später meiner Frau. Er leistet uns noch immer Gesellschaft!

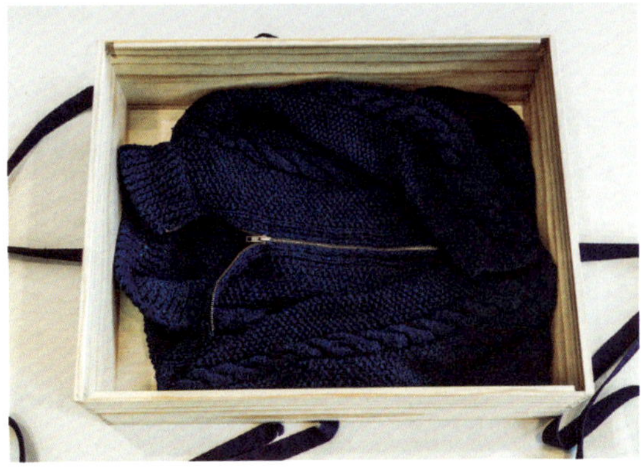

STRICKJACKE

Diese Strickjacke hat meine Mutter für mich zu Weihnachten gestrickt. Sie gefiel mir sofort: Sie saß perfekt, das Zopfmuster fand ich raffiniert und sie hatte extra einen Metallreißverschluss eingearbeitet. Meine Mutter ist nach einer Krankheit überraschend gestorben. Wir hatten fast ein Jahr lang kaum Kontakt. Zum Glück hatten wir kurz vor ihrem Tod wieder angefangen, miteinander zu sprechen. Nun trage ich wieder diese Strickjacke – so ist meine Mama ein Stück weit bei mir.

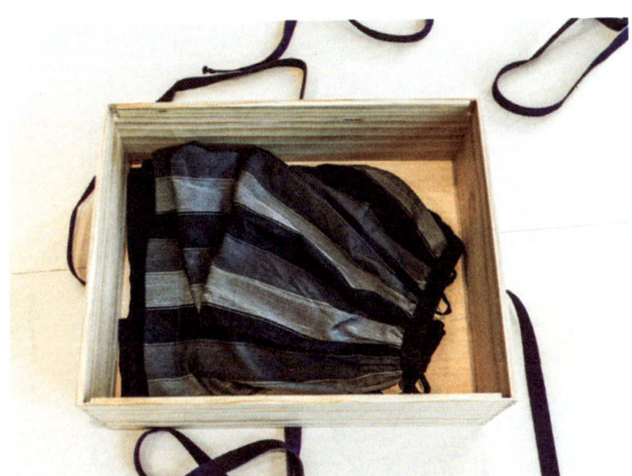

MÄDCHEN IN UNIFORM-ROCK

Als ich ungefähr 14 war, durfte ich ein Rock-Modell entwerfen, das meine Oma für mich nähen würde. Sie war Damenschneiderin und ich wünschte mir einen Rock nach dem Vorbild der Kostüme aus dem Film *Mädchen in Uniform* (1958), in dem Romy Schneider ihre Lehrerin liebt - ganz offiziell im Kino! In dem Rock lebt nicht nur meine verstorbene Oma, ihre Schneiderkunst und matriarchalische Autorität weiter, sondern auch meine erste Ahnung davon, dass sich auch andere Mädchen in ihre Lehrerin verlieben.

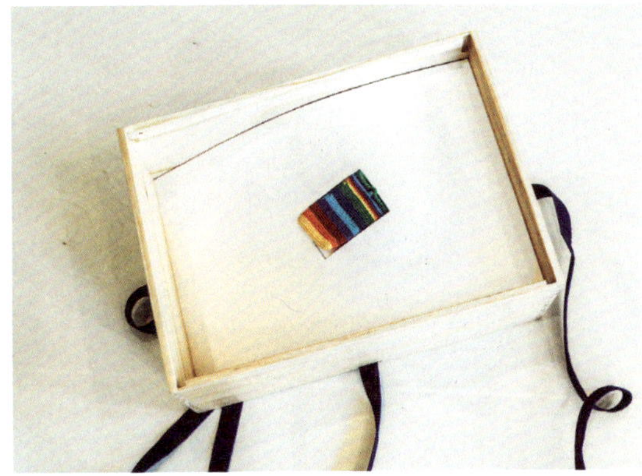

OCTOPUS-KARTEN-TÄSCHCHEN

Als ich nach Hongkong zog, verlor ich mehrmals meine Octopus-Karte für die öffentlichen Verkehrsmittel, bevor eine eng befreundete Person mir dieses Kartentäschchen anfertigte. Als ich in Hongkong lebte, lernte ich, besser zuzuhören und durch den Austausch von Wörtern und kleinen liebevollen Gesten Geschichten zu erzählen. Ich habe auch gelernt, dass sich Dinge verändern können. Meine Freund*innen lassen ihre Octopus-Karten nun als Zeichen des Widerstands zu Hause. Sie gehen auf die Straßen, um für ihre Freiheit, ihre Liebe und ihr Zuhause zu kämpfen. Das Kartentäschchen erinnert mich daran, dass wir alle diese Welt unerbittlich miteinander verknüpfen.

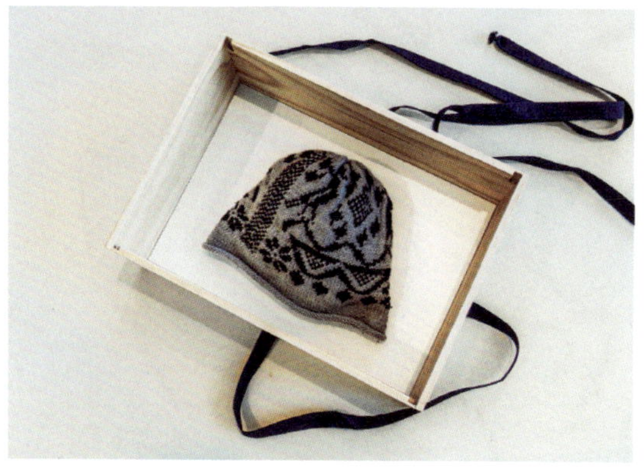

MÜTZE

Katja wohnte ein paar Häuser weiter. Sie war nur ein Jahr jünger als ich: rüber laufen, spielen, ganz einfach. Als ich schon lange nicht mehr da wohnte, erkrankte sie an Leukämie. Neulich fand meine Mutter Katjas Strickmuster. Sie hatte daran während ihrer Chemo-Therapie gearbeitet: Vögel, Blumen so groß wie Bäume, viel Luft. Was tut man mit einer Handarbeit, in der jede Masche mit einer Hoffnung verbunden ist? Meine Mutter nähte daraus eine Mütze. Diesen Winter führe ich sie spazieren.

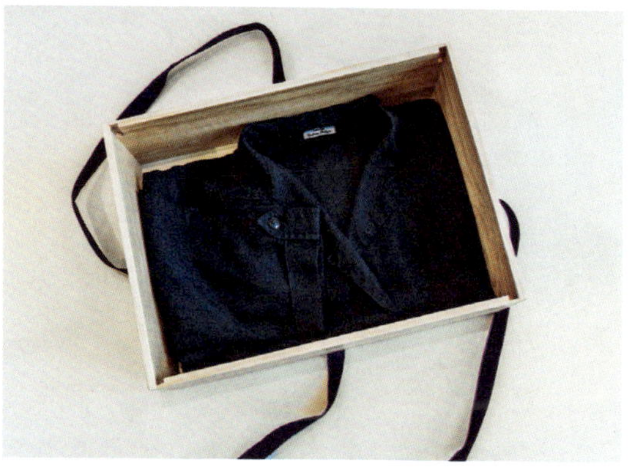

BLUSE

Im Alter von 20 Jahren habe ich die Bluse von meiner Großmutter geschenkt bekommen. Angefertigt wurde sie von meiner Mutter während ihrer Schneiderlehre. Auf dem Etikett im Kragen steht ein Name, der mir fremd erscheint. Ihren Vornamen stickte meine Mutter anstatt mit einem „K" mit einem „C" und benutzte ihren damaligen Familiennamen. Im gleichen Alter wie damals meine Mutter, habe ich die Bluse mit Stolz getragen. Ihr haftete etwas von dem Gefühl an, sein eigenes Leben selbstständig auszurichten.

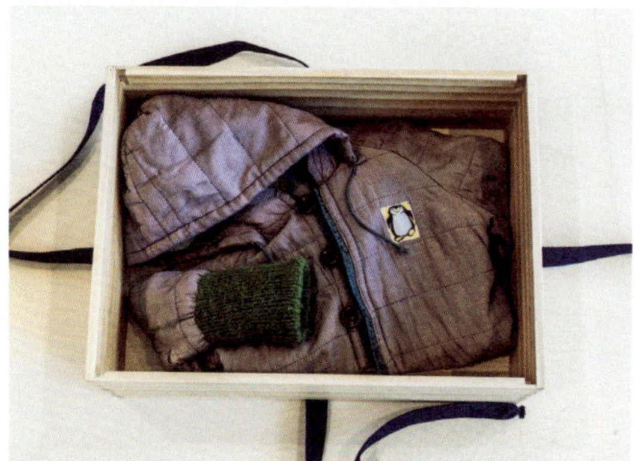

LIEBLINGSJACKE

Diese Jacke war meine Lieblingsjacke. Ich wurde 1966 in Šiauliai, in Litauen, geboren, das damals noch unfreiwillig Teil der UdSSR war. Als ich nach dem Fall der Mauer als Künstlerin nach Deutschland übersiedelte, hatte ich im Gepäck nur wenige meiner Kunstobjekte, diese Jacke und ein paar Fotos zur Erinnerung. Meine Kunstobjekte wurden verkauft oder umzugshalber in Performances „entsorgt" oder gar verbrannt, die Jacke aber war immer dabei, als Fetisch gewordener Fixpunkt in meinem Leben.

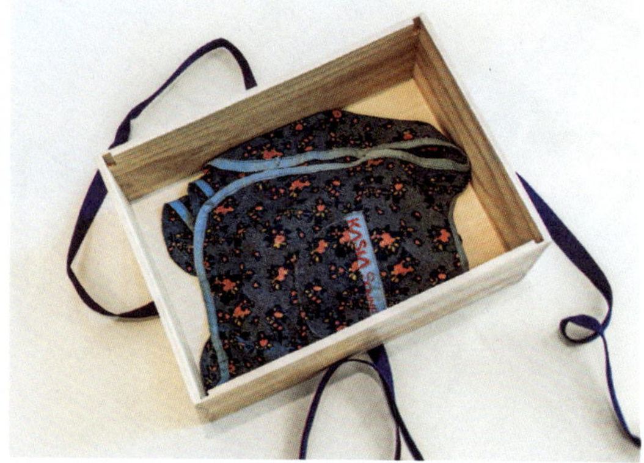

KINDERGARTEN-SCHÜRZE

Einen *fartuszek* nennt man in Polen eine kleine Schürze, die Kinder in den Zeiten des Kommunismus im sozialistischen Kindergarten tragen mussten. Meine Mutter war damals in Polen Kunststudentin und nähte meinen Kittel aus Stoffresten ihres Hochzeitskleids. Als wir im Jahre 1980, mit mir versteckt im Kofferraum, nach Westdeutschland flüchteten, nahm meine Mutter auch diese kleine Schürze mit, die ich jedoch nie wieder nötig hatte, da in Berlin jeder im Kindergarten die Kleidung tragen durfte, die ihm gefiel.

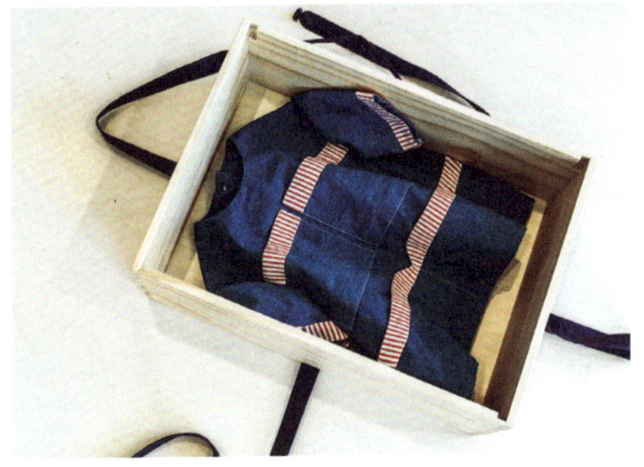

KITTEL

Als Baby faszinierten mich Brüste so sehr, dass ich mir Krocket-Bälle unter mein Oberteil stopfte. Mein Wunsch, Brüste zu haben, blieb bestehen, und als sicherere Lösung nähte mir meine Mutter einen kleinen Kittel mit zwei großen Taschen in Brusthöhe. Sie verwendete einen robusten blauen Baumwollstoff und verzierte die Taschen und Ärmel mit einem rot-weißen Streifenmuster. Ich lief dann durch unser Haus, sammelte einzelne Socken oder Unterhosen und steckte sie in die Taschen, bis ich genug Material gefunden hatte, um oben zwei ungleiche Formen zu bilden. Kein anderes Kleidungsstück gab mir jemals das Gefühl, so geliebt oder so geschützt zu sein.

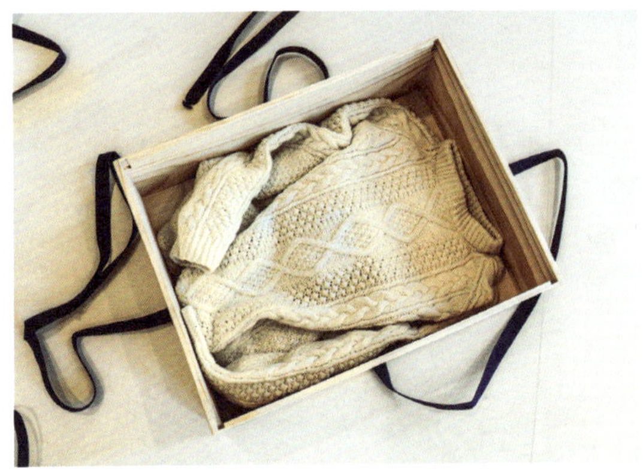

ARAN-PULLOVER

Das ist mein Aran-Pullover, den meine Mutter und ihre Mutter Anfang der 1980er Jahre zusammen gestrickt haben. Meine Mutter strickte das Oberteil und meine Großmutter die Ärmel. Ich erinnere mich daran, wie sie immer mit etwas beschäftigt waren. Ich weiß noch, wie ich meine Großmutter ärgerte, weil sie beim Stricken ihre Zunge rausstreckte. Bei meiner Mutter habe ich mich beschwert, dass sie zu laut mit den Nadeln klapperte und mich vom Fernsehen ablenkte. Meine Großmutter ist gestorben und meine Mutter hat aufgehört zu stricken. Heute sagt sie, dass es keinen Sinn mehr hat, zu stricken, da allein der Kauf der Wolle mehr kostet als der fertige Artikel aus dem Laden.

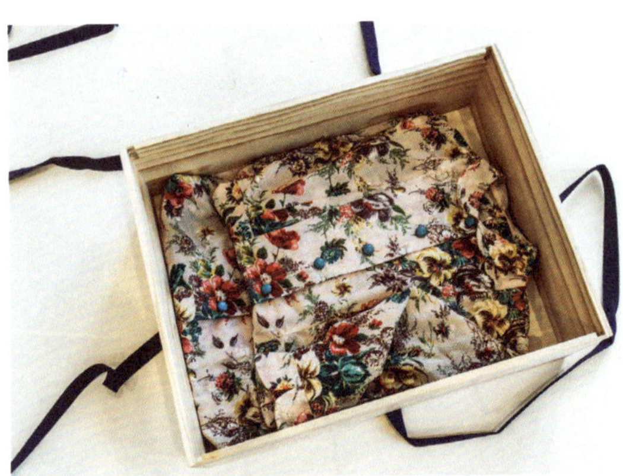

KLEID

Meine Mutter, Ethyl Gooch, fertigte den Seersucker-Morgenmantel aus Nylon 1956 für meine Aussteuer an. Ein Jahr lang nähte sie Hochzeitskleider, Brautjungfernkleider, Sommerkleider und Röcke, da meine Schwester sechs Monate später heiratete. Viele Meter Stoff und Garn wurden verarbeitet, es waren die 1950er Jahre. Bedauerlicherweise starb meine Mutter 1983, aber sie hätte sicher gesagt, dass die Herstellung von all den Kleidern für ihre zwei Töchter ein reines Vergnügen und die Belohnung dafür war, sie an ihren Hochzeitstagen vor den Altar treten zu sehen.

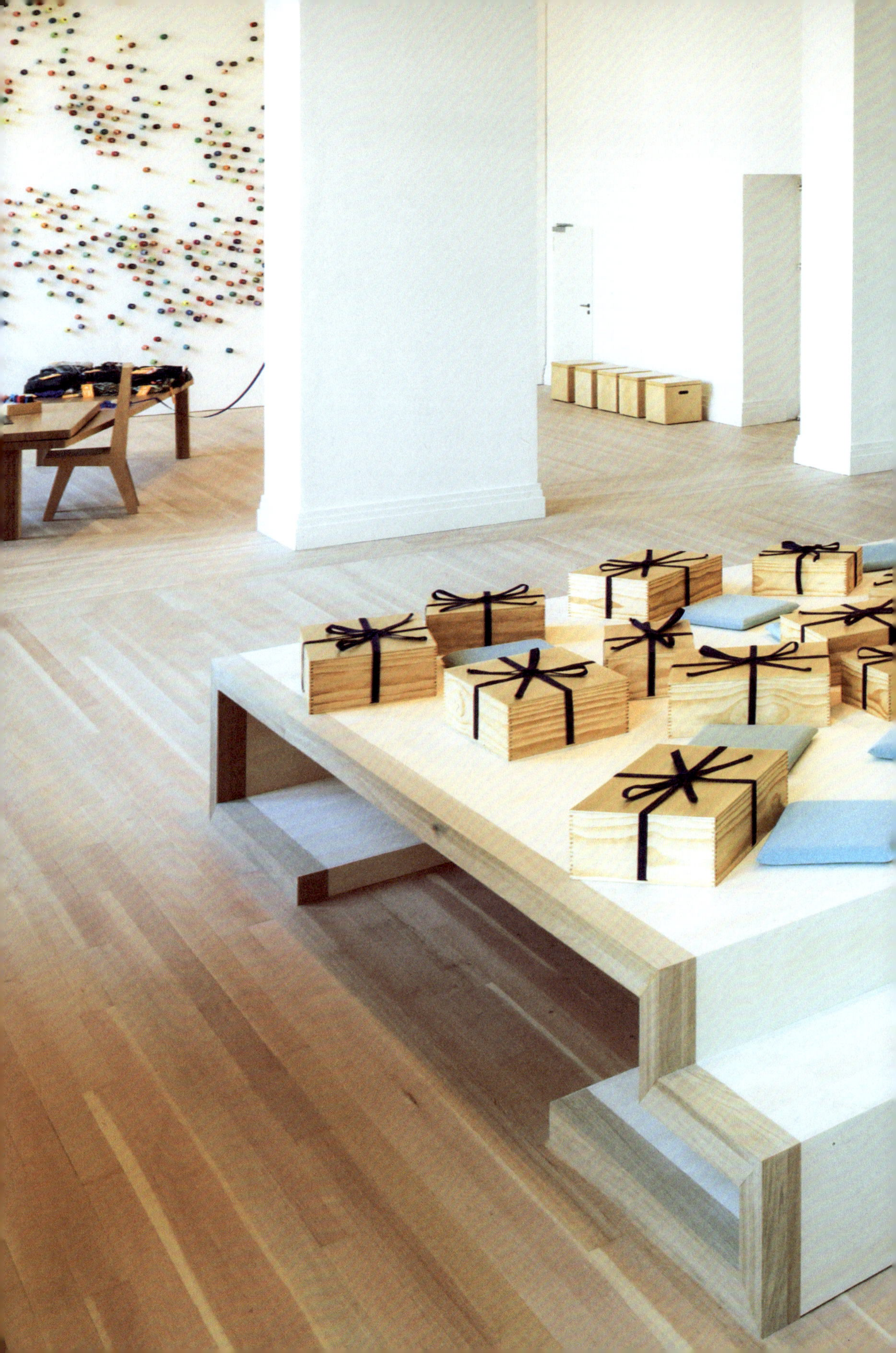

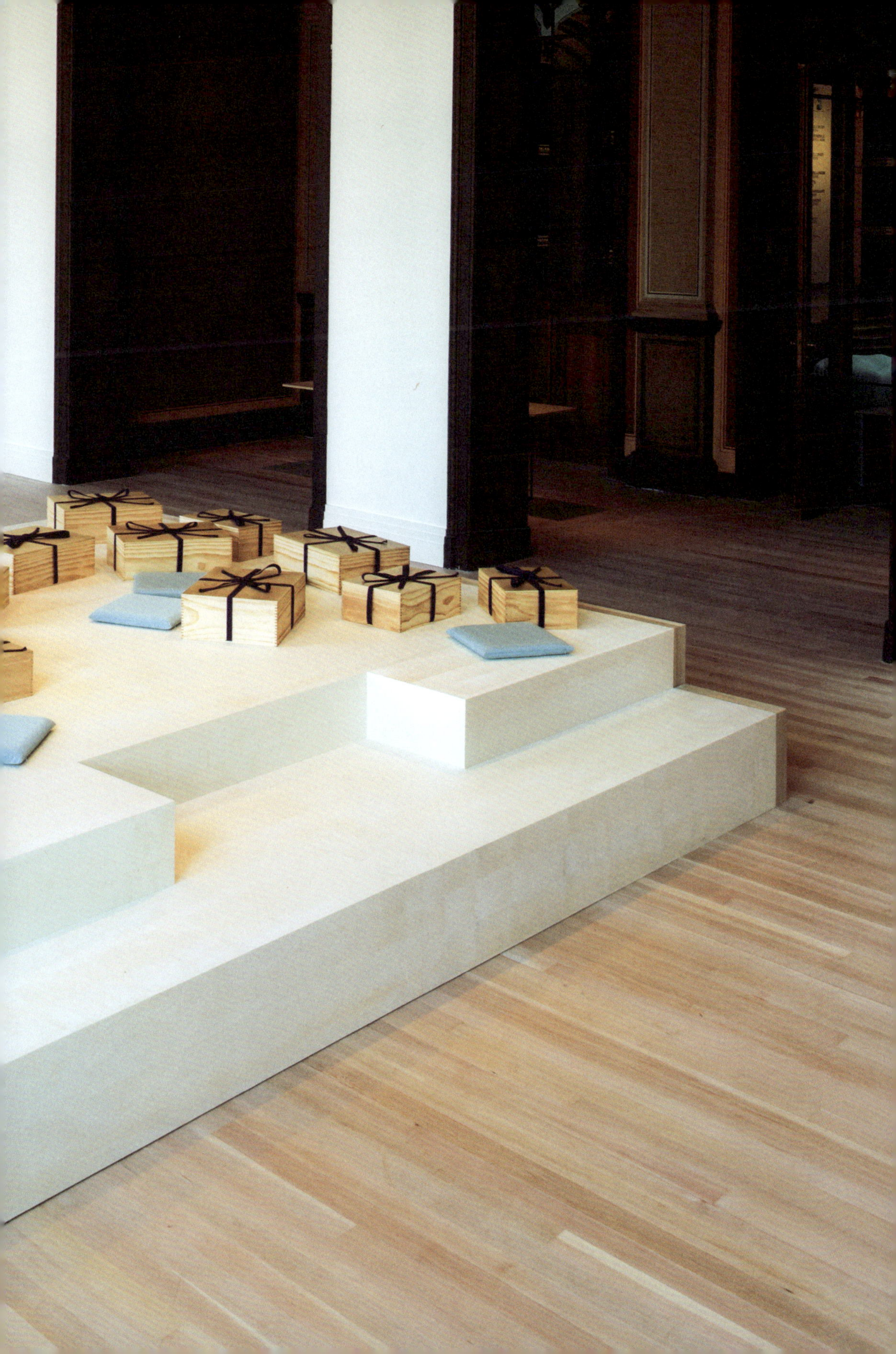

GUERNICA IN SAND

2006 / 2020

Sand, Holzinsel, Lampe
11 x 23 m

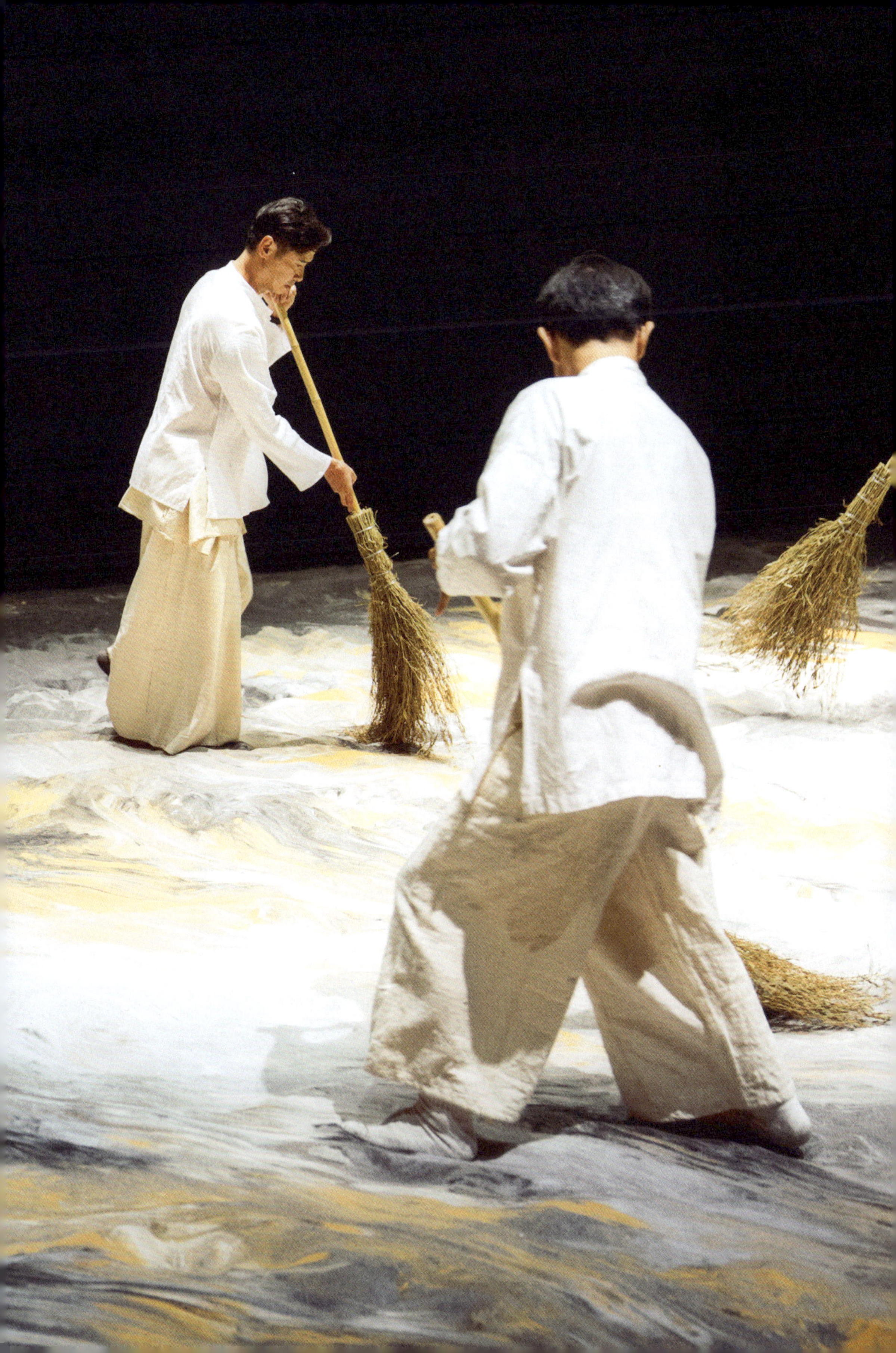

„Ich erinnere mich an meine erste Begegnung mit Picassos *Guernica* im New Yorker Museum of Modern Art. Ich war zwölf und auf dem Weg von Taiwan in die Dominikanische Republik, um dort zu leben. Ich war von der Größe, den abstrakten Darstellungen von Tieren sowie der Mutter mit dem Kind genauso überwältigt wie von der offensichtlichen Gewalt und dem Schmerz, die von dem Bild ausgingen. Meine Eltern erzählten mir, dass Picasso es als Reaktion auf das Bombardement einer kleinen Stadt in Spanien gemalt hat. In Taiwan hatte ich die meisten Begegnungen mit Gemälden bei Besuchen im National Palace Museum. Hier sah ich auf Seide gemalte Vögel, Blumen und Schlösser, aber nichts wie *Guernica*. Es öffnete mir die Augen für eine andere Dimension von Kunst, jenseits von nur schönen Landschaften.

Einmal hatte ich die Idee für ein großflächiges Performance-Projekt, bei dem das Publikum von einem Turm aus beobachten sollte, wie Roboter zusammenstoßen. Etwa zu dieser Zeit reiste ich durch die bolivianische Laguna Colorada und geriet in einen Sandsturm. Ich erinnere mich daran, dass ich mich, als der Sturm vorbei war, fühlte, als sei ich am Ende der Welt angelangt. Ich blickte in den Himmel, der überirdisch funkelte, und wir waren umgeben von vollkommener Stille. Der Sand bewegte sich wie die Spur einer Schlange durch die Wüste. Diese Erfahrung inspirierte mich dazu, ein Bild zu gestalten, das an die tibetisch-buddhistische Praktik der Sandmandalas erinnert, die die Idee des Wandels symbolisiert. Im Hinblick auf meine ursprüngliche Idee wurde aus dem Turm eine künstliche Insel, auf der die Menschen stehen oder sitzen können, und die kämpfenden Roboter wurden zu zwei Personen, eine, die das Sandbild malt, und eine, die darüber läuft. Die Spannung zwischen diesen beiden Personen ist offensichtlich und extrem wichtig, denn sie zeigt Transformation.

Ein Sandkorn war vor vielen Millionen Jahren ein Teil einer Felsformation. Aufgrund von Regen, Wasser, Sonne, Hitze und Wind wurde es wieder zu einem Sandkorn. Dieses Sandkorn wurde zusammen mit unzähligen anderen Sandkörnern zu meinem Kunstwerk. Wenn die Ausstellung vorbei ist und weitere Millionen Jahre vergangen sein werden, dann wird dieses Sandkorn wieder Teil einer Felsformation sein."

LEE MINGWEI

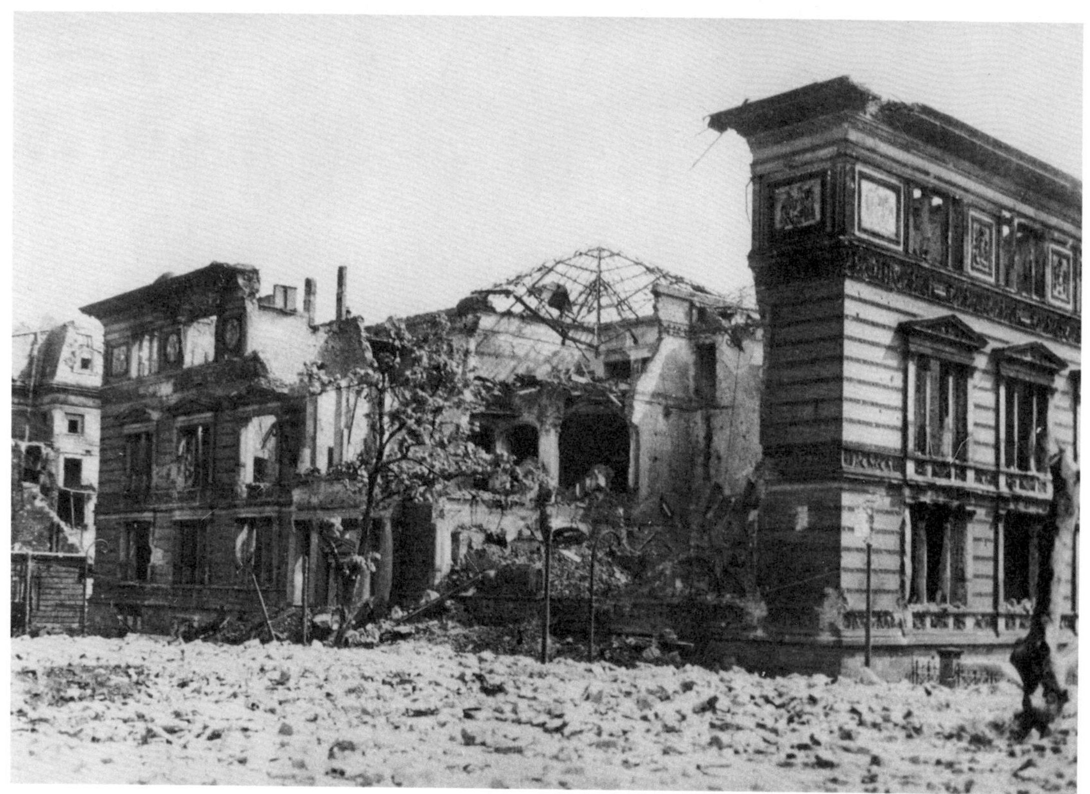

Der Gropius Bau, der von Martin Gropius in enger Zusammenarbeit mit Heino Schmieden entworfen wurde, eröffnete 1881 als Kunstgewerbemuseum. 1945 wurde das Gebäude bei einem der letzten großen Bombenangriffe auf Berlin schwer beschädigt. Die Nordfassade und die Obergeschosse wurden beinahe vollkommen zerstört. Die musealen Bestände im Kellergeschoss wurden stark dezimiert. Der Gropius Bau wurde 1966 unter Denkmalschutz gestellt. Die Rekonstruktion begann 1976. 1981 wurde das Gebäude offiziell wiedereröffnet.

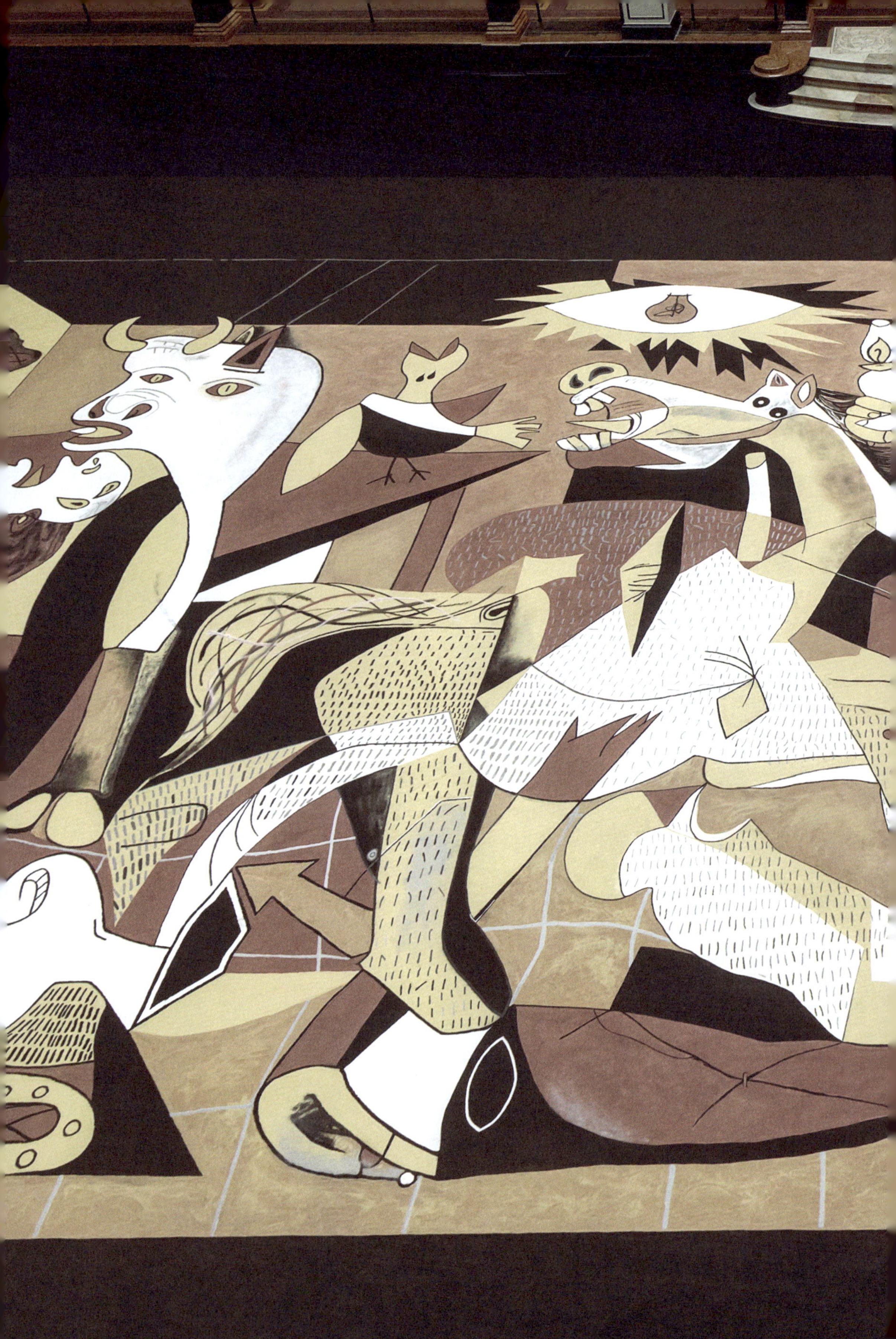

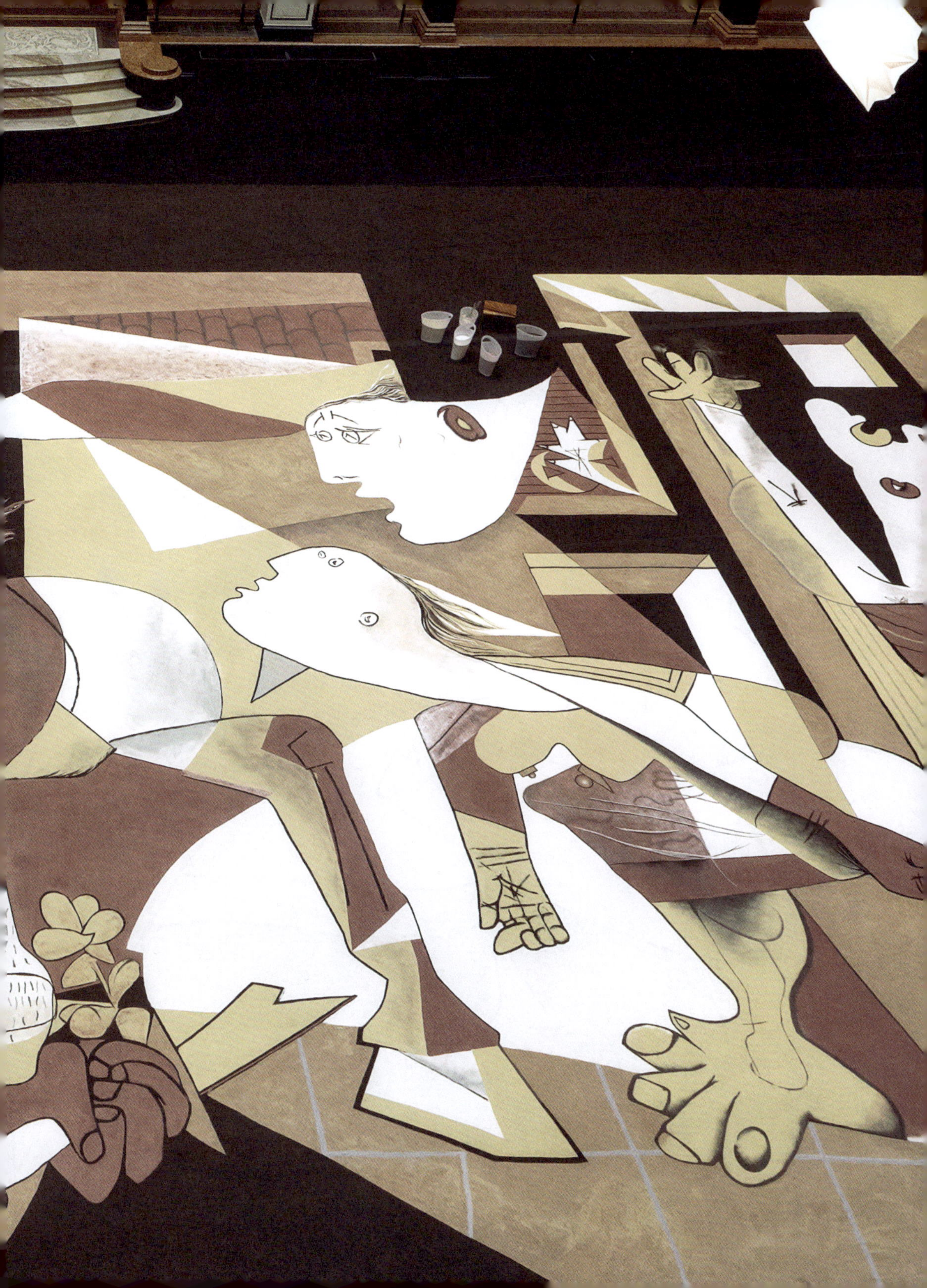

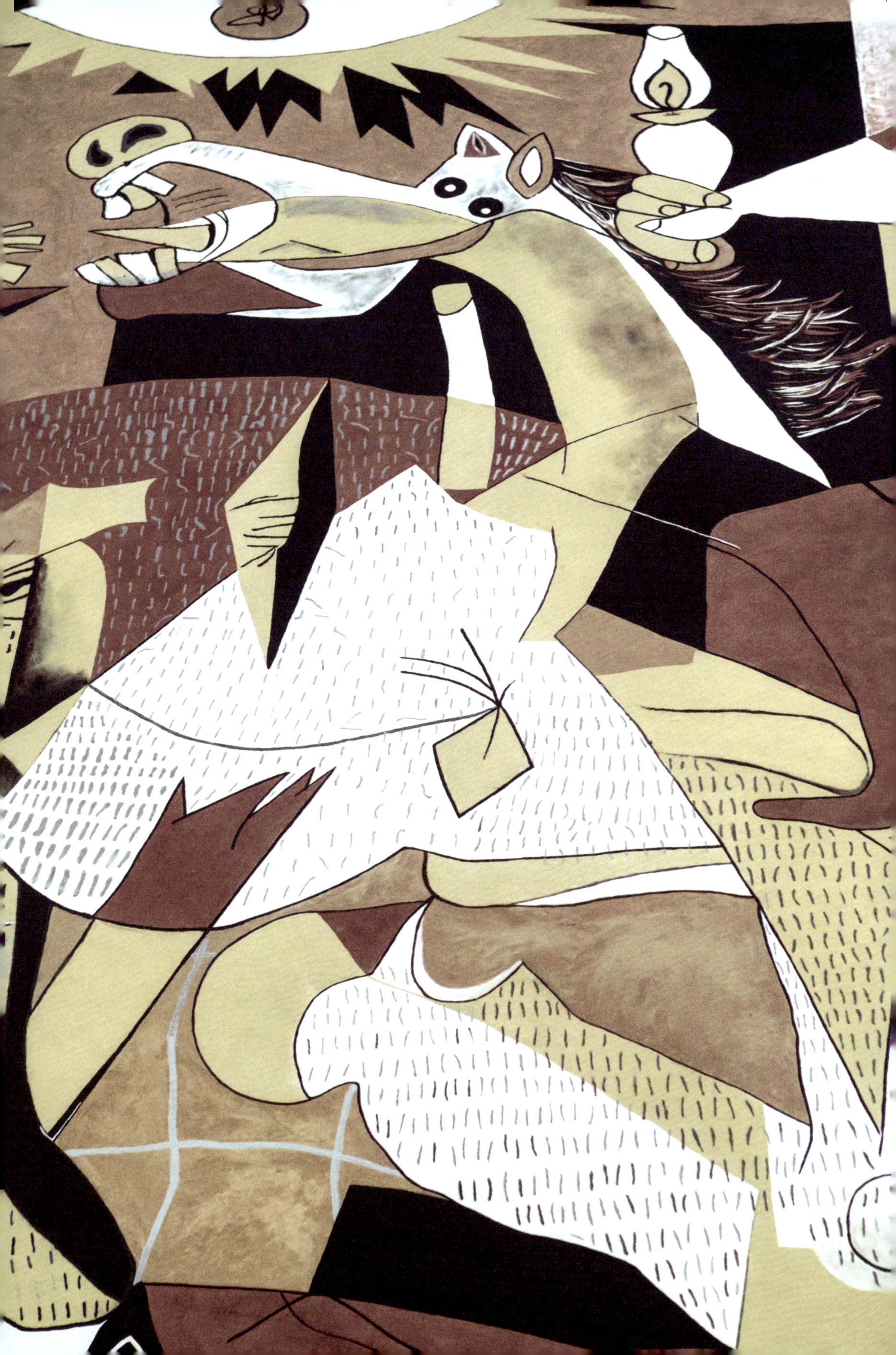

„Im Jahr 2005 befanden sich Lee und ich auf einer Höhe von 4.267 m auf dem Weg zur Laguna Colorada in Bolivien – einem seichten Salzsee, in dem sich Tausende von Flamingos spiegeln und der von einer Sandwüste und Schichtgesteinen umgeben ist. Wir wurden plötzlich von einen rot-gelben Sandsturm eingehüllt, der rasch wieder an uns vorbeizog. Lee begann, Ideen zu einer Sandarbeit zu entwickeln. Der Tag, an dem ich an der Performance in London teilnahm, war voller Emotionen. Kreation und Zerstörung, Fürsorge und Kontinuität. Um die Arbeit zu vollenden, musste ich nach unten blicken, obgleich ich stark wahrnahm, dass die anderen Teilnehmer*innen anwesend waren und über den Sand gingen. Viele Personen waren achtsam; einige weniger. Nicht jeder kennt die Geschichte von *Guernica*. Die Teilnehmenden füllten die Arbeit mit ihrer eigenen Bedeutung. Die Geschwindigkeit war anfangs langsam und wurde dann immer schneller. Der Tag, an dem wir *Guernica in Sand* schufen, spiegelte für mich die zunehmende Intensität von Guernicas Zerstörung wider, wie sie der Journalist George Steer beschrieb, der 1937 als Erster von der Bombardierung der Stadt berichtete. Das Zusammenfegen der Arbeit gegen Ende der Performance kam einer Befreiung gleich. Es handelt sich aber um kein Ende, sondern vielmehr um einen Lebenshauch und eine Einladung, weiterzumachen. Die Arbeit ist eine Form von Meditation. Das vergängliche ‚Geschenk‘ lädt zur Kontemplation ein und gibt ihr Zeit und Raum.“

JOHN RIVETT

Performer bei *Guernica in Sand* in der Queensland Gallery of Modern Art, 2008, im Taipei Fine Arts Museum, 2015, bei der Biennale von Sydney, 2016, im Museum MACAN, Jakarta, 2018 und im Gropius Bau, Berlin, 2020.

„Ich schaute fasziniert zu, als *Guernica in Sand* in der Queensland Gallery of Modern Art aufgeführt wurde. Als Leiterin der Abteilung für australische Kunst in dem Museum wusste ich, dass das Projekt im Laufe der vergangenen Monate sorgfältig geplant worden war. Ich war eine der ersten Besucher*innen der Installation. Ich betrachtete die Tonnen von Sand, die den Blick auf das großartige Gemälde verstellten, beobachtete die Mühe, probierte die Sitzplätze aus. Ich sah *Guernica in Sand* fast jeden Tag: von der anfänglichen Komposition bis zur Vollendung, über die Transformation von Picassos Bild durch die Performer*innen, die ein neues Leben inmitten der großen schwarzen, silbernen, grauen und goldenen Sandflächen entstehen ließen. Picassos *Guernica* erinnert an den ersten groß angelegten Luftbombenangriff auf Zivilist*innen. *Guernica in Sand* in Brisbane – verändert in Zeit, Größe und Medium – war ein Zen-artiger Garten, ein Ort zur Meditation: Ich dachte über die vielen bewaffneten Konflikte in der heutigen Welt nach und über die Mitschuld von uns allen, die in sicherer Entfernung von all den Kriegsschauplätzen leben. Die besten Geschenke kommen unerwartet, sind aber notwendig. Im Museum von Brisbane waren wir Schenkende und Empfangende zugleich: Für uns war es schön, zu sehen, dass *Guernica in Sand* auch ein besonderes Geschenk für die Besucher*innen war, wobei uns die Schwere des Gemäldes bewusst blieb. Das sind die Freuden und Verantwortlichkeiten des Gastgebens.“

JULIE EWINGTON

Ehemalige Leiterin der Abteilung für australische Kunst in der QAGOMA, Brisbane.

„Einer der denkwürdigsten Momente in meinem Leben war, als ich zum ersten Mal Picassos *Guernica* im Museum of Modern Art in New York sah. Ich kam aus dem Aufzug und fand mich vor dem Gemälde wieder. Es war viel größer und anspruchsvoller, als ich es erwartet hatte. Ich werde niemals diese Ausdruckskraft vergessen. Als einer der vier Performer*innen, die *Guernica in Sand* vollendeten und zerstörten, war ich begeistert von den Ideen, die Lee dem Originalwerk 80 Jahre nach seiner Entstehung zuschrieb – der ephemere Charakter, die kulturellen Bezüge, der Maßstab, die Anordnung auf dem Boden, performative Momente der Teilhabe und die Zerstörung und Hoffnung, die der Schönheit des ‚Neuen' entspringt. Die Idee des Schenkens ist explizit und implizit in Lees Praxis enthalten. Sobald man sich mit dem Konzept des Schenkens befasst, nimmt man es in zahlreichen alltäglichen sozialen Interaktionen wahr. Ich schätze diese beinahe ritualisierte Formalität, die für einen kurzen Moment die Selbstwahrnehmung schärft. Ich habe den Eindruck, dass diese Selbstwahrnehmung während der Vorbereitungsphase jeder Installation und Performance immer intensiver wird."

MICHAEL SNELLING

Performer bei *Guernica in Sand* in der QAGOMA in Brisbane, 2008, bei der Biennale von Sydney, 2016, und im Museum MACAN in Jakarta, 2018.

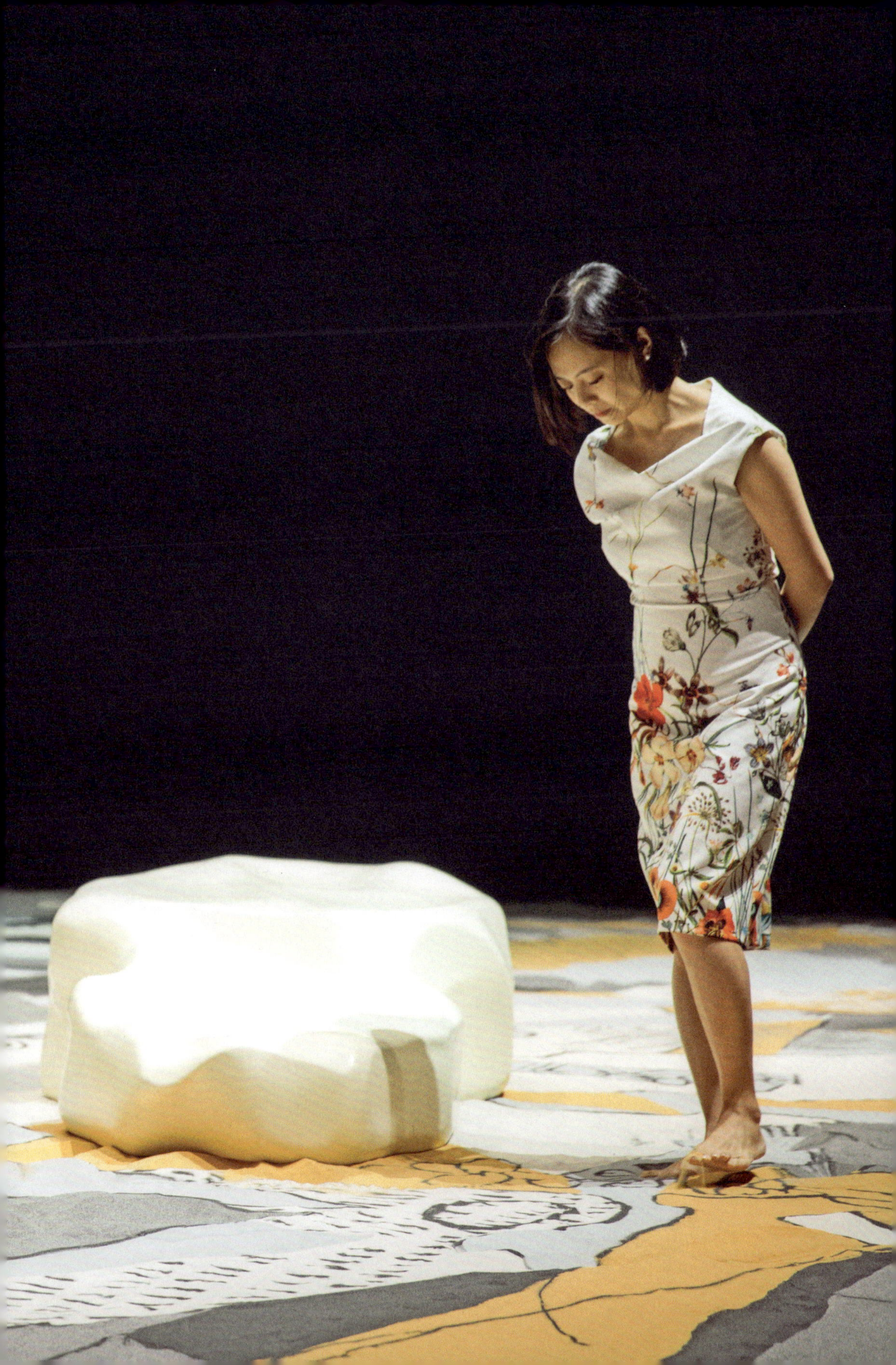

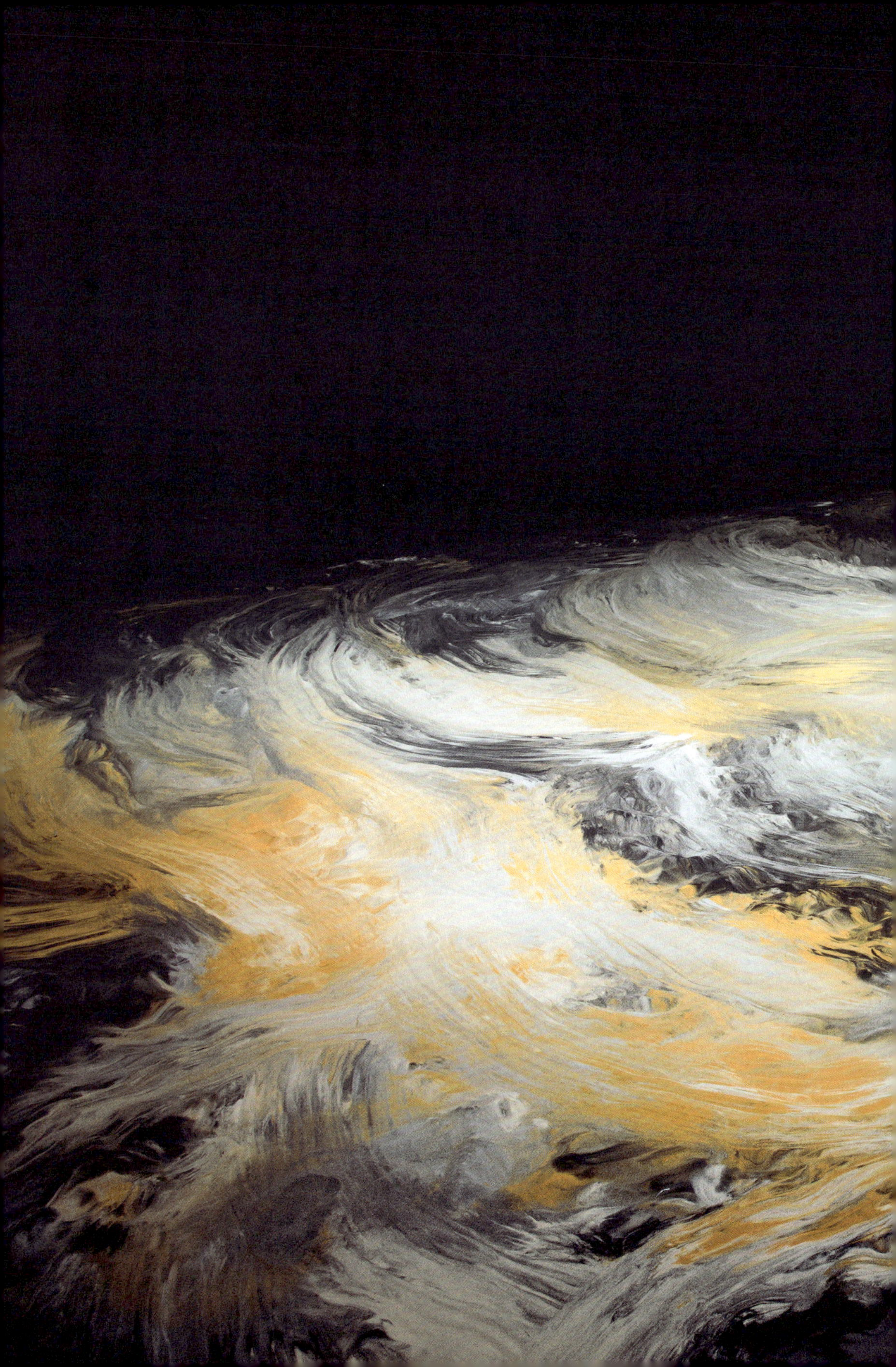

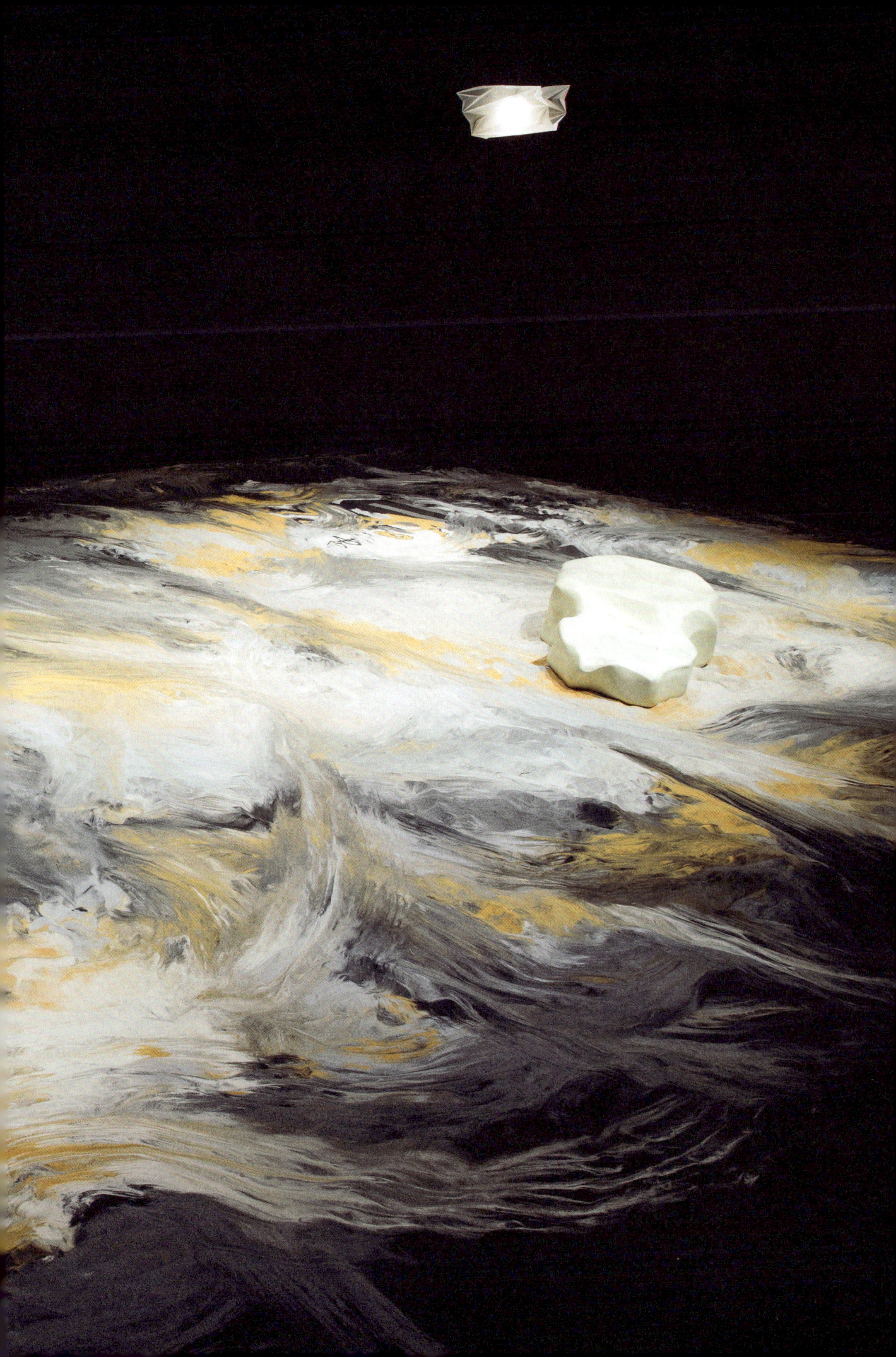

EIN AUSTAUSCH IN VERSCHIEDENE RICHTUNGEN

EIN GESPRÄCH ZWISCHEN LEE MINGWEI UND STEPHANIE ROSENTHAL

STEPHANIE ROSENTHAL: Als wir anfingen, über deine Ausstellung nachzudenken, brachten unsere Diskussionen wesentliche Wörter und Begriffe ins Spiel. Drei dieser miteinander verbundenen Wörter lauten „Vertrauen", „Zufall" und „Unbeständigkeit". Beginnen wir mit dem Zufall: Wie manifestiert sich dieser in deinen Arbeiten?

LEE MINGWEI: Wenn ich über den Zufall nachdenke, wird mir bewusst, dass das der rote Faden ist, der alles durchzieht, was ich tue, und – in einem gewissen Sinn – alles, was jede*r tut. Ich erwähne dies aus einem bestimmten Grund: Wenn du dir einen Stammbaum vorstellst, dann befindest du dich an seinem unteren Ende. Deine Eltern sind der vorhergehende Punkt, davor kommen deine Großeltern und so weiter. Vielleicht gelangst du an einen Punkt, an dem eine*r deiner Vorfahr*innen „dazwischen" ist – sie*er ist menschlich und nichtmenschlich zugleich. Wenn wir unsere Punkt-zu-Punkt-Logik fortsetzen, wird dir schnell bewusst, dass eine*r deiner Vorfahr*innen ein Wesen zwischen Säugetier und Amphibie sein könnte. Du kannst diesen Punkt bis zu einer einzigen Zelle zurückverfolgen. Eine*r deiner Amöben-Vorfahr*innen könnte von einer anderen Amöbe verschlungen worden sein, was nicht geschehen ist. Eine*r deiner Insekten-Vorfahr*innen könnte durch einen Regentropfen oder einen herabfallenden Meteoriten zerstört worden sein, was nicht geschehen ist. Es ist ein Wunder, dass wir durch Zufall überlebt haben. Das sagt meiner Meinung nach sehr viel über Zufall und Vertrauen aus: Wir sind von ihrer Gnade abhängig.

SR: Und Vertrauen? Wenn du deiner Kunst nachgehst oder Ausstellungen hast, schenkst du dem Vertrauen, dass deine Ideen zum richtigen Zeitpunkt sozusagen ihre Form finden, besondere Beachtung? Oder wirkt Vertrauen im Hintergrund deiner Arbeiten?

LM: Ich denke, es ist beides. Zufall und Vertrauen machen das Wesen meiner Arbeiten aus. Ich bitte Vertrauen und Zufall, mir dabei zu helfen, Kunstwerke zu schaffen, die viel komplexer sind, als ich es mir vorstellen kann. Das ist eine heikle und herausfordernde Situation für mich. Meine Projekte sind wie zwei Menschen, die miteinander Tango tanzen. Wenn sich eine Person in eine Richtung bewegt, muss sich die andere mitbewegen. Wir wissen nicht, wo wir uns zehn Schritte später befinden. Ich habe jedoch den Überblick. Der eigentliche Schritt in diesem Tango ist der, der von Vertrauen und Zufall abhängt.

SR: Es scheint, als ob Vertrauen und Zufall in deinen Arbeiten eine wichtige Rolle dabei spielen, wann und in welcher Form der erste Keim einer Idee realisiert wird. Außerdem möchtest du deinen Arbeiten keinen Zeitrahmen aufzwingen. Denkst du über deine Projekt Jahre vor ihrer Entstehung nach?

LM: Ja, das stimmt. Ein Projekt entwickelt sich oft aus einer persönlichen Erfahrung heraus. Ich nehme diese aufkeimende Idee nur dann wahr, wenn eine Erfahrung solch eine Kraft besitzt, dass sie mich nicht mehr loslässt. Sie nimmt meinen Geist und meine Seele so stark in Beschlag, dass das Projekt in meinem Unterbewusstsein umherwandert. Wenn es dann in mein Bewusstsein vordringt, denke ich mir „Oh, da ist etwas. Könnte das eine gute Geschichte sein, um sie mit anderen zu teilen?" Manchmal sind die Geschichten so vage, dass sie noch nicht mit anderen geteilt werden können.

SR: Wir haben zusammen über Arnold van Genneps Konzept der *Übergangsriten* nachgedacht. Er verfasste den Text ursprünglich auf Französisch. Er beschreibt die *rites de séparation*, die Trennung von etwas; die *rites de marge*, die von den Schwellen, den Übergängen handeln; und die *rites d'agrégation*, bei denen man sich einem neuen Zustand annähert. Ich habe mich schon immer besonders für die *rites de marge* als den kreativsten Bereich interessiert, da man sich hier in einem Zwischenbereich befindet, sich von etwas bereits losgesagt hat, aber noch nicht in dem neuen Zustand angekommen ist. Es geht um den Raum, in dem man über seine eigenen Erfahrungen hinausgeht, ein vollkommen unbekannter Raum, der schwer in Worte zu fassen ist. Du hast davon gesprochen, dass dir etwas bewusst ist, was du aber nicht in Worte fassen willst: Das sind die *rites de marge*. Kunstwerke ermöglichen es, in diesem Raum zu sein.

LM: Mir wird bewusst, dass die Magie verloren ginge, wenn ich sie in diesen flüchtigen Zuständen zu früh in Worte fassen würde. Ich muss genau darauf achten, wann diese Ideen geteilt werden können – verbal oder konzeptuell, mit mir selbst oder mit Freund*innen.

SR: Es ist interessant, was geschieht, wenn man eine Idee in Worte fassen muss. Man kann einen Text im Kopf haben und auf dem Papier liest er sich dann ganz anders. Auf der einen Seite kann Sprache Ideen durch deren Konkretisierung freisetzen. Auf der anderen Seite können sie dadurch auch an ihrer Entfaltung gehindert werden. Die Grenzen zwischen den beiden Polen sind manchmal fließend. Manche Ideen lassen sich ganz einfach formulieren, andere widersetzen sich der linearen Ordnung der Sprache. Welche Rolle spielt es für dich, Ideen in Worte zu fassen?

LM: Manchmal benötige ich Wörter, um ephemeren Dingen eine konkrete Gestalt zu verleihen, weil sie vielleicht zu vage sind – bis zu dem Punkt, an dem quasi nichts mehr da ist. Andererseits kann dieser Unbestimmtheit etwas innewohnen, das ich schützen muss und nicht einsperren möchte. Ich bewundere Dichter*innen. Sie sind Magier*innen für mich. Sie wissen, wann und wie Wörter zu magischen Zutaten unserer Vorstellungskraft werden. Ich habe großen Respekt vor Wörtern, da sie Ideen im Keim ersticken können. Dichter*innen und Schriftsteller*innen können jedoch mit Wörtern befreien.

SR: Nutzt du Ausstellungen und das damit einhergehende, neue Umfeld dazu, den Keim einer Idee, die du bereits vor langer Zeit hattest, wachsen zu lassen, um später eine neue Arbeit zu realisieren? Kann eine Kunstinstitution einen solchen Raum für Übergangsriten (*rites de marge*) ermöglichen?

LM: Meine letzte umfassende Wanderausstellung fand 2014-2016 statt, vor sechs Jahren. Alles hat sich seitdem verändert – auch ich selbst habe mich verändert. Nichtsdestotrotz durchzieht ein beständiger Bewusstseinsstrom meine Praxis, was meine neuen Arbeiten zum Ausdruck bringen. Die Ausstellung im Gropius Bau bietet mir bereits die Möglichkeit zu grundlegenden Reflexionen: Reflexionen über mich selbst, meine Arbeiten und Europa. Als ich noch in den USA lebte, war ich amerikanisch-taiwanesisch. Nachdem ich nun seit 2015 in Paris lebe, bin ich gespannt, wie diese Ausstellung in Europa rezipiert wird und welche Reaktionen sie auslöst. Ich fühle, dass bereits ein neues Kunstwerk im Werden begriffen ist. Dieses wird noch entstehen und ist von dem kollektiven Bemühen und der kollektiven Energie im Gropius Bau inspiriert.

SR: Eine neue Arbeit, die du im Gropius Bau zeigen wirst, nimmt Bezug auf die Gemäldeserie *Peaceable Kingdom* (*Das Königreich des Friedens*), ca. 1820–1849, des Malers und Quäker-Predigers Edward Hicks. Wann bist du erstmals auf Hicks aufmerksam geworden und aus welchem Grund wolltest du das neue Projekt *Our Peaceable Kingdom*, 2020, hier realisieren?

LM: Ich begann mich Anfang der 2000er Jahre, als ich in New York lebte, intensiver mit Edward Hicks' *Peaceable Kingdom* zu beschäftigen. Die Welt hat sich nach dem 11. September 2001 tiefgreifend verändert. Irgendetwas wurde aufgrund dieser Gewalt in Gang gesetzt. Ich begann, die Spiritualität der Quäker zu erforschen und stieß dabei auf Hicks' Serie. Ich fragte mich, was es bedeuten würde, Künstler*innen von unterschiedlicher Herkunft, mit verschiedenen kulturellen und spirituellen Hintergründen nach ihren Ansichten über den Frieden zu fragen und herauszufinden, ob sich die Vorstellungen von Frieden seit dem 19. Jahrhundert verändert haben. Und unterscheiden sie sich auch, wenn man Buddhist*in ist oder keine Religion praktiziert? Etwa 20 Jahre nach diesem einschneidenden Ereignis in New York können wir darüber reflektieren, welche Auswirkungen es auf die Menschheit hat – wahrscheinlich nicht auf eine bestimmte oder eindeutige Art und Weise. Nachdem ich mich mit diesem Gebäude, dem Gropius Bau, dem Ort und Berlin als Stadt auseinandergesetzt habe, war dies eine gute Möglichkeit, diese Vorstellung von unterschiedlichen Friedensvisionen in die Ausstellung zu integrieren. Die neue Arbeit heißt *Our Peaceable Kingdom* anstatt *Peaceable Kingdom*, da ich 27 Künstler*innen eingeladen habe, aus ihrer Perspektive zu malen, was Frieden heute in Bezug auf Hicks' Gemälde bedeuten könnte. Diese Künstler*innen aus Singapur, Indonesien, China, Taiwan, Australien, Pakistan, Afghanistan, Indien, Frankreich, Deutschland und den USA unterscheiden sich in ihrer Herkunft, im Geschlecht, im Alter und in ihren spirituellen und künstlerischen Praxen.

SR: Du hast den Gropius Bau seit 2018 immer wieder besucht und dich mit dem Gebäude auseinandergesetzt. Mich beeindruckt die Art und Weise, wie du *Our Peaceable Kingdom* umgesetzt hast – dass das Projekt nach so langer Zeit Gestalt angenommen hat. Es scheint so, als ob du es eigens für dieses Gebäude konzipiert hättest.

LM: Da das Gebäude im 19. Jahrhundert errichtet wurde, verleiht die Architektur dem Museum ein klassisches Erscheinungsbild. Die Erfahrung, die Gemälde zu betrachten, wird auch klassisch sein. Obgleich *Our Peaceable Kingdom* aufgrund seiner Entstehung eine partizipative Komponente enthält, erfordert die Arbeit nicht die Teilnahme des Publikums. Die Frage, die ich stellen wollte, lautet: Was bedeutet Frieden für dich? Wenn man dich bitten würde, eine Arbeit wie diese zu realisieren, was würdest du malen?
Eines der Gemälde von *Our Peaceable Kindgom* weist meiner Meinung nach beispielsweise keinen visuellen Bezug zu Hicks' Originalgemälde auf – nicht einmal hinsichtlich der Farbe oder des Themas. Der Künstler hat sich eindeutig dafür entschieden, nichts vom Original zu übernehmen. Das ist die Schönheit des Projekts – der Schwellenbereich zwischen dem, was sich jede Person unter Frieden vorstellt.

SR: Der Gropius Bau als Ort ist politisch und historisch hoch aufgeladen. Während der NS-Zeit war das Gestapo-Hauptquartier nur einen Steinwurf entfernt.

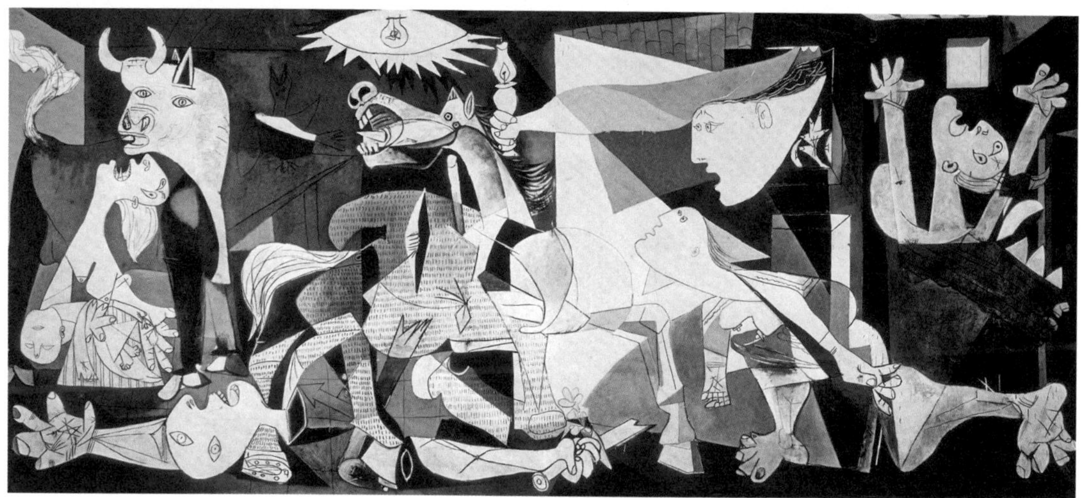

Abb. 13. Pablo Picassos Gemälde *Guernica*, 1937, ist eine Reaktion auf die Bombardierung der baskischen Stadt Guernica in Nordspanien durch deutsche und italienische Truppen auf Befehl von Francisco Franco. Lee Mingwei wollte diese Arbeit weder originalgetreu reproduzieren, noch den Fokus auf dieses gewaltsame Ereignis legen. Vielmehr wollte er sich mithilfe des Gemäldes dem Konzept von Vergänglichkeit und der kreativen Kraft der Zerstörung widmen. Eines von Lees Hauptinteressen liegt auf aktuellen Friedensmodellen. *Guernica in Sand* verbindet sich mit der tibetisch-buddhistischen Tradition der Sandmandalas, die praktiziert wird, um Weltfrieden zu erreichen.

Gegenüber lag Hermann Görings Haus der Flieger, dort, wo sich heute das Abgeordnetenhaus befindet. Daran grenzte das Reichsluftfahrtministerium, der Sitz der Luftwaffe. 1945 wurde der Gropius Bau stark bombardiert. Noch heute kann man die Splitterschäden und Einschusslöcher des Zweiten Weltkriegs erkennen. In den späten 1970er Jahren und frühen 1980er Jahren haben die Restaurator*innen die Zerstörungen an dem Gebäude so belassen, dass sie konkret fassbar bleiben. Das Gebäude bezeugt die Schäden und das Trauma seiner eigenen Geschichte und, im Gegenzug, all unserer Geschichten. Aufgrund der Geschichte des Gebäudes setzen wir uns seit einiger Zeit intensiv mit Konzepten der Fürsorge und der Reparatur auseinander. In mehreren deiner Arbeiten geht es darum, zerbrochene Beziehungen zu kitten, insbesondere in *Guernica in Sand*. Was hat dich dazu bewogen, diese Arbeit erstmals zu realisieren?

LM: *Guernica in Sand* ist ein Projekt, das sich kurz gesagt mit Ost und West befasst. Es ist als meine persönliche Hommage an zwei unterschiedliche Traditionen und Praktiken zu verstehen. Eine widmet sich mit der Reproduktion von Picassos legendärem modernistischen Gemälde *Guernica*, 1937, der Geschichte der westlichen Malerei. Zugleich ist das Projekt meine Hommage an buddhistische Tempelpraktiken, die Realisierung von Sandgemälden in Form von Mandalas. Man kann darin auch ein politisches Statement sehen. *Guernica* entstand als direkte Reaktion auf die Bombardierung von Guernica, welche die Luftwaffe in Zusammenarbeit mit der italienischen *Aviazione Legionaria* ausführte. Ihr Flächenbombardement war nur der Anfang einer langen Reihe verheerender Zerstörungen während des Zweiten Weltkriegs. Innerhalb eines Tages wurde die Stadt auf brutale Weise dem Erdboden gleichgemacht. Picasso war, milde gesagt, wütend und bestürzt. Er malte dieses Gemälde in kürzester Zeit während er in Paris war. Er sagte, er wolle es in Spanien nicht ausstellen, solange dort keine Demokratie herrschte.
Die Realisierung von Sandmandalas in der Praxis des tibetanischen Buddhismus' nimmt Wochen in Anspruch. Vier bis acht Mönche werden zur Fertigung der äußerst fragilen Sandgemälde benötigt. Es handelt sich um himmlische und sehr präzise Darstellungen von dem Ort, an dem Buddha lebt. Zum Abschluss findet eine Zeremonie statt, in der das Sandgemälde zusammengefegt wird. Es wird dabei nicht zerstört, sondern in etwas anderes verwandelt. Während der Ausstellung versuche ich, den letzten Teil von *Guernica in Sand* an einem einzigen Tag von Mittag bis Sonnenuntergang zu vollenden. Zugleich darf eine Person aus dem Publikum über den Sand gehen. Dann kommt eine zweite Person an die Reihe und so geht es bis abends weiter. Wir beenden die Performance als Sechsergruppe. Jede*r von uns hat einen Besen und wir fegen den Sand zur Mitte der Arbeit hin. Für den Rest der Ausstellung belassen wir *Guernica in Sand* in diesem Zustand. Als ich diese Arbeit im Mori Art Museum präsentierte, fragte mich eine Besucherin anklagend: „Warum zerstören Sie das bedeutendste Gemälde der Welt?" Ich konnte ihre Wut regelrecht sehen und fühlen. Sie nahm nur die Zerstörung wahr und erkannte nicht die Veränderung. Diese Arbeit hat einen politischen Hintergrund, aber ich möchte über uns als Menschheit sprechen: Wie leben wir nach einer Zerstörung weiter?

SR: Die Präsentation und Performance von *Guernica in Sand* an diesem Ort und in Berlin wirkt, als sei sie Teil eines Heilungsprozesses. Wie setzt du dich in deinen anderen Arbeiten mit Fürsorge, Reparatur und Heilung auseinander?

LM: Der Aspekt des Fürsorgens und Reparierens prägt *The Mending Project*, 2009/2020, und auch *Sonic Blossom*, 2013/2020. Der Prozess der Heilung ist Teil der Arbeit. Ich bin vorsichtig bei der Verwendung des Wortes „Heilung", da ich nicht davon ausgehe, dass Personen innerlich gebrochen oder zu Schaden gekommen sind. Manche Personen sind so gerührt über ein geschenktes Lied, dass sie weinen, aber nicht, weil sie innerlich gebrochen sind – und wenn ihre Herzen gebrochen sind, dann ist es gut so. Ich möchte nicht nahelegen, dass uns die Sänger*innen überlegen sind oder uns heilen können. Es ist unglaublich heilsam für mich persönlich, in *The Mending Project* zu flicken, da die Menschen wunderschöne Geschichten erzählen.

SR: Was das Verhältnis von Handwerk und Reparatur, und die damit verbundenen Bedeutungsverschiebungen betrifft, könnten wir auch über die japanische *kintsugi*-Tradition sprechen. Ist das ein Ansatz, der dich interessiert?

LM: Wir haben auch in Taiwan eine Technik, um Keramik zu reparieren. Sie ist als *juci* bekannt, aber nicht so raffiniert wie die japanische, bei der Risse in Keramiken mit Gold ausgebessert werden. Die Reparaturen, die an der taiwanischen Keramik vorgenommen werden, fallen gröber aus: Es wird Reiskleber verwendet und Risse werden genagelt. Unserer Vorstellung nach wird etwas, das zerbrochen ist und zu dem wir eine persönliche Beziehung haben – ein Kleidungsstück oder eine Schale – durch die Reparatur noch schöner und funktionaler. *Kintsugi* und *juci* sind in diesem Sinn ähnliche Traditionen – diese Denkweise ist tief in den ostasiatischen Kulturen verwurzelt.

SR: Diese Vorstellung unterwandert das kapitalistische Ideal vom Warenkonsum. Derzeit wächst wieder das Bewusstsein dafür, dieses „Ideal" zu hinterfragen und hingegen die Reparatur von Gegenständen zu zelebrieren. Ein weiterer Aspekt von *The Mending Project* oder *Sonic Blossom* bezieht sich darauf, dass du die Arbeiten als Geschenke auffasst – eine geschenkte Reparatur oder ein geschenktes Lied. Zahlreiche philosophische Traditionen schärfen unser Bewusstsein für die Machtverhältnisse, die dem Schenken inhärenten sind. Wenn ich dir etwas gebe, schuldest du mir etwas. Was hältst du davon?

LM: Als Person, die mit konfuzianistischen Grundsätzen aufgewachsen ist, habe ich ein ganz anderes Verhältnis zum Schenken. Eine der fünf Tugenden des Konfuzianismus ist *li*, was man als „Ritus", „Ritual" oder „Geschenk" übersetzen könnte. Wenn wir *liwu* sagen, was so viel wie „das Objekt des Ritus" bedeutet, heißt das, dass wir immer ein Geschenk mitbringen, wenn wir irgendwohin gehen. Gemäß dem Konfuzianismus gibt einem das Schenken die Möglichkeit, „Danke" zu sagen. Es geht nicht darum, eine Gegenleistung zu erwarten. Genauso verhält es sich mit *Sonic Blossom*: Die Person, der das Lied angeboten wird, hat das Recht zu sagen, „Ich möchte nicht, dass ein Lied für mich gesungen wird", oder sie nimmt das Lied von Schubert an. Normalerweise wird das Geschenk innerhalb von ein paar Sekunden erwidert, die*der Sänger*in ist ebenfalls emotional berührt – manchmal kann sie*er nicht mehr aufhören, zu singen, da das Geschenk auf so kraftvolle Weise erwidert wurde.

SR: Wie spiegeln sich die Politik und Ökonomie des Geschenkeaustauschs in der Ausstellung wider?

LM: Meinen Arbeiten liegt eine gänzlich andere Sichtweise zugrunde. Als ich heute vor dem Gropius Bau stand, kam ein Wind auf und die Blätter fielen von den Bäumen. Ich dachte: „Das ist ein wunderschönes Geschenk, aber von wem? Ist es ein Geschenk der Natur?" Vielleicht können wir uns die Ausstellung so vorstellen – wie ein Wind, der einfach aufkommt. Die Ausstellung ist kein Geschenk einer bestimmten Person – es könnte von Schubert, dem Gropius Bau, dem Künstler oder den Sänger*innen sein.

SR: In welchem Maße haben die Texte von Marcel Mauss, Jacques Derrida oder Lewis Hyde deine Praxis mit Theorien des Schenkens beeinflusst?

LM: Als ich an der Yale University studierte, brachte mir mein Professor diese drei legendären Schriftsteller und Philosophen näher. Ich habe sie verstanden, komme jedoch als jemand, der in Taiwan aufgewachsen ist, aus einem vollkommen anderen Umfeld. Dort habe ich einfach begonnen, über das Schenken zu lesen, und mich verstärkt für diese Praxis zu interessieren. Ich bin sehr froh darüber, dass die Theorie erst später dazu kam – die Ideologie, die inhärente Machtdynamik, hätte mich verschreckt und einen kritischen Dialog in meinem Kopf in Gang gesetzt.

SR: War *The Dining Project*, 1997/2020, deine erste Arbeit, die sich mit der Idee des Schenkens auseinandersetzte?

LM: Die erste Arbeit war ein Projekt, über das ich kaum gesprochen habe. Ich habe ihr keinen Titel gegeben. Es handelte sich um eines der drei Projekte für meine Master-Bewerbung. Eine weitere Arbeit war *Money for Art*, 1994/2020, die in der Ausstellung im Gropius Bau gezeigt wird. Die namenlose Arbeit ermöglichte es mir, drei literarische, künstlerische und kulturelle Ikonen in meinem Leben zu ehren. Sie lebten damals alle noch und es gelang mir herauszufinden, wo. Ich verbrachte drei Monate damit, ihnen per Hand einen *hakama* aus einem der Kimonos meiner Großmutter zu nähen, während ich dazu ein bestimmtes buddhistisches Sutra aufsagte. Ein *hakama* ist ein Männerrock, der dem der Samurais ähnelt. Für mich war das Ganze wie eine Meditation. Ich verpackte sie dann so, dass klar wurde, dass es sich um Geschenke handelte, und schickte sie an diese drei Personen.

SR: Kannst du uns sagen, wer diese drei Personen waren?

LM: Anonymität ist ausschlaggebend für dieses Projekt. Die Pakete wurden ganz einfach an ihren Türen abgeliefert. Jemand hat mich gefragt, ob sie das Geschenk jemals erhalten haben. Ich weiß es nicht – und ich mache mir auch keine Gedanken darüber.

SR: Hätten sie dich erreichen können, um zu antworten?

LM: Nein, sie haben niemals erfahren, weshalb sie einen *hakama* erhalten haben. Ich habe einfach eine Nachricht mit den Worten „Vielen Dank für die Schönheit, die Sie in mein Leben gebracht haben" beigelegt.

SR: In *The Dining Project* handelt es sich nicht um ein anonymes Geschenk, sondern um einen Austausch: Du lädst Menschen, die du nicht kennst, dazu ein, gemeinsam mit dir zu essen, und hast im Gegenzug die Möglichkeit, diese kennenzulernen.

LM: In Yale fragte mich mein Professor, wie ich diese Arbeit in meiner Abschlussausstellung präsentieren wolle. Wir haben so viel über Joseph Beuys, Marina Abramović und Künstler*innen der 1960er und 1970er Jahre gelesen, dass ich dachte: „Ich entwerfe ein handgemachtes Buch, in dem man nach dem Essen die eigenen Gefühle niederschreiben kann." Der erste Gast, Hubertus Breuer, der heute in München lebt, wurde ein guter Freund. Er studierte Philosophie an der Yale University und ich erinnere mich daran, wie er einmal sagte: „Ich werde nichts aufschreiben. Ich bin Autor – ich werde dafür bezahlt, zu schreiben." Seine Meinung half mir unglaublich. Mir wurde bewusst, dass ich kein Projekt machen wollte, das Hausaufgaben mit sich brachte.

SR: Du hast bei Suzanne Lacy studiert. Viele Jahre wurde deine Kunst als partizipatorisch im Sinne Lacys betrachtet. Was hältst du davon?

LM: Museen haben oft Schwierigkeiten damit, meine Arbeiten einzuordnen. Vor 20 Jahren wurden diese in Beziehung zur relationalen Ästhetik gesetzt. Manchmal wurde meine Kunst als Performance verstanden. Wie schon gesagt, können Wörter einem Kunstwerk niemals vollständig gerecht werden.

SR: Obgleich deine Arbeiten immateriell sind – *Sonic Blossom* ist im Grunde genommen ein Lied – sind sie in zahlreichen institutionellen Sammlungen vertreten.

Ich bin stark geprägt von Allan Kaprows Gedanken zu Kunst als Leben und Leben als Kunst. Zahlreiche partizipative Kunstwerke werden dafür kritisiert, die Menschen zu „instrumentalisieren“ und ihnen nahezulegen, wie sie sich dem Kunstwerk zu stellen haben. Wir gehen über diesen Kontext hinaus und betrachten deine Arbeiten hingegen unter dem Aspekt des Schenkens und vor allem des Gastgebens. Wie sieht deine Idealvorstellung einer Kunstinstitution aus, und wie können Institutionen lernen, bessere Gastgeberinnen zu werden?

LM: Ich denke immer, dass sich Institutionen dadurch verändern, dass sie meine Arbeiten bei sich aufnehmen. Ich nehme Veränderungen innerhalb der Teams wahr. Wenn andere über meine Arbeiten sprechen, verweisen sie oft auf das Gastgeben. Während ich in dieser Welt lebe, werde ich immer von verschiedenen Dingen beherbergt. Wenn ich die U-Bahn nehme, werde ich von den Mitarbeiter*innen der U-Bahn beherbergt; wenn ich bei mir zu Hause bin, werde ich von der*dem Architekt*in beherbergt; wenn ich in einem Restaurant esse, werde ich von der*dem Chefköch*in beherbergt. Ich bin auch ein Gastgeber der Zellen, die in meinem Körper leben. Demnach stehen Gastgeber*in und Gast in einem symbiotischen Verhältnis zueinander – es ist offen.

SR: Die Vorstellung, der zufolge Besucher*innen zu Gastgeber*innen von Institutionen werden, kommt einer ganz anderen Denkweise gleich. Während Institutionen statisch und festgefahren erscheinen können, wirkt dieses Konzept flexibel und offen für die Möglichkeiten des Wandels. Gastgeben ähnelt auch einer Osmose: einem Austausch, der in verschiedene Richtungen erfolgt, wie eine Form der Translation. Deine Arbeiten übersetzen tatsächlich oft persönliche Erfahrungen in ein Kunstwerk.

LM: Meiner Meinung nach ist die Transformation, die sich in *The Dining Project, The Sleeping Project*, 2000/2020, oder *The Letter Writing Project*, 1998/2020, vollzieht, die Übersetzung einer alltäglichen Aktivität in ein Ritual. Es handelt sich hierbei nicht um Rituale, die man in der Schule kennenlernt. Sie stammen von unseren Eltern und da wir diese verinnerlichen, werden sie zu persönlichen Ritualen. Ich interessiere mich für Transformationen – diese prägen meine Arbeiten noch maßgeblicher als Translationen, obgleich sie miteinander verbunden sind. Die Übersetzung eines Texts wie dem *Kopfkissenbuch* aus dem Jahr 1002 von Sei Shōnagon, den ich auf Mandarin gelesen habe obwohl das Original auf Japanisch ist, ermöglicht es mir, die Beziehungen zwischen der chinesischen und japanischen Kultur zur damaligen Zeit besser zu verstehen. Um es auf den Punkt zu bringen, Translationen ermöglichen Transformationen.

THE MENDING PROJECT

2009/2020

Tisch, Stühle, Faden, textile Objekte

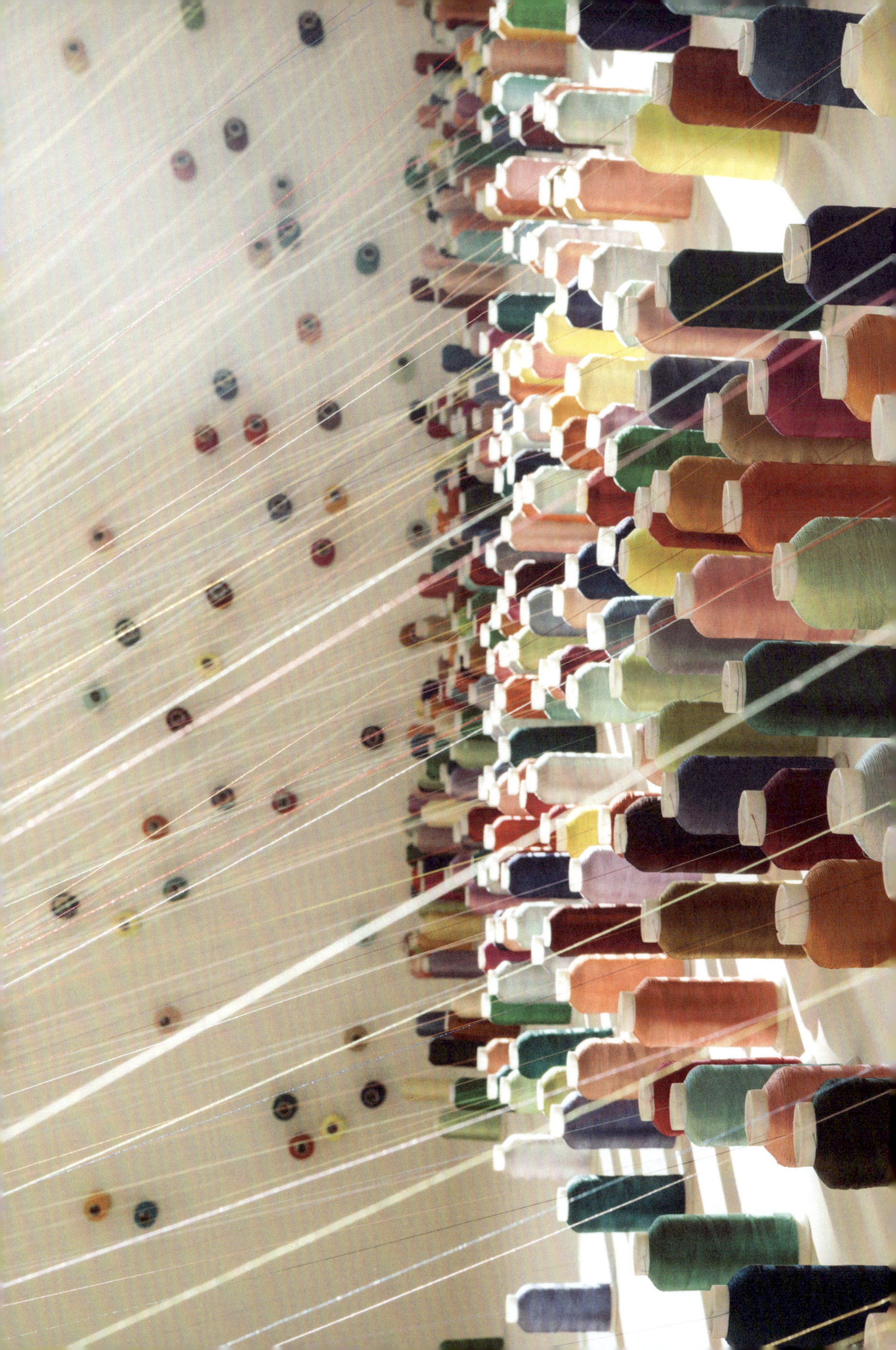

The Mending Project basiert auf einem Akt des Teilens zwischen Lee Mingwei oder einer*einem flickenden Gastgeber*in und einer*einem Besucher*in. Verkörpert wird dieser Akt des Teilens durch ein Kleidungsstück, das der Ausbesserung bedarf. Während die*der Gastgeber*in den Stoff mithilfe eines bunten Baumwollfadens flickt, unterhält sie*er sich mit dem Gast. Das ausgebesserte Kleidungsstück wird dann zusammen mit anderen geflickten Teilen auf den Tisch gelegt, wodurch eine kontinuierlich anwachsende Installation entsteht.

„Der Ursprung für *The Mending Projec*t war der 11. September 2001, der Moment, als die beiden Flugzeuge in das World Trade Center rasten. Ich brauchte neun Jahre, um die Kraft und den Mut für ein Projekt zu sammeln, das davon handelt, wie die Menschheit mit Anmut und Güte fortschreiten kann. Das Werk thematisiert das Schenken unter Unbekannten. Der visuelle Aspekt des Projekts mit den verbindenden Garnrollen wurde von einem Butoh-Tänzer inspiriert, der Fäden ins Publikum warf, um eine greifbare Verbindung herzustellen, aus der ein soziales Gewebe entstehen kann.

Ich habe eine Kindheitserinnerung an eine junge Frau, die auf ihrem Fahrrad, welches sie unter einer riesigen Pappel-Feige vor dem Tempel abstellte, in unser Dorf kam. Sie läutete die kleine Glocke und ließ alle Dorfbewohner*innen wissen, dass sie da sei, falls jemand etwas zu flicken hätte. Sie hatte auch eine Siamkatze in ihrem Nähkasten, die Naomi hieß. Ich liebte es, mit Naomi zu spielen, während sie Kleider ausbesserte und still den Geschichten der Dorfbewohner*innen lauschte. Im Laufe der verschiedenen Wiederholungen des Projektes hatte ich eine besondere Begegnung mit einem Schneider, der die Performance besuchte. Er beobachtete meine Interaktion mit den Besucher*innen einige Minuten lang und bevor er ging, sagte er ein einziges Wort: ‚Blödsinn'. Es gab auch eine Begegnung mit einer Gruppe Jugendlicher, die vor der Schule in die Ausstellung kamen – einer machte sogar seine Mathehausaufgaben zu Ende, während ich das Sweatshirt eines anderen flickte.

In Venedig kam eine junge Frau in einem dicken Wintermantel. Sie hatte verschiedenfarbige Augen – eines war schwarz wie Ebenholz, das andere himmelblau. Sie erzählte mir, dass sie im Amazonasgebiet geboren worden sei, ihre Eltern sie aber aufgrund ihrer Erscheinung für ein böses Omen hielten. Daher legten sie sie in einen kleinen Korb und ließen sie auf dem Fluss davon treiben. Ein junges deutsches Paar schwamm zufällig weiter flussabwärts und fing den Korb ab (wie bei Mose). Die beiden adoptierten sie und wurden ihre Eltern. Sie sagte, sie wünschte sich, ihre biologischen Eltern hätten den Mantel genäht. Bevor ich fertig war, schnappte sie sich den Mantel und rannte davon."

LEE MINGWEI

„Ich wirkte bei *The Mending Project* erstmals im Dezember 2014 mit, als ich mich in Tokio aufhielt. Lee lud mich dazu ein, einen Morgen lang zu flicken und fragte mich dann, das Ganze zu wiederholen und auch während der Venedig-Biennale im Sommer 2017 in diese Rolle zu schlüpfen. Ich verbrachte dort sechs Wochen und besserte die Kleidungsstücke von Hunderten von Besucher*innen aus der ganzen Welt aus. Mir wurde schnell bewusst, dass es bei dem Projekt nicht um das Reparieren an sich ging, sondern darum, eine andere Person kennenzulernen. Ich erinnere mich besonders gut an die Besucher*innen, die es regelrecht genossen, trotz Sprach- und Kulturgrenzen persönliche Informationen und Erfahrungen mit mir zu teilen. Einige Personen gaben mir kleine Geschenke aus ihrem Besitz – einen Schlüsselanhänger in Koalabären-Form aus Australien, einen handgefertigten Ring, ein gemeinsames Foto, eine Essenseinladung. Viele Personen blieben auch, um sich länger zu unterhalten, obgleich sie sich all die Kunst hätten ansehen können. Sie wurden *meine* Gastgeber*innen. Lee schafft ‚Situationen des Teilens', indem er Teilnehmende einlädt, sich auf andere einzulassen und ihnen etwas mitzuteilen. Auf diese Weise können die Personen neue Kontakte knüpfen und andere bereichern."

GREGG RICHARDSON

Gastgeber von *The Mending Project* im Mori Art Museum, Tokio, 2014 und auf der Venedig-Biennale, 2017.

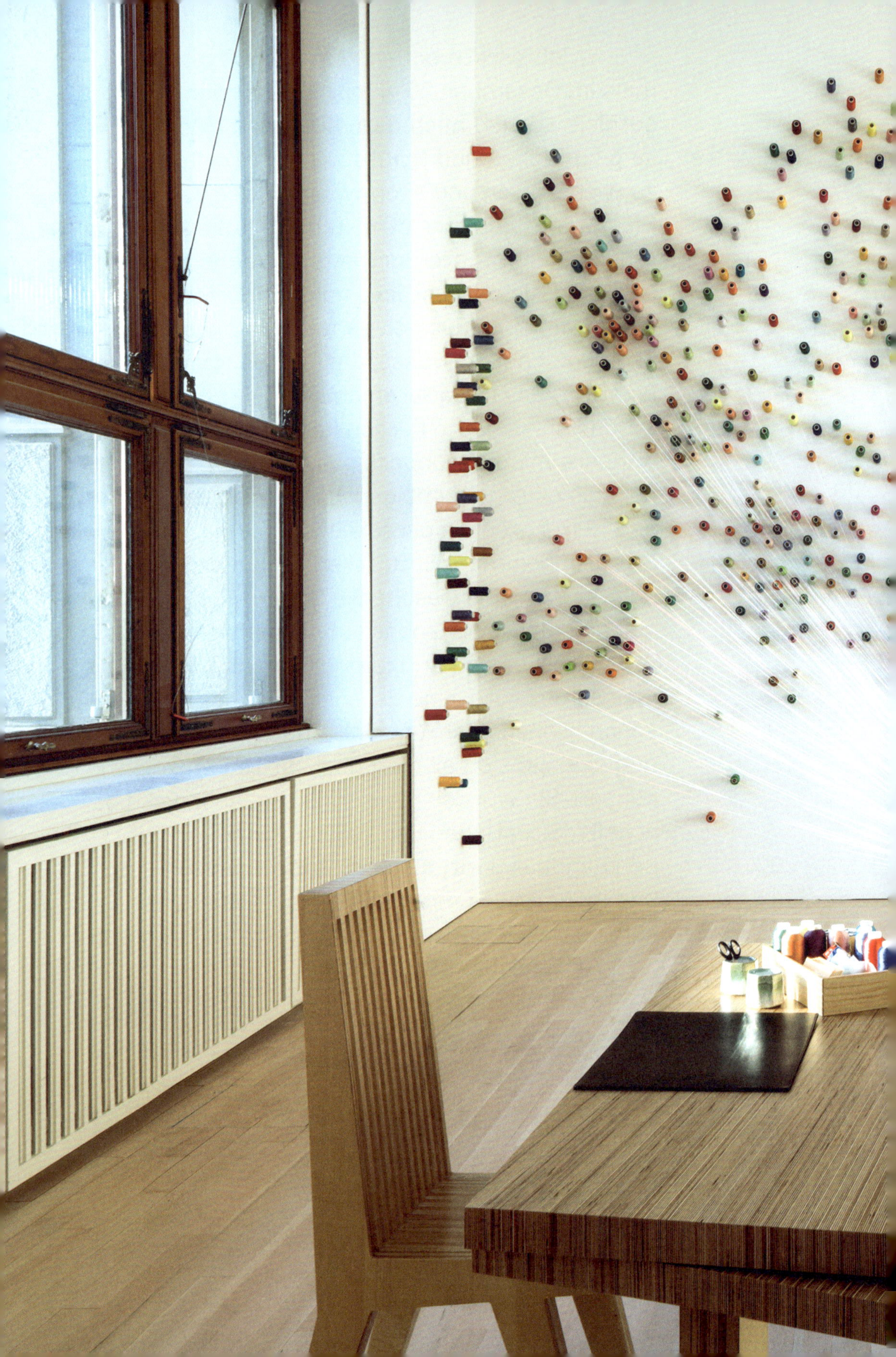

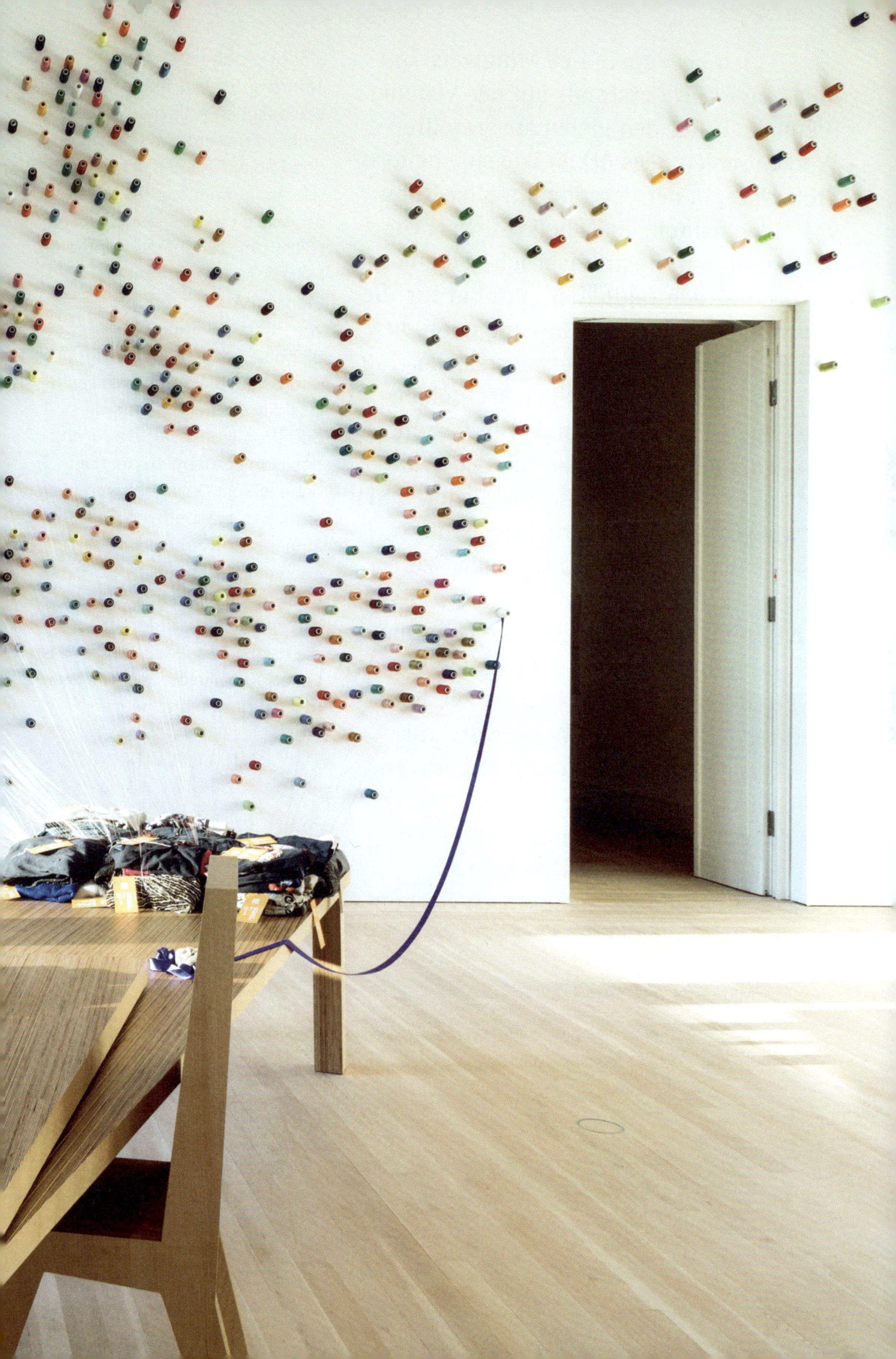

„Ich begegnete Lee Mingweis *The Mending Project* erstmals auf der Venedig-Biennale. Unter den vielen ausgestellten Werken schien Lees Arbeit wie eine heitere Stoff-Oase, in der Personen in aller Ruhe von Hand nähten. Im Isabella Stewart Gardner Museum in Boston war ich Teil eines Teams, das den täglichen Zeitplan für die Freiwilligen und die von uns aufgenommenen Besucher*innen organisierte. Jeder Tag war geprägt von einer stillen Freundlichkeit. Die Besucher*innen waren fasziniert von dem bunten Garn, das von den Wänden zu den Kleidungsstücken verlief, und sie waren davon beeindruckt, das Ausbessern als persönliches Geschenk zu erfahren. Als sie mit ihrer Kleidung am Tisch saßen, erinnerten sich viele an die Person in ihrem Leben, die früher für sie genäht oder geflickt hatte. Viele bemerkten, wie befriedigend es war, von Hand ausgebesserte Kleidung zu besitzen. Wir teilten Erfahrungen im Hinblick auf das Schenken und Empfangen – vom Akt des Ausbesserns bis hin zu den Geschichten und ausgetauschten Garnen. Es war die reinste Freude.“

MEEGAN WILLIAMS

Mitarbeiterin des Isabella Stewart Gardner Museum, Boston, die für die Zeitpläne für *The Mending Project* zuständig war.

„Ich habe *The Mending Project* bei vier unterschiedlichen Anlässen erlebt, wobei ich verfolgen konnte, wie das Projekt immer größer wurde. Ich beobachtete es dabei, wie es wuchs: Der Tisch füllte sich zunehmend und die Matrix aus Fäden wurde dichter. Als flickende Person war ich zwei Tage bei der Biennale von Venedig tätig und erlebte, wie unerwartet intensiv die Begegnung mit dem Publikum war. Dadurch, dass ich teilnehmen durfte, habe ich ein Geschenk von Lee empfangen. Indem ich Geschichten erzählte, gab ich auch ein Geschenk an das Publikum weiter. Insbesondere in Venedig gab es Momente, die durch Ruhepausen, persönlichen Austausch und Kontemplation gezeichnet waren.“

TIM GRUCHY

Erlebte *The Mending Project* 2009 bei Lombard-Freid Projects, im Jahr 2012 auf der 18. Biennale von Sydney, 2016 in der Auckland Art Gallery Toi o Tāmaki, wo etwas für ihn ausgebessert wurde, und 2017 auf der 57. Venedig-Biennale, wo er selbst flickte.

„Es war eine ausgesprochen magische Erfahrung, an *The Mending Project* teilzunehmen. Ich saß im schönsten Ausstellungsraum und die Menschen brachten mir Kleidungsstücke zum Flicken. Es fühlte sich an, als ob ich mit einer lang befreundeten Person zu Abend esse, ohne den ganzen Small Talk. Ich erfuhr auch viele Dinge über die anderen Personen und erlebte eindringliche Momente. Jedes Mal, wenn ich etwas flickte, fühlte ich mich wie eine Gastgeberin, und wenn jemand ein persönliches Detail über das Kleidungsstück oder ihr*sein Leben mit mir teilte, fühlte ich mich gleichzeitig wie ein Gast. Jede Flickarbeit war in vielerlei Hinsicht wie ein Geschenk: Es war ein Geschenk für mich, ein kleines Stück Kunst zu teilen, dass ich geschaffen hatte; ein Geschenk für das Kleidungsstück, das wieder getragen werden konnte; und ein Geschenk für die Person, die mir gegenübersaß. Ein anderes Geschenk waren die Freund*innen, die ich auf diese Weise fand. Viele Personen, die im Institute for Contemporary Art in Richmond, Virginia, geflickt haben, pflegen weiterhin einen engen Kontakt miteinander."

LISA HUTCHINSON

War 2018 Gastgeberin für *The Mending Project* im Institute for Contemporary Art in Richmond, Virginia.

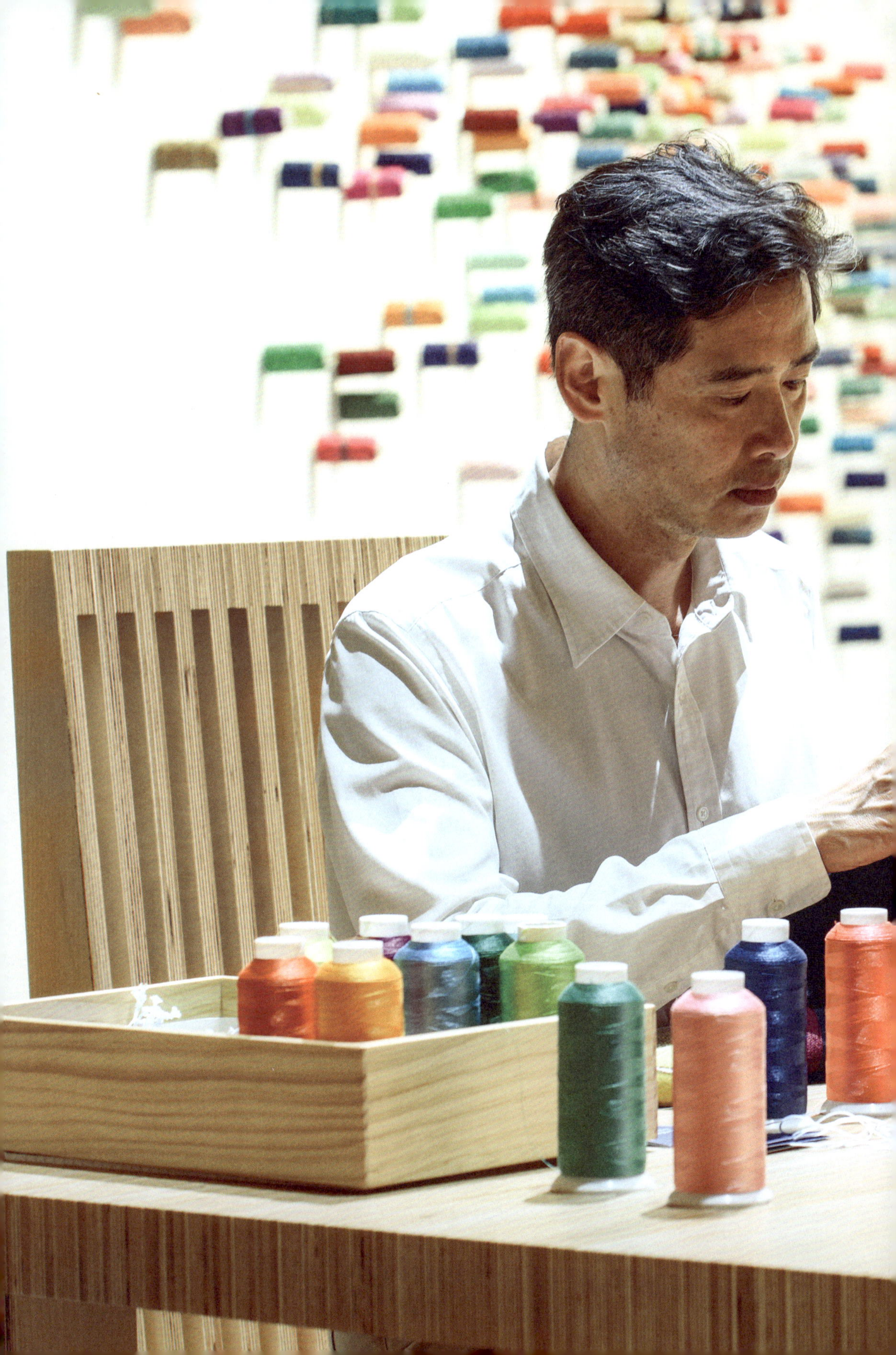

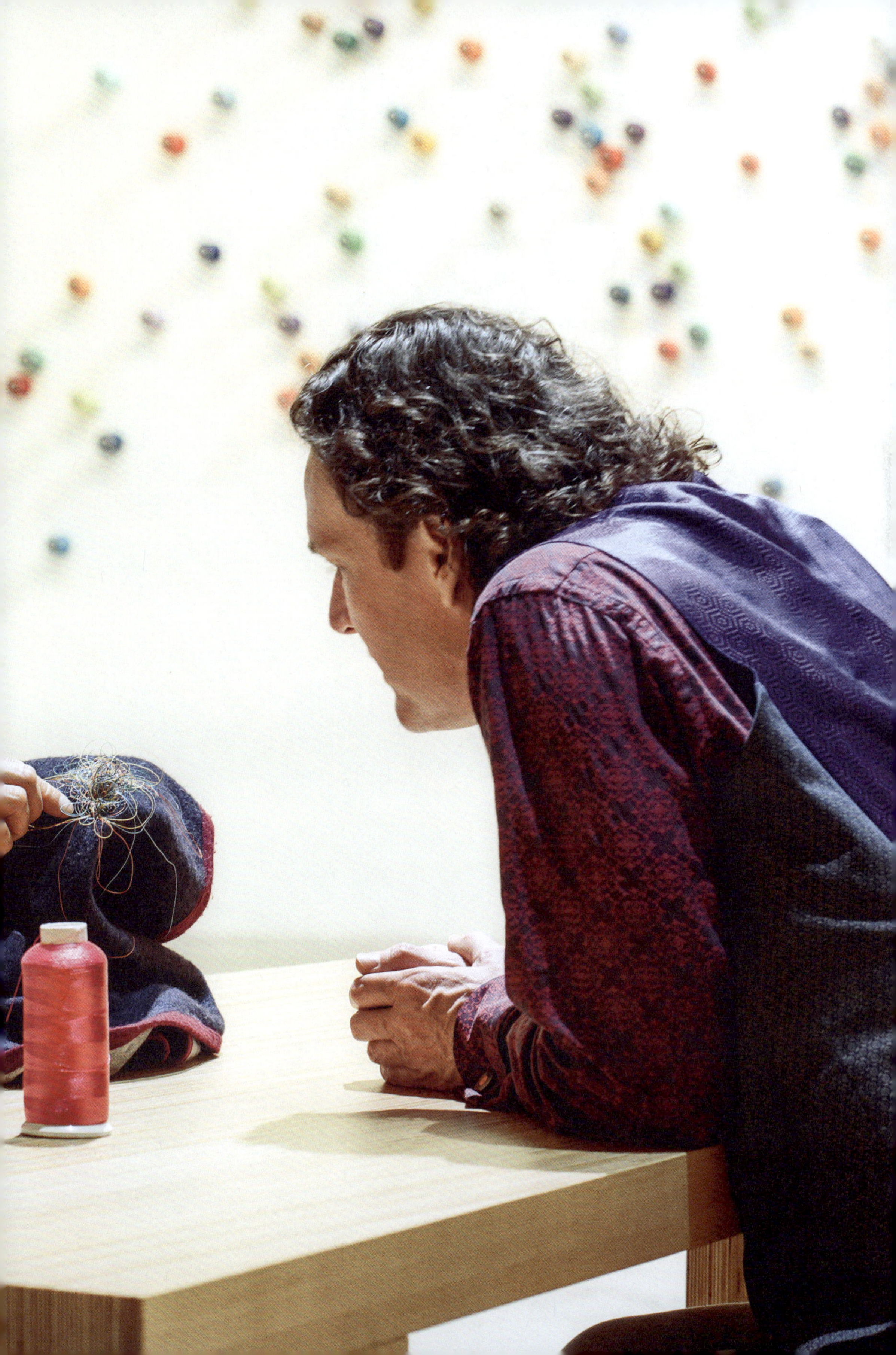

STONE JOURNEY

2010

Gletschersteine, Bronze, Holz
9 Paare aus einer Edition von 11
Jeweils 10 x 50 x 15 cm

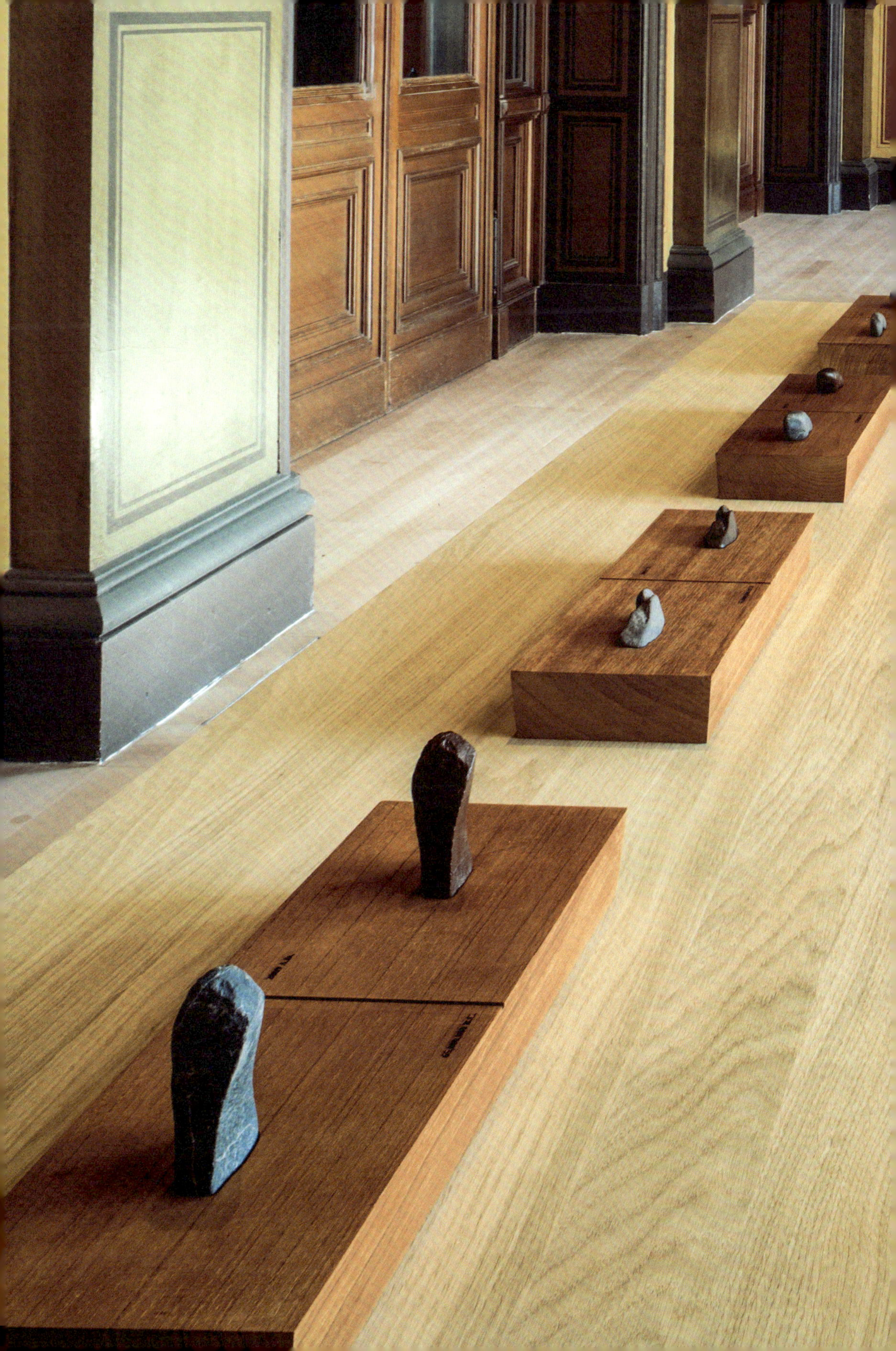

„Als ich auf Neuseelands Südinsel war, besuchte ich einen Gletscherpark und war überwältigt von der Schönheit und Reinheit der Landschaft. Insbesondere beeindruckten mich die wundervollen Steine, die im Laufe des letzten Jahrtausends vom Gletscherfluss abgeschliffen worden waren. Ich fing an, wahllos einige Steine zu sammeln, die nahe beieinanderlagen. Ich war mir durchaus bewusst, dass ich durch diese kleine Geste, also das Aufsammeln der Steine aus dem Flussbett, den Inhalt des Flusses für immer verändern würde, genauso wie das Leben dieser Steine und mein eigenes. Interessanterweise pflegt auch die chinesische Tradition der sogenannten Gelehrtensteine eine ähnliche Wertschätzung für Steine, die auf natürliche Weise durch Erosion geformt wurden. Auch diese werden häufig ausgestellt und verkörpern den Veränderungsprozess einer dynamischen Natur.

Da ich mich in einer solchen urzeitlich anmutenden Landschaft befand, flüchtete sich meine Phantasie in grenzenlose Raum- und Zeitverhältnisse. Ich beschloss, die gesammelten Steine mitzubringen und einen Bronzeabguss von jedem zu machen, um Zwillinge zu erhalten. Das Projekt sollte die Idee des Besitzes in den Fokus rücken und Fragen aufwerfen wie: Wann und wie besitzen wir eine Erinnerung, ein Objekt oder eine Erfahrung? Ich habe jede*n Sammler*in gebeten, zu entscheiden, wann und wo sie*er welchen der beiden Steine – den natürlichen oder den Bronzeabguss – weggeben möchte.

Einen der Sammler traf ich neulich und er fragte: ‚Wenn ich mich entschließe, die Aufgabe auszuführen, könnte ich das Werk verkaufen und falls ja, zu welchem Preis? Wäre der Preis für das Objekt höher als beim Kauf, niedriger oder wäre es sogar unbezahlbar?‘ ‚Gute Frage‘, gab ich zurück und fuhr fort: ‚Das ist genauso, wie wenn man eine Flasche sehr seltenen Champagner hat, die von einer berühmten Persönlichkeit zu ihrem 80. Geburtstag geöffnet und konsumiert wurde. Könnte die leere Flasche verkauft werden und wenn ja, zu welchem Preis? Und könnte sie zum gleichen Preis verkauft werden, wenn die Persönlichkeit nicht berühmt wäre?‘ ‚Es kommt also immer darauf an,‘ meinte er und hatte, als er ging, mehr Fragen als zuvor.

Bislang hat keine*r der Sammler*innen ihre*seine ‚Hausaufgaben‘ erledigt.“

LEE MINGWEI

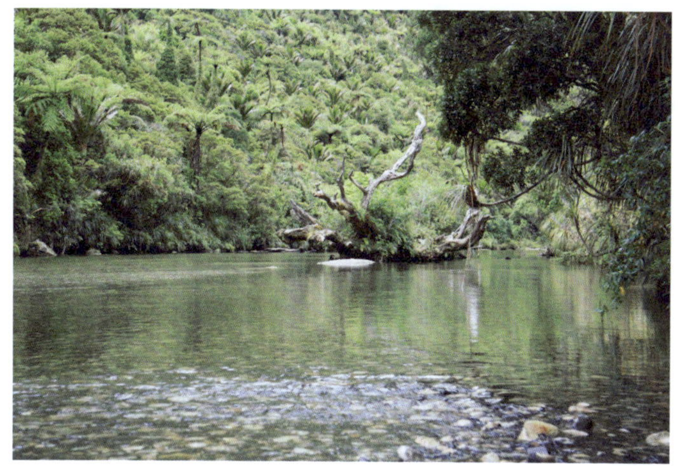

Lee Mingwei sammelte die Steine für *Stone Journey* in der üppigen Landschaft von Te Waipounamu, der Südinsel von Neuseeland, wo er das Pororari-Flusstal durchquerte, das durch Gletscherbewegungen vor 70 Millionen Jahren geformt wurde.

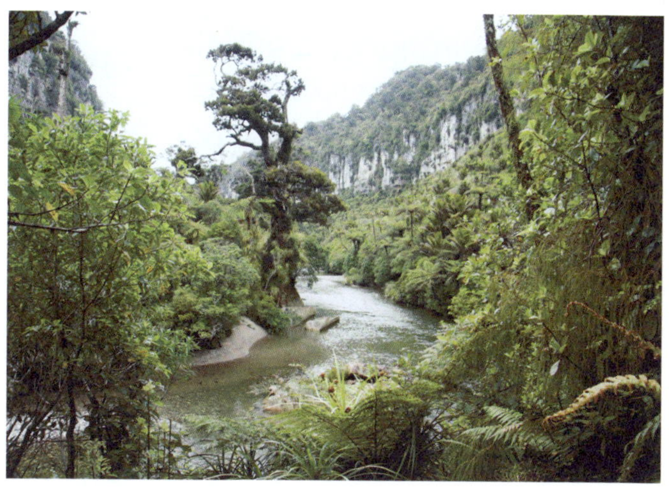

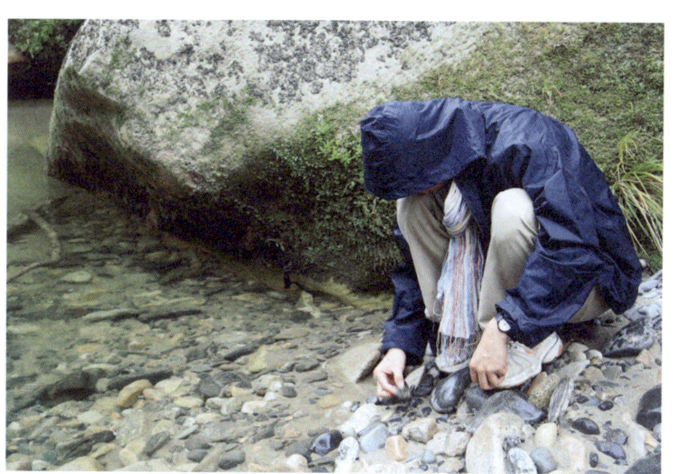

Lee Mingwei wählte elf Steine als Erinnerungsstücke aus, die er später in Bronze goss. Die Sammler*innen, die ein Steinpaar erwerben, müssen ein Exemplar aussortieren, das Original oder seine Kopie. Die Arbeit gleicht einer Partitur, die auf ihre Aufführung wartet.

„Wir verstehen die Idee hinter *Stone Journey*. Es kann aber ein schwieriges Unterfangen sein, einen der Steine auszusortieren. Anstatt uns der Qual der Wahl zu stellen, haben wir die Entscheidung gemeinsam aufgeschoben. Wir möchten uns auf die Arbeit einlassen und genug Zeit haben, um zu entscheiden, welchen Stein wir aussortieren. Die Arbeit soll an Ausdruckskraft gewinnen, wenn ein Teil fehlt, zugleich scheint dann aber die Reise zu Ende zu gehen, und wir möchten mit dieser verbunden bleiben. Der Stein ist ein Geschenk der Natur, das uns fortlaufend daran erinnert, das zu respektieren, was wir als gegeben hinnehmen."

SOPHIA & LEON TAN

Sammler*in von *Stone Journey*.

„Als Sammler von *Stone Journey* war ich der Erste, der einen Stein ‚auswählen' sollte. Damals ähnelten diese Steine meiner Ansicht nach den Steinen, die in den Studien der chinesischen Gelehrten erschienen, wie die *Lingbishi*-Steine. Ich habe noch nicht entschieden, was ich mit *Stone Journey* machen werde, aber ich glaube, dass Lees Arbeiten und Erkundungen einen engen Bezug zum traditionellen chinesischen Konfuzianismus haben – den sechs Künsten, welche die Grundlage der alten chinesischen Kultur bilden und von ehrhaften Menschen praktiziert wurden. Es handelt sich um *li* (Riten), *yue* (Musik), *she* (Bogenschießen), *yu* (Wagenlenken), *shu* (Kalligrafie) und *shù* (Mathematik). Lee hat eine alte Seele, die im 21. Jahrhundert von unschätzbarem Wert ist. Der Konfuzianismus entwickelte sich aus den Lehren des Konfuzius, der während der stürmischen Frühlings- und Herbstzeit aufwuchs, aber eine transzendente Philosophie begründete. Durch Lees Arbeiten betreten die Besucher*innen die *li*-Ära, die zweifellos ein ‚uraltes Geschenk' ist, das uns Lee heute darbietet."

RUDY TSENG

Sammler von *Stone Journey*.

„Es ist keine einfache Entscheidung, einen Teil des Steinpaars von *Stone Journey* wegzuwerfen. Einerseits erscheint die Arbeit dadurch unvollständig, andererseits muss man dies tun, um die Installation zu vervollständigen. Die*der Sammler*in trägt einen inneren Kampf aus. Soll man einen Teil wegwerfen? Welchen soll man wegwerfen? Was passiert danach? Ich dachte: ‚Vielleicht verstecke ich meinen Stein einfach.' Ehrlich gesagt muss ich mich noch entscheiden und einen guten Ort dafür finden, vielleicht an dem Ort, der am weitesten von Neuseelands unterer Nordinsel entfernt ist, in Spanien."

LEO SHIH

Sammler von *Stone Journey*.

„Das Kunstwerk kommt meiner philosophischen Überzeugung entgegen: Um etwas wirklich zu lieben, muss man eine Spannung zwischen zwei Dingen fühlen. In *Stone Journey* sortiert der*die Sammler*in einen Stein aus, was wiederum Bedeutung erzeugt und beeindruckend ist, da es etwas Neues und Wohlüberlegtes ist.
Ich wollte ein Teil davon sein. Ich habe noch keinen von den beiden Steinen aussortiert. Ich frage mich manchmal, ob ich es ganz durchziehen soll. Eines der schönsten Themen in Lees Werk ist das Schenken. Ich bewundere seinen Rückgriff auf das Schenken als ein Medium, das dazu beiträgt, Beziehungen und Vertrauen zu ergründen. Während Kunst normalerweise einen materiellen und intellektuellen Austausch zwischen Menschen ermöglicht, regt Lee auch einen emotionalen Austausch zwischen den Menschen an. Daher denke ich, dass er uns etwas Glaubwürdigeres und Realeres bietet. Ich mochte *Stone Journey,* da die Arbeit ein Geschenk für meine Familie und mich war: Sie half uns, Kunst auf eine vollkommen neue und frische Art und Weise zu sehen."

CESAR REYES

Sammler von *Stone Journey*.

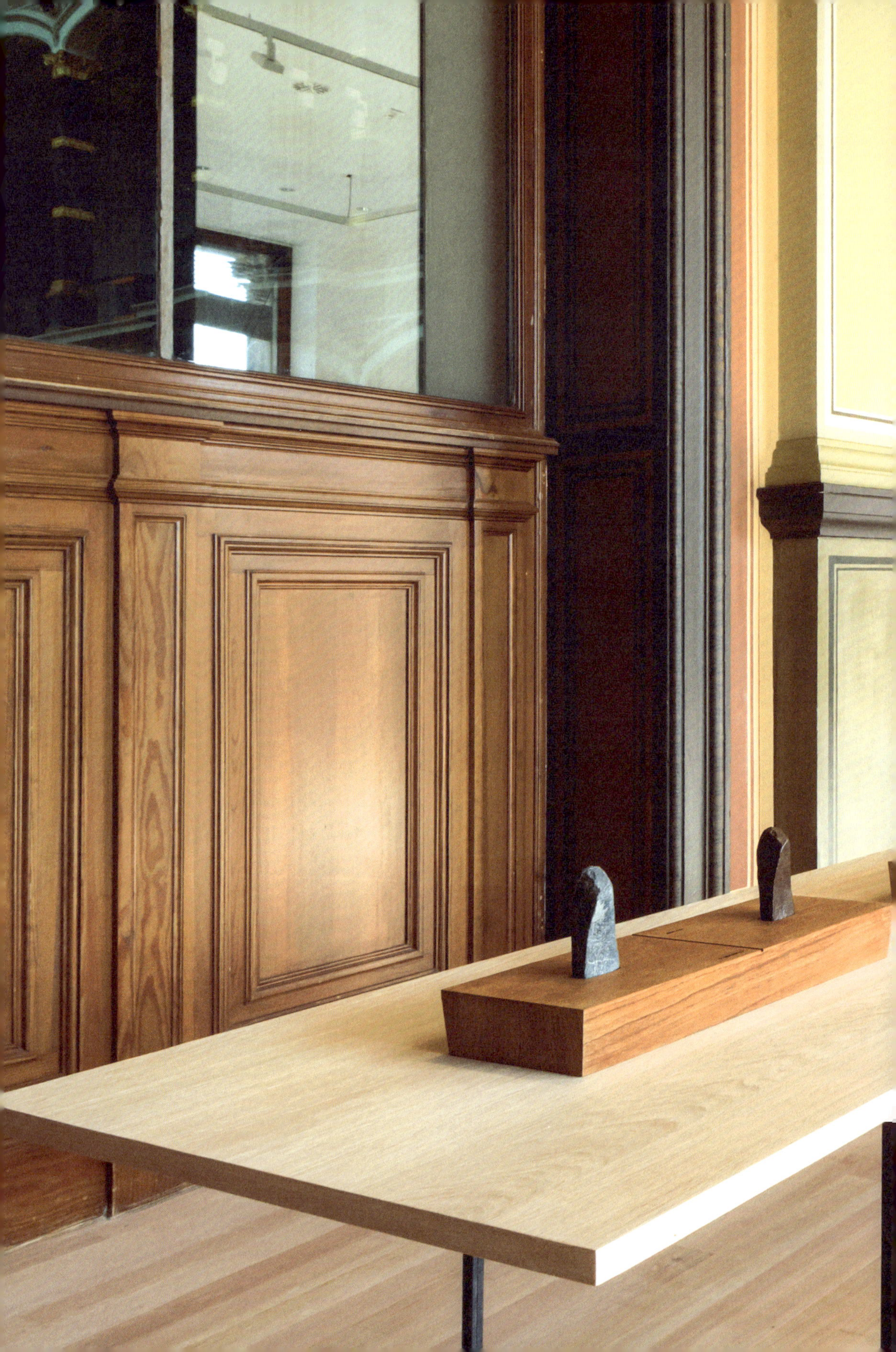

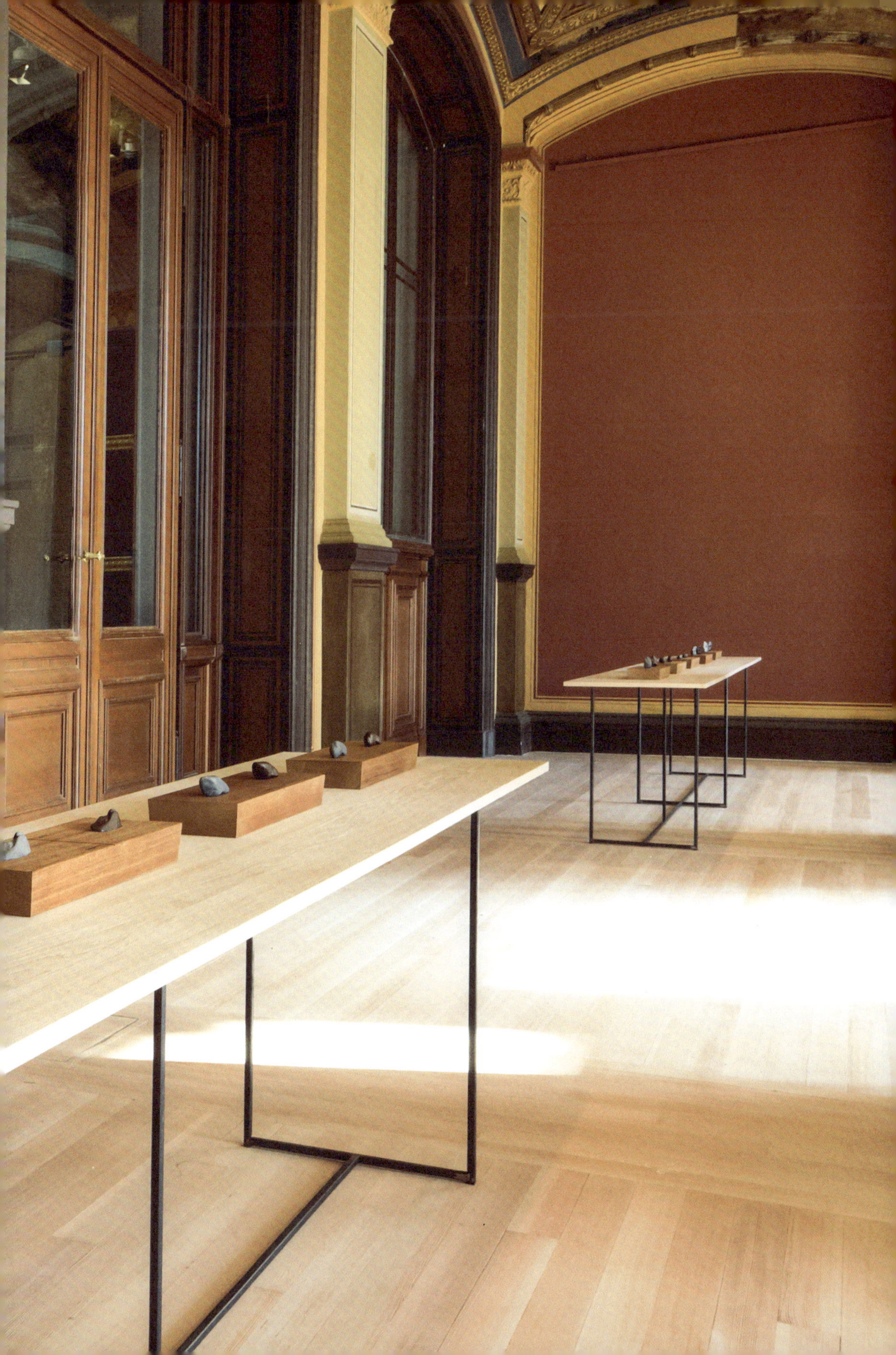

READER

Bisherige Lesarten von Lee Mingweis künstlerischer Praxis betrachteten diese vorrangig aus der Perspektive der partizipativen Kunst. Die Ausstellung im Gropius Bau verortet den Ausgangspunkt von Lees Werk jedoch vielmehr in Traditionen des Schenkens und Ritualen des Empfangens. *Lee Mingwei: 禮 Li, Geschenke und Rituale* stellt heraus, inwiefern die Kombination von ästhetischen und philosophischen Konzepten der Gabe, die tief in östlichen und westlichen Traditionen verankert sind, sein Werk stark beeinflussen. Diese Publikation versammelt daher eine Auswahl an reproduzierten Texten, die nicht nur Einflüsse, Gedanken und Themen des Künstlers reflektieren, sondern auch Überlegungen und Diskurse aufgreifen, die den kuratorischen Prozess beeinflusst haben. Anliegen der Textauswahl ist es auch, die unterschiedlichen Stimmungen, die in den Werken Lee Mingweis mitschwingen, zum Ausdruck zu bringen. Sowohl geografisch als auch zeitlich umfassen diese Texte eine weite Spannbreite: von den Gedichten von Paul Celan, einem der bedeutendsten deutschsprachigen Dichter*innen der Nachkriegszeit, über das Buch *Übergangsriten*, 1909, in dem der französische Anthropologe Arnold van Gennep die Veränderung von Individuen durch Rituale des Übergangs untersucht, bis hin zu Guy Keulemans' Analyse der geo-kulturellen Bedingungen von *kintsugi*, der kunstvollen japanischen Tradition der Keramik-Reparatur mit flüssigem Gold. Auch Sei Shōnagons *Kopfkissenbuch* aus dem Jahr 1002 findet sich hier wieder. Es besteht aus Berichten einer Hofdame, die diese in der Heian-Periode für die japanische Kaiserin Teishi verfasste, und Lee Mingwei als Quelle der Inspiration dienten. Gemeinsam bilden diese Texte die theoretische Grundlage für eine mögliche Lesart von Lee Mingweis Kunst oder für eine tiefergehende Beschäftigung mit den Konzepten, die seine Praxis beeinflussen.

KOPFKISSENBUCH

SEI SHŌNAGON, 1002

Kopfkissenbuch (Zürich: Manesse Verlag, 2019), S. 81-84.

Kein anderer Monat kann es mit dem 5. Monat und seinem Schwertlilienfest aufnehmen. Es duften zugleich Iris und Beifuß, und das ist wunderschön. Jedermann wetteifert darin, sein Heim so prächtig wie nur möglich mit Iris zu schmücken, einerlei ob es sich um den kaiserlichen Palast oder die Wohnhäuser unbedeutender, einfacher Leute handelt, und es sieht herrlich aus, wenn alle Häuser schön geziert sind. Wann sonst kommt es denn vor, dass man so etwas tut?

Der Himmel ist zu dieser Zeit bewölkt; nun werden vom Hofschneideramt Boten mit Glücksbringern, an denen mancherlei farbenfrohe Bänder baumeln, zum Palast der Kaiserin gesandt, und diese befestigen wir im Gemach der Kaiserin an den Pfeilern rechts und links der Vorhangständer. An denselben Pfeilern hingen noch die Chrysanthemen, die man uns am 9. Tag des 9. Monats gebracht hatte, verpackt in einfache Stoffstücke aus Rohseide. Sie sind nun schon etliche Monate alt, und es ist Brauch, dass sie jetzt durch die Amulette bis zum nächsten Chrysanthemenfest dort hängen bleiben, aber jeder, der gerade ein Brokatband braucht, um irgendwas zuzubinden, zupft sich eins heraus, sodass die Amulette nach einiger Zeit spurlos verschwinden.

Die jungen Zofen, die die Festspeisen auftragen, haben Blumenschmuck aus Schwertlilien in der Schärpe und als Haarkranz und zieren ihre Hoftracht mit frisch gebrochenen Blütenzweigen, wie auch die Kinder ihre Gewänder damit aufputzen. Ich muss nicht eigens betonen, wie elegant es aussieht, die langen Stiele der Iris abwechselnd mit hellen und dunklen farbigen Bändern festzubinden. Schließlich gibt es auch niemanden, der sich nicht von den Kirschen begeistern ließe, die doch alle Jahre wieder im Frühling blühen.

Die kleinen Mädchen, die im Palastgarten umherlaufen, sind sich bewusst, dass sie standesgemäß aufs Sorgfältigste herausgeputzt sind, geben gut acht auf Schmuck und Gewandung, vergleichen ihre Ausstattung mit der anderer Kinder und freuen sich, dass sie so prächtig ausstaffiert sind, aber dann kommen Jungen aus der Dienerschaft des Hofadels und reißen ihnen aus Übermut den Blütenschmuck herunter. Da kullern die Tränen: Wie rührend!

Am besten gefällt es mir, wenn die Blüten des Einsiedlerbaums mit violettem und die Blätter der Schwertlilien mit blaugrünem Papier zu schmalen Sträußen gebunden und ihre Stiele mit weißen Papierstreifen umwunden werden.

Ich finde es hochelegant, wenn ich einen Brief sehe, durch dessen Knoten eine langstielige Iris gesteckt ist! Und dann mag ich es, wenn die Damen ihre Köpfe zusammenstecken und sich beraten, um eine Antwort zu verfassen, oder einander die Briefe zeigen, die sie erhalten haben. Herren, die an Damen von Stand oder Töchter sehr hochgestellter Adliger Liebesbriefe senden, geben sich an diesem Tag besondere Mühe, ihre Gefühle kokett auszudrücken.

Wenn dann noch am Abend aus der Ferne der Ruf der Nachtigall herübertönt, ist es die Krönung dieses Festtags.

ÜBERGANGSRITEN (LES RITES DE PASSAGE)

ARNOLD VAN GENNEP, 1909

In jeder Gesellschaft besteht das Leben eines Individuums darin, nacheinander von einer Altersstufe zur nächsten und von einer Tätigkeit zur anderen überzuwechseln. Wo immer zwischen Alters- und Tätigkeitsgruppen unterschieden wird, ist der Übergang von einer Gruppe zur anderen von speziellen Handlungen begleitet, wie sie etwa der Lehre bei unseren Handwerksberufen entsprechen. Bei den halbzivilisierten Völkern sind solche Handlungen in Zeremonien eingebettet, da in der Vorstellung des Halbzivilisierten keine einzige Handlung frei von Sakralem ist. Jede Veränderung im Leben eines Individuums erfordert teils profane, teils sakrale Aktionen und Reaktionen, die reglementiert und überwacht werden müssen, damit die Gesellschaft als Ganzes weder in Konflikt gerät, noch Schaden nimmt. Es ist das Leben selbst, das die Übergänge von einer Gruppe zur anderen und von einer sozialen Situation zur anderen notwendig macht. Das Leben eines Menschen besteht somit in einer Folge von Etappen, deren End- und Anfangsphasen einander ähnlich sind: Geburt, soziale Pubertät, Elternschaft, Aufstieg in eine höhere Klasse, Tätigkeitsspezialisierung. Zu jedem dieser Ereignisse gehören Zeremonien, deren Ziel identisch ist: das Individuum aus einer genau definierten Situation in eine andere, ebenso genau definierte hinüberzuführen. Da das Ziel das gleiche ist, müssen auch die Mittel, es zu erreichen, zwangsläufig wenn nicht in den Einzelheiten identisch, so doch zumindest analog sein. Jedenfalls hat sich das Individuum verändert, wenn es mehrere Etappen hinter sich gebracht und mehrere Grenzen überschritten hat. [...] Ich habe mich bemüht, hier alle zeremoniellen Sequenzen zusammenzustellen, die den Übergang von einem Zustand in einen anderen oder von einer kosmischen bzw. sozialen Welt in eine andere begleiten. Aufgrund der Wichtigkeit solcher Übergänge halte ich es für gerechtfertigt, eine besondere Kategorie der *Übergangsriten* („rites de passage") zu unterscheiden, die sich bei genauer Analyse in *Trennungsriten* („rites de séparation"), *Schwellen- bzw. Umwandlungsriten* („rites de marge") und *Angliederungsriten* („rites d'agrégation") gliedern. Übergangsriten erfolgen also, theoretisch zumindest, in drei Schritten: Trennungsriten kennzeichnen die Ablösungsphase, Schwellen- bzw. Umwandlungsriten die Zwischenphase (die Schwellen bzw. Umwandlungsphase) und Angliederungsriten die Integrationsphase. Diese drei Phasen sind jedoch nicht in allen Kulturen oder in allen Zeremonialkomplexen gleich stark ausgebildet.

TODESFUGE

PAUL CELAN, 1948

Schwarze Milch der Frühe wir trinken sie abends / wir trinken sie mittags und morgens wir trinken sie nachts / wir trinken und trinken / wir schaufeln ein Grab in den Lüften da liegt man nicht eng / Ein Mann wohnt im Haus der spielt mit den Schlangen der schreibt / der schreibt wenn es dunkelt nach Deutschland dein goldenes Haar Margarete / er schreibt es und tritt vor das Haus und es blitzen die Sterne er pfeift seine Rüden herbei / er pfeift seine Juden hervor lässt schaufeln ein Grab in der Erde / er befiehlt uns spielt auf nun zum Tanz

Schwarze Milch der Frühe wir trinken dich nachts / wir trinken dich morgens und mittags wir trinken dich abends / wir trinken und trinken / Ein Mann wohnt im Haus der spielt mit den Schlangen der schreibt / der schreibt wenn es dunkelt nach Deutschland dein goldenes Haar Margarete / Dein aschenes Haar Sulamith wir schaufeln ein Grab in den Lüften da liegt man nicht eng

Er ruft stecht tiefer ins Erdreich ihr einen ihr andern singet und spielt / er greift nach dem Eisen im Gurt er schwingts seine Augen sind blau / stecht tiefer die Spaten ihr einen ihr andern spielt weiter zum Tanz auf

Schwarze Milch der Frühe wir trinken dich nachts / wir trinken dich mittags und morgens wir trinken dich abends / wir trinken und trinken / ein Mann wohnt im Haus dein goldenes Haar Margarete / dein aschenes Haar Sulamith er spielt mit den Schlangen

Er ruft spielt süßer den Tod der Tod ist ein Meister aus Deutschland / er ruft streicht dunkler die Geigen dann steigt ihr als Rauch in die Luft / dann habt ihr ein Grab in den Wolken da liegt man nicht eng

Schwarze Milch der Frühe wir trinken dich nachts / wir trinken dich mittags der Tod ist ein Meister aus Deutschland / wir trinken dich abends und morgens wir trinken und trinken / der Tod ist ein Meister aus Deutschland sein Auge ist blau / er trifft dich mit bleierner Kugel er trifft dich genau / ein Mann wohnt im Haus dein goldenes Haar Margarete / er hetzt seine Rüden auf uns er schenkt uns ein Grab in der Luft / er spielt mit den Schlangen und träumet der Tod ist ein Meister aus Deutschland

dein goldenes Haar Margarete / dein aschenes Haar Sulamith

ZÄHLE DIE MANDELN

PAUL CELAN, 1952

Zähle die Mandeln,
zähle, was bitter war und dich wachhielt,
zähl mich dazu:

Ich suchte dein Aug, als du's aufschlugst
und niemand dich ansah,
ich spann jenen heimlichen Faden,
an dem der Tau, den du dachtest,
hinunterglitt zu den Krügen,
die ein Spruch, der zu niemandes Herz fand, behütet.

Dort erst tratest du ganz in den Namen, der dein ist,
schrittest du sicheren Fußes zu dir,
schwangen die Hämmer frei im Glockenstuhl
deines Schweigens,
stieß das Erlauschte zu dir,
legte das Tote den Arm auch um dich,
und ihr ginget selbdritt durch den Abend.

Mache mich bitter.
Zähle mich zu den Mandeln.

DAS ECHTE EXPERIMENT

ALLAN KAPROW, 1983

Allan Kaprow: „The Real Experiment" (1983) in *Essays on the Blurring of Art and Life*, herausgegeben von Jeff Kelley (Berkeley: University of California Press, 2003), S. 201-204.

Guide: "There are no pictures here."
"I see", said the blind man.[1]

Die westliche Kunst kennt zwei Geschichten der Avantgarde: die der kunstnahen Kunst und die der lebensnahen Kunst. Die beiden wurden in einen Topf geworfen und als Teil einer Reihe von Strömungen betrachtet, die sich leidenschaftlich der Erneuerung verschrieben, doch sie repräsentieren zwei grundlegend verschiedene Weltanschauungen.

Der vermeintliche Konflikt zwischen Kunst und Leben ist in der westlichen Kunst spätestens seit dem alten Rom ein Thema und wurde – wenn überhaupt – in der Dialektik des kunstnahen Kunstwerks aufgelöst, wie zum Beispiel in der Aussage Robert Rauschenbergs: „Malen hat mit Kunst und Leben zu tun. Keines von beiden kann hergestellt werden. (Ich versuche, im Zwischenraum zwischen beiden zu agieren.)"

Vereinfacht ausgedrückt vertritt kunstnahe Kunst die Ansicht, Kunst sei getrennt vom Leben und allem anderen, während lebensnahe Kunst die Ansicht vertritt, Kunst sei mit dem Leben und allem anderen verbunden. Mit anderen Worten: Es gibt Kunst im Dienst der Kunst und Kunst im Dienst des Lebens. Wer kunstnahe Kunst macht, ist meist Spezialist*in; wer lebensnahe Kunst macht, Generalist*in.

Die üblichen Fragen nach Inhalt und Stil werden relevant, sobald wir bestimmte kulturelle Gegebenheiten akzeptieren, wie die spezialisierten Vorstellungen von „Kunst", die Unterkategorien „Dichtung" und „Musik" und die Idee der „Ausstellung", des „Publikums", der „Kreativität" und des „ästhetischem Werts". Normalerweise werden sie stillschweigend als gegeben angenommen. Doch die Kultur des Westens scheint sich so einschneidend zu verändern, dass diese Selbstverständlichkeiten allenfalls als unsicher zu bezeichnen sind. Was, wenn sie keine „Selbstverständlichkeiten" wären? Was, wenn ich nur eine vage Vorstellung von „Kunst" hätte, aber die Konventionen nicht kennen würde, die mich darauf aufmerksam machen, wenn ich ihr begegne oder sie schaffe? Was, wenn ich ein Loch graben würde – wäre das Kunst? Was, wenn ich keine Ahnung hätte von Publikum und Werbung? Was, wenn ich einkaufen ginge? Wäre das dann keine Kunst? Was, wenn ich nicht begreifen würde, dass Kunst zu bestimmten Zeiten und an bestimmten Orten geschieht?

Was, wenn ich morgens um vier Uhr im Bett läge und mir Dinge vorstellte? Wäre das der falsche Ort und die falsche Zeit für Kunst? Was, wenn ich auf die Idee käme, Kunst bedeute, aufmerksam zu sein? Was, wenn ich vergessen würde, ständig über Kunst nachzudenken? Könnte ich dann immer noch Kunst machen, schaffen, mich damit beschäftigen? Würde ich etwas anderes tun? Wäre das in Ordnung?

Von den beiden, der kunstnahen Kunst und der lebensnahen Kunst, zieht die kunstnahe Avantgarde-Kunst die meiste Aufmerksamkeit der Künstler*innen und des Publikums auf sich. Man betrachtet sie meist als ernsthaft und als Teil der tradierten westlichen Kunstgeschichte, in der der Geist vom Körper getrennt ist, das Individuum getrennt von den Menschen, die Zivilisation getrennt von der Natur und jede Kunst getrennt von der anderen. Trotz gelegentlicher soziokultureller und spiritueller Interpretationen dieser Kunst tendieren die in dieser Tradition stehenden Künstler*innen schon immer dazu, ihre Arbeit als Teil eines professionellen Dialogs anzusehen, bei dem jede künstlerische Geste auf eine vorausgegangene antwortet, und so weiter.

Kunstnahe Avantgarde-Kunst wird langsam, aber kontinuierlich von den Institutionen der Hochkultur unterstützt, von Galerien, Museen, Konzertsälen, Theatern, Schulen, Behörden und Fachzeitschriften. Diese Institutionen haben dieselbe trennende Sichtweise auf Kunst und Leben: dass Kunst die Probleme des Lebens besiegen kann, solange sie weit genug vom Leben entfernt ist, um nicht mit dem Leben verwechselt zu werden und in dessen Sumpf zu versinken. Diese Institutionen brauchen Menschen, die kunstnahe Kunst schaffen.

Kunstnahe Avantgarde-Kunst glaubt grundsätzlich an die Kontinuität der traditionell getrennten Genres der bildenden Kunst, Musik, Tanz, Literatur, Theater und so weiter (zumindest eliminiert sie diese nicht). Bei den Kombinationen dieser Genres, die im Tanz, im Film und insbesondere in der Oper alltäglich sind, handelt es sich um hierarchische Arrangements, bei denen immer eines der Genres (Tanz zum Beispiel, oder Musik) über den anderen steht. Zwar sind alle Genres miteinander verbunden, sie setzen sich aber doch erkennbar voneinander ab. Sowohl allein als auch in satellitenartigen Konstellationen benötigen und bekommen sie die Unterstützung von Galerien, Museen, Konzertsälen, Theatern, Schulen, Behörden und Fachzeitschriften. Sie gehen Hand in Hand.

Es gibt keinen wesentlichen Unterschied zwischen einem Gemälde von Jean-Baptiste-Siméon Chardin, das in einem Museum hängt, und einem Bild von Frank Stella, das in einem Museum hängt. Und ebenso gibt es keinen wesentlichen Unterschied zwischen Mozarts Musik in einem Konzertsaal und Karlheinz Stockhausens Musik in einem Konzertsaal. Museum und Konzertsaal verankern die Werke auf dieselbe Weise in der neueren westlichen

1 Aufsichtsperson: „Hier gibt es keine Bilder." „Ich sehe / Achso," sagte der Blinde.
Bei diesem englischsprachigen Zitat handelt es sich um ein Wortspiel: „I see" bedeutet sowohl „Ich sehe" als auch „Achso". [Anm. der Übers.]

Kulturgeschichte. Jedes Mal, wenn wir ein Museum oder einen Konzertsaal betreten, stellen wir augenblicklich Bezüge zu dieser Geschichte her, und wenn wir diese Kulturgeschichte nicht gut kennen, wird die Bedeutung der Kunst an uns vorbeigehen. Nennen wir die Museen, Konzertsäle, Theater, Zeitschriften usw. Stimmungen. Diese Stimmungen sind es, die Chardin, Stella, Mozart oder Stockhausen ihre Bedeutung verleihen. Das ist Tradition, und sie ist der wahre Gehalt der Werke. Tatsächlich ist es nicht nötig, dass Museen, Konzertsäle oder Theater irgendetwas enthalten; auch leer stehen sie noch als Zeichen für Kunst. Wie beim Hund in Iwan Pawlows Experiment zum konditionierten Reflex, läuft uns bei der bloßen Erwähnung einer Million Kunstwerke das Wasser im Mund zusammen.

Lebensnahe Avantgarde-Kunst beschäftigt hingegen eine vereinzelte Minderheit (Künstler*innen der Strömungen Futurismus, Dada, Gutai, Happening, Fluxus, Land Art, Body Art, Provo, Mail Art, Noise-Musik, performative Dichtung, schamanistische Kunst, Konzeptkunst). Lebensnahe Avantgarde-Kunst ist nicht annähernd so ernst wie kunstnahe Avantgarde-Kunst. Sie ist oft sehr humorvoll. Die große westliche Tradition interessiert sie nicht besonders, denn sie vermischt die Dinge gern: Körper mit Geist, das Individuum mit Menschen generell, Zivilisation mit Natur und so weiter. Daher vermischt sie die traditionellen Kunstgenres miteinander oder vermeidet sie ganz – zum Beispiel eine mechanische Fiedel, die rund um die Uhr für eine Kuh auf einem Bauernhof spielt. Oder in den Waschsalon geht. Trotz der formalistischen und idealistischen Interpretationen von Kunst stehen die Künstler*innen der lebensnahen Avantgarde-Kunst nicht so sehr mit der Kunst im Dialog, sondern vielmehr mit allem anderen, wobei ein Ereignis das nächste impliziert. Wer nicht viel über das Leben weiß, dem wird ein großer Teil der Bedeutung der lebensnahen Kunst, die aus dem Leben entstanden ist, verborgen bleiben. Und tatsächlich steht nie fest, ob eine Person, die lebensnahe Avantgarde-Kunst schafft, Künstler*in ist.

Aus diesen Gründen passt die lebensnahe Avantgarde-Kunst schon seit jeher nicht gut in traditionelle Kunstinstitutionen, auch wenn diese ihre Unterstützung anbieten. Diese Institutionen verpassen der lebensnahen Kunst einen (noch dazu mehr oder weniger unpassenden) Rahmen und übersetzen sie so direkt aus dem Leben in die Kunst. Ich erinnere mich noch an den Ausruf eines Kunstkritikers, als wir an einem unbebauten Grundstück vorbeigingen, auf dem überall Lumpen und Kartons herumlagen: „Schau," rief er, „das ist doch eine Fortsetzung und Erweiterung des Action Painting der 50er Jahre!" Er wollte den ganzen Müll in ein Museum karren lassen. Aber wenn das Leben in den physischen und kulturellen Rahmen der Kunst gepresst wird, wird es schnell zu einem trivialisierten Leben im Dienst des angeblich höheren Werts der Kunst. Der Kritiker wollte, dass jeder den Müll so sah, wie er, durch die Kunstgeschichte; nicht als urbanen Abfall, nicht als Spielplatz für Kinder oder als Zuhause für Ratten, nicht als im Wind wehende Lumpen und Kartons, die im Regen verrotten. Die lebensnahe Avantgarde-Kunst macht sich in diesem Umfeld des wirklichen Lebens sehr gut. Sie ist kein „Ding" wie ein Musikstück oder eine Skulptur, die man in einen speziellen Kunstbehälter oder in ein künstlerisches Umfeld packen kann. Sie ist untrennbar mit dem wirklichen Leben verbunden.

Die Kernbotschaft aller kunstnahen Kunst ist Isolation und Besonderheit; die entsprechende Botschaft aller lebensnahen Kunst ist Verbundenheit und ein Weitwinkel-Bewusstsein. Die Botschaft der kunstnahen Kunst wird durch das getrennte, gefesselte „Werk" angemessen vermittelt; die Botschaft der lebensnahen Kunst wird durch den Verlauf von Ereignissen, dessen Konturen nicht definiert sind, angemessen vermittelt. Für jede Art der Kunst ist die Vermittlung selbst die Botschaft, unabhängig von den Details. Kunstnahe

Kunst schickt ihre Botschaft auf einer Einbahnstraße: von der*dem Künstler*in zu uns. Die Botschaft der lebensnahen Kunst wird in einer Feedback-Schleife geschickt: von der*dem Künstler*in zu uns (was auch Maschinen, Tiere, die Natur mit einbezieht) und wieder zurück zu der*dem Künstler*in. Man kann einem kunstnahen Kunstwerk nicht „widersprechen" und es so verändern; dagegen ist „Konversation" das wichtigste Mittel der lebensnahen Kunst, die sich immer verändert.

DER FRÜHE KONFUZIANISCHE DISKURS ÜBER FAMILIENRITEN

PATRICIA BUCKLEY EBREY, 1991

Übersetzt aus: *Confucianism and Family Rituals in Imperial China. A Social History of Writing about Rites* (Princeton: Princeton Univ. Press 1991), S. 14-15, 16-21.

Wenn die Bestattungs- und Opferrituale klar verständlich sind, werden sich die gewöhnlichen Menschen richtig verhalten.

Ta Tail li-chi[1]

Die ältesten Texte, die sich mit der Praxis von Familienritualen im kaiserlichen China auseinandersetzen, wurden während der Chou-Zeit und der Periode der Frühen Han verfasst. Diese Schriften beleuchteten die frühe chinesische Gesellschaft und ihre Kulturen, und trugen zu ihrer Entwicklung bei. In der frühen Chou-Zeit waren Rituale zur Ahnenverehrung grundlegende Merkmale der politischen Herrschaft. In der späten Chou-Zeit fügten Kritiker*innen des Konfuzianismus übertrieben ernste oder gekünstelte Rituale hinzu, um Aufmerksamkeit zu gewinnen. In der Han-Zeit beruhte die Achtung vor den verstorbenen Eltern auf einer geradezu selbstmörderischen Kasteiung während der Trauerzeit. Familienrituale griffen tiefgreifende Emotionen auf, die mit dem Leben, dem Tod und den Beziehungen der Hinterbliebenen zu den Verstorbenen verbunden waren, und wurden oft für Zwecke benutzt, die darüber hinausgingen, die Braut einzuführen oder die Toten zu bestatten oder zu ehren.

Der frühe konfuzianische Diskurs über Familienrituale kann jedoch nicht nur in Bezug auf die sozialen und emotionalen Realitäten des Rituals verstanden werden. Der Diskurs wurde auch maßgeblich geprägt von den philosophischen Grundlagen des Konfuzianismus. Das Ritual *li* wurde zu einem zentralen Konzept im konfuzianischen Denken über die menschliche Natur, die Ethik, die soziale Harmonie, die kulturelle Identität und die Beziehungen zwischen der menschlichen Welt und der als Himmel bezeichneten Sphäre. Das *Li-Chi* [Aufzeichnung über die Riten] legt fest, dass die moralische und gesellschaftliche Ordnung durch Rituale hergestellt wird, dass Tugenden ohne Rituale nicht vervollkommnet werden können und dass durch die Einhaltung von Ritualen der Mächtige vor Überheblichkeit bewahrt und der Bescheidene davon abgehalten wird, über seinen Stand hinauszugehen. Eine Gesellschaft, in der Rituale eingehalten werden, soll demnach eine sichere und friedliche sein.[2] In Textpassagen dieser Art wurde der Begriff *li* verwendet, um die sichtbaren Handlungen zu erfassen, die Riten, Zeremonien, Sitten und Verhaltensweisen begründen – Handlungen, welche die Menschen miteinander und mit der göttlichen Sphäre verbinden. *Li* war aber auch eine Kultur. Das chinesisch *li* unterschied Chines*innen von anderen ethnischen Gruppen, von denen jede ihr eigenes *li* besaß. Der Großteil der frühen konfuzianischen Schriften über Rituale bezieht sich auf die Rituale der Herrschenden und derjenigen, die ihnen, ihren Familien, den Adligen und hohen Beamten nahestanden. Häusliche Familienrituale gewöhnlicher Menschen oder von hohen Beamten wurden dagegen in frühen Schriften zu Ritualen eher marginal behandelt. Zugleich jedoch lieferten die klassischen konfuzianischen Texte eine Vielzahl von grundlegenden Prämissen für die konfuzianische Auseinandersetzung mit den Familienritualen im Laufe der folgenden 2000 Jahre. Dieses Kapitel legt den Fokus demnach auf die Entwicklung dieser Grundvoraussetzungen. [...]

Konfuzius und das Konzept von *Li*

Wenn spätere Autor*innen den Begriff *li* verwendeten, gingen sie im Allgemeinen davon aus, dass ihre Leser*innen begriffen, was *li* war und weshalb es als so wirkkräftig und erstrebenswert galt. Die Analekten des Konfuzius legten hierzu den Grundstein, obgleich Konfuzius kaum spezifische Rituale erwähnt, sondern sich wiederholt auf die allgemeine Kategorie von *li* bezieht. Trotz seiner großen Bewunderung für die frühen Chou-Herrscher und seiner Wertschätzung von Schriften wie dem *Buch der Poesie* und dem *Buch der Dokumente* war die Auseinandersetzung mit seinen Vorfahren für Konfuzius nicht von besonderer Relevanz. Er beschäftigte sich vielmehr mit der menschlichen Tugend und einer guten Regierungsführung. Opferrituale blieben auch weiterhin von Bedeutung, insbesondere aber, weil die angemessene Ausübung dieser Rituale, vor allem durch die Herrschenden, eines der effizientesten Mittel darstellte, die Ordnung in der Gesellschaft zu gewährleisten und die Moralität unter ihren Mitgliedern zu fördern. Nach Ansicht des Konfuzianismus sorgten daher die Rituale selbst für Ergebnisse, nicht die Vorfahr*innen.[3]

Konfuzius tendierte teilweise zu einer kosmischen Sicht auf das Ritual, dem er nach Fingarette [amerikanischer Philosoph und Konfuzius-Wissenschaftler, 1921-2018] eine große, sogar „magische" Macht zuschrieb, um das *li* korrekt auszuüben. Als ihn sein Schüler Yen Hui nach der echten Güte *(jen)* fragte, antwortete Konfuzius:

„Sich selbst zurückzuhalten und zum *li* zurückzukehren, ist echte Güte. Die ganze Welt würde auf die echte Güte einer Person

1 „Sheng-te" 66: 279.

2 Außerhalb des konfuzianischen Diskurses wurden diese Forderungen nicht immer akzeptiert. Innerhalb der taoistischen Philosophie herrschte großes Misstrauen gegenüber Ritualen und der Auferlegung von konventionellen gesellschaftlichen Rollen und Verhaltenseinschränkungen im Allgemeinen.

3 Schwartz, *World of Thought*, S. 49-50, legt nahe, dass diese Haltung wahrscheinlich schon in der frühen Chou-Zeit vor Konfuzius herrschte. Bilsky, *State Religion*, S. 124-30, 162-82, macht für den Niedergang der Ahnenriten die Schwäche des königlichen Hofs und die zunehmende Bedeutung von Riten in Bezug auf territoriale Gottheiten als religiöse Basis der Herrschaft verantwortlich.

reagieren, die sich für einen Tag zurückhalten und zum *li* zurückkehren konnte."... Yen Hui sagte: „Ich bitte darum, die genauen Schritte hierfür zu erfahren." Der Meister sagte: „Beachte nichts, das einen Gegensatz zu *li* bildet, höre nichts an, was einen Gegensatz zu *li* bildet, spreche über nichts, was einen Gegensatz zu *li* bildet, führe keine Bewegung aus, die einen Gegensatz zu *li* bildet."

Im ersten Teil dieses Austauschs könnte *li* Anstand oder korrektes Verhalten im moralischen Sinn bedeuten. Seine Macht wird als so groß beschrieben, dass sogar eintägige Ausübung ausreichen würde, bedeutende Ergebnisse zu erzielen. Der zweite Teil des Austauschs legt nahe, dass *li* zugleich als etwas angesehen wurde, das mit festgelegten, äußerlichen Verhaltensregeln übereinstimmte, die jeden Moment, jeden Blick und jedes Wort vorschrieben.[4]

Konfuzius befürwortete die Vorstellung, der zufolge es gut war, ein traditionelles Merkmal eines Ritus zu bewahren, auch wenn diesem keine genaue moralische Bedeutung zugrunde lag. Wenn Konfuzius während der monatlichen Zeremonien der Herzöge von Lu eine andere Meinung vertrat, sagte er, Tzu-kung liebte das Schaf und wollte es daher verschonen, während er gegenüber dem Ritus ähnliche Gefühle empfand.[5] Darüber hinaus sprach Konfuzius auch die ästhetische Dimension von *li* an. Ihn bewegte die Schönheit perfekt choreografierter Zeremonien in Kombination mit Musikinstrumenten, Liedern und Tänzen. Er beschrieb einen höfischen Tanz einmal als die perfekte Schönheit und Güte zugleich.[6]

Obgleich Konfuzius von einer Übereinstimmung mit dem *li* sprach, ging er davon aus, dass dieses durch Verstand und Sitten geformt werden würde. Nicht jedes Detail hatte genau den Bestimmungen zu entsprechen: „Der Meister sprach, ‚Die Hanfkappe ist das *li*, nun aber trägt man Seide, die günstig ist. Ich folge der gängigen Praxis. *Li* ist, wenn man sich am Fuß der Treppe verbeugt, heute verbeugt man sich aber am Ende der Treppe, was überheblich ist. Obgleich ich mich der gängigen Praxis widersetze, beuge ich mich weiterhin am Fuß der Treppe.'"[7] [...]

Konfuzius behauptete auch, dass die rituelle Praxis mit echten Gefühlen verbunden sein müsse, wobei er eine umfassende textuelle Autorität für eine nach innen gerichtete Annäherung an das Ritual bereitstellte: „*Li* ausgeübt ohne Ehrfurch, die Formen der Trauer eingehalten ohne Schmerz, wie kann ich es ertragen, diese Dinge zu sehen."[8]

Innere Tugenden waren jedoch nicht alles, was zählte. Sie bedurften der disziplinierten Übereinstimmung mit dem *li*, um wirklich wirksam zu sein: „Respekt ohne *li* ist ermüdend; Vorsicht ohne *li* ist Ängstlichkeit; Mut ohne *li* ist Ungehorsam; Aufrichtigkeit ohne *li* ist Unhöflichkeit."[9] Ebenso war der Respekt gegenüber den Eltern nicht nur eine Haltung, sondern ein Verhaltensmuster. Demnach war es erforderlich „lebende Eltern gemäß dem *li* zu bedienen und verstorbene Eltern nach dem *li* zu bestatten und nach dem *li* zu opfern."[10] Konfuzius scheint jedoch die Implikationen, die damit verbunden sind, moralische Gefühle als etwas Tiefergehendes als Rituale zu betrachten, nicht näher erörtert zu haben. Er forderte seine Schüler*innen nicht dazu auf, den Unterschieden zwischen ihren Gefühlen und konventionellen Formen nachzugehen, wobei er offensichtlich annahm, dass echte innere Gefühle weitestgehend mit den etablierten Formen rituellen Verhaltens übereinstimmten.

Konfuzius betrachtete das Ritual nicht nur unter dem Aspekt der persönlichen Handlungen der Herrschenden, sondern auch als Teil ihres Verhaltens gegenüber ihren Untergebenen. „Wenn die Menschen durch Tugend geleitet und durch *li* gelenkt werden, besitzen sie Schamgefühl und verhalten sich angemessen."[11] Andere Textpassagen aus den *Analekten* legen nahe, dass Konfuzius annahm, dass die Herrschenden mithilfe des Rituals, durch die Macht ihres Vorbilds und die von ihnen initiierten Formen der Interaktion herrschen können.[12] Die *Analekten* setzen sich nicht damit auseinander, gewöhnliche Menschen in die Rituale einzuweisen.

Konfuzius' Vorstellung vom *li* war untrennbar verbunden mit seiner Auffassung von der menschlichen Natur, der Ethik und der idealen sozialen Ordnung. *Li* war erstrebenswert, da es die Menschen dazu anhielt, ihre Verantwortlichkeiten gegenüber anderen anzuerkennen und diesen vollständig nachzukommen. Konfuzius nahm an, dass jede*r die universelle Notwendigkeit der Loyalität gegenüber den Herrschenden, Liebe gegenüber den Eltern und Liebe und Mitgefühl für Kinder und Untergegebene anerkannte. Darüber hinaus setzte er voraus, dass alle seine Freude und Ehrfurcht gegenüber der Aussicht auf eine Gesellschaft teilen würden, in der es keine Spannungen gäbe, da jede*r eine Rolle auszuführen habe und diese gut ausführen würde, wodurch hierarchische Unterschiede in einer harmonischen Gleichstellung münden sollten. Die meisten Konfuzianer*innen späterer Generationen folgten dieser Überzeugung. Nichtsdestotrotz fallen Konfuzius' Bezugnahmen auf das *li* knapp aus, wobei möglichen Widersprüchen nicht nachgegangen wird. Nachfolgende Gelehrte konnten nicht erneut zu den Analekten zurückkehren, um eindeutige Antworten auf Fragen darüber zu finden, wer über die Autorität verfügte, zu entscheiden, was das *li* begründete oder wie durch das *li* zu regieren sei.

Die Ritual-Klassiker

Ein Schlüsselelement im konfuzianischen Diskurs über Rituale war der Fokus auf Texte, die als Bezugspunkt für das adäquate Wissen über Rituale dienten. Wie ein Ritual ausgeübt werden sollte und was jeder Schritt bedeutete, waren Geheimisse, in die nur die Götter und Priester eingeweiht waren, aber auch ein Teil der menschlichen Kultur, die denen zugänglich war, die die Texte der Weisen studierten. Während der Han-Zeit wurden die überlieferten Texte über Rituale als drei separate Klassiker vermittelt, das *Chou-li* [Chou-Ritual], *Li-chi* [Aufzeichnung über die Riten] und *I-li* [Etikette und Ritual]. Das *Chou-li* hat mit den Familienriten wenig gemein und setzt sich eher mit den administrativen Strukturen auseinander, die die frühe Chou-Herrschaft charakterisieren. Die anderen zwei Texte wurden jedoch zu maßgeblichen schriftlichen Quellen zu Aspekten wie Bekappung, Hochzeit, Bestattung und Ahnenriten. In den nachfolgenden Jahrhunderten griffen Gelehrte, die die häuslichen, an den Ahnen orientierten Riten analysieren und ausarbeiten wollten, immer wieder direkt oder indirekt auf diese Schriften zurück.

Das *I-li*, bewahrt, so wie es überliefert wurde, Fragmente der späten Chou-Liturgien. In Bezug auf Bekappung, Heirat und Bestattungsriten hat sich nur die Version für niedere Beamte *(shih)* erhalten. Was die Opfer betrifft, existiert auch eine Version für Minister und hohe Beamte *(ch'ing-ta-fu)*. Andere frühe Referenzen verdeutlichen, dass zur Chou-Zeit Liturgien für mindestens vier Grade existierten: den König, die Feudalherren, die Minister und hohen Beamten, und die niederen Beamten. Es scheint hingegen keine

4 In Kapitel 10 der *Analekten* finden sich zahlreiche Beispiele für das *li* als eines äußerlichen oder objektiven Verhaltenscodes. Derjenige, der *li* beherrschte, unternahm beispielsweise folgende Schritte: „Wenn er seine Kollegen grüßt, bewegt er seine Hand nach rechts oder links, wie und solange es erforderlich ist, während er sein Gewand sogar vorn und hinten hält. Er schreitet zügig mit Würde voran.“ Lun-yü, 10.3, 10: 1b; Waley, *Analects*, S. 146.

5 Lun-yü, 3.17, 3:10a; Waley, *Analects*, S. 98.

6 Lun-yü, 3.25, 3:15b, Waley, *Analects*, S.99. Zur Ästhetik von Ritualen siehe Eno, *Masters of the Dance*, insbesondere S. 144-146, S. 150-151.

7 Lun-yü, 9.3,9: 1b; Waley, *Analects*, S. 138.

8 Lun-yü, 3.26, 3:15b; Waley, *Analects*, S. 101.

9 Lun-yü, 8.2, 8:1b; Waley, *Analects*, S. 132.

10 Lun-yü, 2.5, 2:2b; Waley, *Analects*, S. 89.

11 Lun-yü, 2.3, 2:1b; Waley, *Analects*, S. 88.

12 Z. B. Lun-yü, 2.20, 2:6b-7a:8-2-. 8:1b; 11.25, 11:10a-11a; 12.2, 12:1b; 13.4, 13:3a; Waley, *Analects*, S. 92, 132, 159-161, 162, 172.

13 *Shih-chi* 121:3126; *Han-shu* 30:1710; Steele, *The I-li*, S. *Xvi-xvii*; *Ssu-k'u ch'üan-shu tsung-mu* 20:158-59.

Chou-Texte gegeben zu haben, die Familienriten für gewöhnliche Menschen vorschrieben.

In der Han-Zeit waren zwei Version dessen, was heute das *I-li* ist, im Umlauf: der „neue Text" und der „alte Text". Der „neue Text" wurde auf Grundlage der mündlichen Überlieferung von Kao T'ang rekonstruiert, als der Versuch unternommen wurde, die Klassiker nach ihrer Zerstörung während der Ch'in-Zeit (256-206 v.u.Z.) wiederzugewinnen. Der „alte Text" von *I-li* war eine Fassung, die im zweiten Jahrhundert v.u.Z. entdeckt wurde. Sie ist in alter (Siegel-)Schrift verfasst und in 56 Abschnitte unterteilt. Nach diesem Fund lehrten Ritualgelehrte weiterhin die „neue Textversion" (zwei von ihnen, Tai Te und Tai Sheng, gaben dem Text eine neue Ordnung). In der späten Han-Zeit verglich Cheng Hsüan (127-200), der große klassische Gelehrte der Han-Dynastie, die neue und alte Textversion des *I-li* und erstellte eine Fassung, die auf dem siebzehn Abschnitte umfassenden „neuen Text" basiert, aber für Anmerkungen auf den „alten Text" zurückgreift.[13]

Das *I-li*, so wie es Chen Hsüan anordnete und kommentierte, wurde die kanonische Liturgie für Familienriten und bildete darüber hinaus die Grundlage für alle nachfolgenden kaiserlichen oder privaten Liturgien. Die richtige Reihenfolge der aufeinanderfolgenden Schritte und die Namen jedes Schritts wurden demnach größtenteils von den Han festgelegt. Für die vier Familienriten galten die folgenden Schritte:

Bekappung
Weissagen für den Tag
Gäste einladen
Einen Förderer durch Weissagen auswählen und einladen
Alle Teilnehmenden über die Uhrzeit der Zeremonie informieren
Den Förderer begrüßen
Die erste Bekappung
Die zweite Bekappung
Die dritte Bekappung
Den Initiierten vereiden
Diesen seiner Mutter vorführen
Diesem einen Erwachsenennamen verleihen
Den Förderer unterhalten
Den Initiierten seinen Verwandten vorführen
Ihn den gesellschaftlichen und politischen Oberen vorführen
Den Förderer und seine Gehilfen belohnen

Hochzeiten
Die Verlobungsgeschenke senden
Nach dem Namen des Mädchens fragen
Neuigkeiten zur günstigen Weissagung senden
Die Hochzeitsgeschenke senden
Nach dem Termin für die Zeremonie fragen
Die Braut persönlich begleiten
Geteiltes Essen und Wein
Braut und Bräutigam bleiben allein im Zimmer zurück
Die Braut trifft ihre Schwiegereltern am nächsten Tag

Bestattungen
Die Seele zurückrufen
Den Mund aufstemmen und die Füße abstützen
Den Saal durch Vorhänge abtrennen
Todesanzeigen verschicken
Orte zur Wehklage bestimmen
Beileidsbezeugungen und Beiträge für Totenkleidung erhalten
Den Körper waschen
Essen und Wertgegenstände in den Mund legen
Totenkleidung anlegen
Den Ständer für das Trankopfer und das beschriftete Spruchband aufstellen
Die vorläufige Aufbahrung
Geschenke erhalten
Die endgültige Aufbahrung
Die Sarglegung
Trauerkleidung am dritten Tag anlegen
Wehklagen am Morgen und Abend
Weissagen für die Grabstätte
Weissagen für das Bestattungsdatum

Den Sarg aus dem Grab entnehmen und den Vorfahren vorführen
Das Abschieds-Trankopfer
Die Liste der Beiträge und Geschenke vortragen
Die Prozession
Die Bestattung
Zur Wehklage zurückkehren
Das Ruheopfer
Die Tafel in der Ahnenhalle ablegen
Das erste Glücksopfer nach einem Jahr
Das zweite Glücksopfer nach zwei Jahren

Opfer
Weissagen für den Tag
Weissagen für den Darsteller des Toten
Den Darsteller und die Gäste informieren
Die Tiere und Utensilien überprüfen
Das Essen zubereiten und anrichten
Der Darsteller tritt ein und isst
Der Vorsitzende tauscht mit dem Darsteller einen Trinkspruch aus, und bietet dann dem Liturgen und seinem Gehilfen Wein an
Die Vorsitzende tut dasselbe
Die Vorsitzende überreicht dem Vorsitzenden einen Becher Wein, und er tut dasselbe für sie
Weitere Becher Wein werden mit Gästen, Verwandten und dem Haupterben ausgetauscht
Allgemeines Trinken
Der Darsteller bricht auf
Das Festmahl

DAS RAD DER ZEIT. SAND-*MANDALA*

BARRY BRYANT, 1992

Übersetzt aus: *The Wheel of Time, Sand Mandala. Visual Scripture of Tibetan Buddhism* (San Francisco: Harper 1992), S. 21-25.

Das Mandala

Das tibetische Wort für Mandala ist *kyilkhor*, was „Zentrum und Umgebung" bedeutet. Das Mandala einer tantrischen Gottheit umfasst die Gottheit und ihren Palast, der zugleich den Geist der Gottheit darstellt. Jedes Mandala ist die bildhafte Darstellung eines Tantras, welches auf Symbolen basiert, die den Menschen in Indien zu Lebzeiten des Buddhas vertraut waren. Es kann als Text „gelesen", untersucht und interpretiert werden oder man prägt es sich ein, um es sich während einer Meditation zu vergegenwärtigen.

Die meisten allgemeinbekannten Mandalas sind zweidimensionale Darstellungen und zeigen den Grundriss des dreidimensionalen Palastes der Gottheit wie auf einem Plan, inklusive der architektonischen Gestaltung und der vielen ornamentalen Details. Jedes Teil ist ein Symbol, das einen Aspekt der Lehre wiedergibt.

Der Zweck eines Mandalas ist es, den Schüler mit dem Tantra und der Gottheit bekanntzumachen und es dem Schüler zu erlauben, „in das Mandala einzutreten", das heißt, in einen Daseinszustand zu treten, in dem die Gottheit anwesend ist.

Die Texte erläutern, dass ein Mandala gezeichnet, gemalt, aus kleinen Teilchen zusammengesetzt oder durch meditative Konzentration erstellt werden kann. Ein zweidimensionales Mandala könnte etwa aus gemahlenem und gefärbtem Reis oder Blüten, Mosaik- oder Edelsteinen oder farbigem Sand gemacht werden. Es gibt auch dreidimensionale Mandalas, die aus Holz, Metall oder anderem festen Material erstellt werden. [...]

Das Kalachakra Tantra

Kalachakra (tibetisch *Du kyi khorlo*) ist ein Sanskrit-Wort, das man wörtlich mit „Rad der Zeit" übersetzen kann. [...] Das Kalachakra Sand-Mandala ist die bildliche Darstellung des gesamten Kalachakra Tantras. Es handelt sich um eine zweidimensionale Darstellung des fünfgeschossigen

Palastes der Gottheit Kalachakra, in dem insgesamt 722 Gottheiten wohnen, mit Kalachakra und seiner Gefährtin Vishvamata in einer Umarmung ewiger Glückseligkeit genau in der Mitte. [...] Wer bei der Erstellung des Sand-Mandalas mithilft, bringt sich selbst in das Reich der Gottheit. Während wir dazu tendieren, das Mandala als Kunstwerk im Entstehungsprozess zu sehen, sehen die Mönche den Prozess nicht als eine Neuschöpfung, sondern als Rekonstruktion einer Darstellung, die bereits existiert. Durch diese Tätigkeit vervollkommnen sie ihren Geist und erreichen den bewussten Geisteszustand. Der Fokus liegt weniger darauf, etwas von materiellem Wert zu schaffen, vielmehr beteiligen sich die Mönche an einem Prozess, der sich positiv auf sie selbst auswirkt und auch anderen zugutekommen kann.

Eine Lehre für unsere Zeit

Eines der wichtigen Merkmale des Kalachakra Tantra ist, dass es für die Gemeinschaft ist. Der Buddha hat es einem ganzen Land geschenkt, dem mythischen Königreich Shambala. Historisch wurde so die Aufnahme größerer Gruppen ermöglicht. Der Dalai Lama hat angemerkt, dass in früheren Zeiten Gesellschaften durch Täler, Flüsse, Berge oder Meere getrennt waren, wohingegen unsere heutige Gesellschaft durch schnelle Kommunikation und Verkehr den gesamten Planeten umfasst. Das ist ein weiterer Grund dafür, dass er Kalachakra als eine Lehre für unsere Zeit ansieht.

Obwohl es besonders nützlich ist, um Kriegskonflikte zu bewältigen (sowohl innenpolitisch als auch weltweit), macht der Dalai Lama klar, dass das Kalachakra Tantra allein nicht ausreicht, um den Weltfrieden zu erreichen. Wir brauchen weltweite Führungskräfte in Wirtschaft, Religion, Soziologie, Politik und vielleicht insbesondere in den Naturwissenschaften, die zusammenarbeiten und ihre verschiedenen Traditionen teilen, um innovative Lösungen für die Probleme zu finden, die vor uns liegen. Außerdem erklärt er, dass diese Zusammenarbeit von einem wahrhaftigen und universellen Verantwortungsbewusstein von allen nachkommenden Menschengenerationen getragen werden muss, was als Ausdruck der Vereinigung von Weisheit und Mitgefühl selbst das Wesentliche des Kalachakra ist.

DER TRAUM VON HUA IN DER ÖSTLICHEN HAUPTSTADT

BRIGITTE KÖLLA, 1996

Der Traum von Hua in der Östlichen Hauptstadt. Meng Yuanlaos Erinnerungen an die Hauptstadt der Song (Bern: Peter Lang, 1996), S. 7, 9. Genehmigung vermittelt durch das Copyright Clearance Center, Inc.

Der *Traum von Hua in der Östlichen Hauptstadt* (*Dongjing meng Hua lu 東京夢華錄*)[1] des Eremiten der Verborgenen Orchidee Meng Yuanlao sind von Heimweh gefärbte Erinnerungen an Kaifeng und das städtische Leben, an Alltag und Festtag vor dem Einfall der Dschurdschen im Jahre 1127.[2] Die ersten Abschnitte lesen sich wie ein Stadtplan, andere sind akribische Aufzählungen von Speisen, die auf Märkten und Straßen, in Gaststätten oder über die Gasse verkauft wurden. Die Architektur der Stadt, Sitten und Gebräuche, die wichtigsten Feste des Jahres und die Zeremonien des Hofes werden aus der Perspektive der Jeunesse dorée im China des 12. Jahrhunderts geschildert. [...]

Inhaltlich besteht der *Traum von Hua* aus zwei Teilen. Der erste Teil handelt von der Topographie der Stadt, von den Stadtmauern, der Palaststadt und den Amtshäusern, von den Quartieren und deren herausragenden Bauten, von den Sehenswürdigkeiten, Märkten, Sitten und Gebräuchen und dem Alltag auf der Straße und in den Wirtshäusern. Im zweiten Teil werden die saisonalen Feste, die großen Staatszeremonien und die lokalen Tempelfeste beschrieben.

Das erste von insgesamt zehn Büchern [...] beginnt nicht zufällig mit einem Text über die Stadtmauern, dem sichtbarsten Zeichen einer vormodernen chinesischen Stadt. Zum offiziellen Teil der Stadt gehören auch die folgenden Kapitel über das Kanalnetz, die Palaststadt und die Amtshäuser. Im zweiten Buch wird der Leser durch die belebtesten Stadtviertel geführt, zuerst auf den Kaiserboulevard, die Nord-Süd-Achse der Stadt, vorbei an den Regierungsämtern vor dem Haupttor des Palastes in die Viertel im Süden außerhalb der alten Stadtmauer und zurück zum berühmten Nachtmarkt an der Präfektur-Brücke. Dann zeigt der Autor das Viertel an der südöstlichen Ecke der Palaststadt und beschließt den ersten Rundgang mit einem Abschnitt über Weinhäuser, Speisen und Getränke im alten Kaifeng. Das dritte Buch führt den Leser zu den Apotheken und Medizinalbeamten in der Pferdemarktstraße, in die Viertel vor dem rechten Seitentor der Palastmauer und östlich der Präfektur-Brücke, auf den berühmten Markt im Xiangguo-Tempel und anschließend ins Viertel auf dessen Ostseite. Die bedeutendsten Tempel und Klöster werden beschrieben, Buden und Stände in der Pferdemarktstraße, der Gütertransport, die Geldentwertung, das Anheuern von Arbeitskräften und die Feuerwehr. Das vierte Buch beginnt mit der Beschreibung der Aktivitäten der Palastgarde und der Heiratsbräuche von Prinzen und Prinzessinnen; es handelt von Kutschen und Karren aus dem kaiserlichen Wagenpark, deren Größe und Form den Status der ausfahrenden Hofdamen verraten haben, von Bestattungsfirmen, dem Einstellen temporärer Arbeitskräfte für Hausrenovationen oder Opferzeremonien und vom Partyservice, vom exklusiven Weinhaus „Zu den Unsterblichen", von den für ihre südliche Küche berühmten Speisehäusern, dem Fleischmarkt und dem Brot- und Fischmarkt. Im fünften Buch werden die Alltagsbräuche der Hauptstädter, die artistischen Darbietungen in den Vergnügungsvierteln, die Heirats- und Geburtsbräuche des einfachen Volks geschildert. Die letzten vier Bücher beschreiben der Reihe nach die Feste des Jahres, die Ausflüge des Hofes und die großen religiösen Demonstrationen wie das Außenopfer in der Südlichen Vorstadt, ein großartiges Spektakel für die Stadtbewohner, das nach den Vorschriften des Ritus alle drei Jahre vollzogen werden sollte.[3] Der letzte Tag im Jahr, der Silvesterabend, beschließt den Jahreszyklus und gleichzeitig die *Aufzeichnung des Traums von Hua in der Östlichen Hautstadt.*

1 Zitierte Ausgabe: *Dongjing meng Hua lu; wai si zhong* (Shanghai: 1956, Nachdruck Taibei: Dali Chubanshe, 1970). In den Anmerkungen wird die Abkürzung Menghua lu mit Angabe der Seitenzahl und Zeilennummer entsprechend Umehara (1979), im Haupttext die abgekürzte Übersetzung Traum von Hua verwendet.

2 Die Dschurdschen (Nüzhen 女真) aus der Mandschurei gründeten 1115 die Jin-Dynastie, die bis 1234, als sie von den Mongolen ausgelöscht wurde, bestand.

3 Das südliche Vorstadtopfer gehörte zu den wichtigen religiösen Demonstrationen der Song-Dynastie und erforderte die persönliche Anwesenheit des Kaisers. Es war das Opfer an Himmel und Erde, das im Park außerhalb der Neuen Stadtmauer im Süden auf einem Rundhügel [...] vollzogen wurde. Im Traum von Hua wird ausführlich über dessen Vorbereitung und Durchführung berichtet. Die andern drei Vorstadt opfer, das Opfer an die Erdgottheiten im Norden, an die Sonne im Osten und an den Mond im Westen, scheinen von geringerer Bedeutung gewesen zu sein. Siehe Eichhorn (1964), S. 228-247.

DIE KINGDOMS VON EDWARD HICKS

CAROLYN J. WEEKLEY, 1999

Übersetzt aus: *The Kingdoms of Edward Hicks* (Williamsburg: Colonial Williamsburg Foundation, 1999), S. 90–94, 123, 130. Nachdruck mit Genehmigung von The Colonial Williamsburg Foundation aus *The Kingdoms of Edward Hicks* von Carolyn J. Weekley.

Die *Kingdom*-Bilder wurden unterschiedlich interpretiert: als ästhetischer Ausdruck des Quietismus der Quäker, als Zeugnisse friedlicher Koexistenz und, in letzter Zeit, als Edward Hicks' Bemühungen, die Kritiker*innen seiner Gemälde zu besänftigen. Warum aber wählte Hicks das Thema des Königreichs des Friedens aus dem Buch Jesaja? Warum nicht die Arche Noah, von der nur eine Version von Edward [Hicks] [...] erhalten blieb? Warum nicht ein anderes biblisches Motiv – Daniel in der Löwengrube zum Beispiel? Jesajas Prophezeiung war nicht nur eine zentrale und prägnante Aussage, die die wichtigsten Glaubenssätze der Quäker verkörperte, Fragen zum inneren und äußeren religiösen Leben eingeschlossen. Sie war auch Teil der gemeinsamen, metaphorischen Sprache des Predigtamtes der Quäker, die oft auf die animalischen Neigungen und Wesenszüge der Menschen anspielte. Diese Bedeutungen werden in der Geschichte von der Arche Noah oder anderen populären und anschaulichen biblischen Lehren nicht betont. Weitere Gründe könnten Einfluss auf Edward [Hicks'] Entscheidung, die Prophezeiung Jesajas zu malen, gehabt haben. Er wählte geschickt ein Thema, das für die Religiöse Gesellschaft der Freunde akzeptabel war und die zeitgemäßen Botschaften in seinen und Elias [Hicks'] Predigten verstärkte. So konnte er weiterhin seine Kunst ausüben, die er zugegebenermaßen liebte.

Die Ironie besteht darin, dass Edward [Hicks] sich mit seinem Gemälde, das die Kritiker*innen befriedigte oder zumindest zum Schweigen brachte, selbst zu jemandem erhob, der über den Händler*innen stand, die meist nützliche Arbeit verrichteten. Er wurde nie zu einem Maler „der schönen Künste", aber er hätte diese Position erreichen können, wären seine Lebensumstände andere gewesen, denn sein Talent ging weit über die Beschränkungen hinaus, die er sich selbst auferlegte, indem er dem Lebensstil der Quäker folgte. Seine Entscheidung hatte er selbst getroffen, und doch war sie stark vom gesellschaftlichen Druck geprägt, der aus der vorherrschenden, konservativen Einstellung und den ländlichen Wesenszügen seiner Welt im Bucks County kam.

Die Komposition und Ausführung der *Peaceable Kingdoms*, die Edward [Hicks] nach dem Cleveland-Bild malte, sind erheblich raffinierter [...]. Man nahm an, dass Edward [Hicks], nachdem er einmal mit den *Kingdom*-Bildern begonnen hatte, diese in regelmäßigen Abständen malte, doch diese Vermutung stimmt für Edward [Hicks'] früheste Arbeiten wohl nicht. Was als Ausdruck seiner religiösen Überzeugungen und als Legitimation seiner Malerei begonnen hatte, war noch nicht zu einem Genre herangereift, in dem der Künstler seine Wahrnehmung der wachsenden Uneinigkeiten in der Gesellschaft der Freunde ausdrückte. Es mögen wohl drei oder vier Jahre vergangen sein, bis Edward [Hicks] mit den heute erhaltenen *Kingdoms*, die nach dem Cleveland-Bild entstanden, anfing.

Einige Kritiker*innen nehmen außerdem an, die Kompositionen der *Kingdoms* würden einer chronologischen Entwicklung folgen; wenn Edward [Hicks] einmal ein Bild oder ein Hauptelement davon verändert hatte, nahm er es meist nicht wieder auf. Dies mag generell stimmen, doch es gibt gelegentlich Überlappungen zwischen den verschiedenen Typen. Mit Ausnahme der 13 Bilder, aus denen die erste Gruppe der *Kingdoms* besteht, muss die Datierung vieler der noch vorhandenen *Kingdom*-Bilder überdacht werden. Die hier besprochenen 13 Gemälde [...] wurden nach der Cleveland-Version von *Peaceable Kingdom* gemalt. Alle bis auf eines weisen noch die originalen Ränder auf. Fünf wurden entweder vom Künstler oder später von Kritiker*innen als „Königreich des Friedens mit Zweig" bezeichnet wurden. Acht weisen an den Rändern Verse auf, die die Prophezeiung Jesajas paraphrasieren. Edward [Hicks] signierte fünf der Bilder, von denen eines das Datum 1826 trägt. Wahrscheinlich schuf er die 13 Gemälde zwischen 1822 und 1829-1830, was bedeutet, dass diese Gruppe Überlappungen mit einem anderen Typus der *Kingdoms* aufweist. Leider signierte und datierte Edward [Hicks] seine *Kingdom*-Bilder nur selten, [...] was die Datierung weiter erschwert. [...]

Zuletzt gelangte Edward [Hicks] zu einer Formel, die seine Ziele zu erfüllen schien. Sechs der erhaltenen *Kingdoms* [...], von denen drei zu den raffiniertesten gehören, die er je gemalt hat [...], verdeutlichen diese Annahme. Die eindrucksvollsten Bilder sind die im Folk Art Center sowie eine beinahe identische Version im Besitz des Worcester Art Museum. In allen finden wir große, in der Bildmitte sitzende Löwen. Die Blicke der sitzenden Löwen und der mächtigen, langgestreckten Leoparden in diesen Bildern sind intensiv, fesselnd und magnetisch anziehend. Sie sind weder friedlich noch aggressiv, sie strahlen Energie aus und wirken unruhig und etwas erschrocken. Ihre Posen suggerieren einen dürftigen Frieden, ein delikates Gleichgewicht schwieriger und ungelöster Konflikte. Der Bär und der Wolf, ebenfalls wilde Raubtiere, erscheinen im Vergleich dazu beinahe freundlich. [...]

Viele finden, die *Peaceable Kingdoms* aus Edward [Hicks'] mittleren Jahren seien die faszinierendsten des Genres, wegen der Geschichten, die sie erzählen, wegen ihrer erfolgreichen Komposition und der hohen Qualität der Maltechnik. Der Künstler mag Elemente von anderen Quellen übernommen und sie auf verschiedene Weisen kombiniert haben, aber eine einzige Quelle existiert für die *Peaceable Kingdoms* dieser Gruppe nicht. Es sind ganz und gar Edward [Hicks'] Kreationen.

DIE ERWARTUNG VON REZIPROZITÄT

MARIA HEIM, 2004

Übersetzt aus: *Theories of the Gift in South Asia. Hindu, Buddhist, and Jain Reflections on dāna* (New York: Routledge, 2004), S. 33-41.

Als Marcel Mauss seine Auseinandersetzung mit der Gabentheorie als einen Zyklus von Geben, Annehmen und Erwidern beschrieb, berief er sich auf eine lange Tradition im europäischen Denken, nach der soziale Solidarität und Integration in Bezug auf Reziprozität verstanden werden. In Anbetracht dieser Fokussierung auf Gegenseitigkeit, ist es überraschend, dass Mauss nicht die Schrift *De Beneficiis* des Stoikers Seneca erwähnt, da Senecas Philosophie der Gabe das europäische Denken maßgeblich geprägt hat und zahlreiche Gemeinsamkeiten mit Mauss aufweist, was den sozialen Wert des gegenseitigen Austauschs betrifft (siehe Goux 2002; Davis 2000:8). Nach Seneca und Mauss wird das Geschenk ohne Gegenleistung dargeboten, obgleich damit Verpflichtungen für die*den Empfänger*in einhergehen: „Das Schenken ist ein sozialer Akt, der die Gunst einer Person gewinnt, und einer Person eine Verpflichtung auferlegt" (Basore 1958:321). Diese Verpflichtungen fungieren als soziale Verbindungselemente, welche die Menschen zusammenschweißen.

Seneca lehnte nichts so entschieden ab wie die Undankbarkeit, da die undankbare Person nicht begreift, inwieweit ein gegenseitiger Austausch die Voraussetzung für Sicherheit und Zusammenhalt bildet: „Nichts stört und zerstört die Harmonie der Menschheit so effektiv wie dieses Laster." [...]

Schenken und Dankbarkeit schaffen ein gemeinschaftliches Gefühl, wobei harmonische menschliche Beziehungen und Sicherheit durch gegenseitige Hilfe und Anerkennung verfestigt werden. Mauss ist vielleicht nicht so schnell wie Seneca darin, den Gabentausch als den Schlüssel zum menschlichen Überleben auszumachen, aber seiner Ansicht nach ist der wechselseitige Gabentausch, wie er in vormodernen oder archaischen Gesellschaften praktiziert wurde, die weitaus weniger durch die Sitten des *Homo Economicus* geprägt waren als kapitalistische Gesellschaften, der Schlüssel zu menschlicher Solidarität. Das Schenken gleicht einer moralischen Beziehung. Mauss' Essay liegen wie dem Essay von Seneca moralische Implikationen zugrunde: Mauss fordert uns auf, zur archaischen Gesellschaft zurückzukehren, zur „sozialen Sicherheit" und „Fürsorglichkeit, die auf Reziprozität und Kooperation beruht" (Mauss 1990:69). Das heißt nicht, dass Mauss die dem Schenken innewohnenden Spannungen nicht berücksichtigte, und dass diese Spannungen dem sozialen Gefüge niemals einen Schaden zufügen. Das Schenken

1 DK, S. 4.

2 Siehe Gouldner 1960; Michaels 1997; Parry 1986, 1994; Raheja 1988; Trautmann 1981; Vatuk und Vatuk 1971. Wie einige dieser Autor*innen anmerken, existieren in Südasien neben *Dāna* auch andere Formen des Schenkens, die Gegenseitigkeit und Verpflichtung umfassen können.

ist mit Gewalt, Schuld, Konkurrenz und agonistischen Konflikten verbunden. Abgesehen von Formen exzessiven Schenkens wie dem Potlatch, stellt das Geschenk sowohl für Mauss als auch für Seneca die Grundlage menschlicher moralischer Beziehungen dar, und die Untersuchung der Geschenkezirkulation entspricht einer Untersuchung sozialer Vernetzungen.

Die südasiatischen *Dāna*-Theorien bilden hingegen einen starken Kontrast zu der Sichtweise des Geschenks als einen Mechanismus sozialer Solidarität durch wechselseitigen Austausch. Gemäß den akademischen Erörterungen zu diesem Thema ist *Dāna* mit keinerlei Verpflichtungen verbunden. Von der*dem Empfänger*in wird keine Gegenleistung erwartet und *Dāna* liegt keinerlei Vorstellung von Gegenseitigkeit und Interdependenz zugrunde. Der Dharmaśhāstra-Verfasser Lakşmīdhara bringt dies folgendermaßen auf den Punkt: „Wechselseitige Geschenke sind nicht Teil des Dharma."[1] Weder bedeutet *Dāna* noch sollte *Dāna* bedeuten, Dankbarkeit von der*dem Empfänger*in zu erwarten. Mauss war sich dieser Aspekte der *Dāna*-Ideologie durchaus bewusst und vermerkt in einer Fußnote, dass bei Geschenken an die Brahman*innen Gegenleistungen nicht verpflichtend sind (Mauss 1990:146-7). Nicht nur Indolog*innen haben gerätselt, was diese Verweigerung in der *Dāna*-Theorie in Anbetracht des universellen Prinzips der Reziprozität zum Ausdruck bringen könnte, sowohl in Bezug auf das, was sie über das indische Denken aussagt, als auch was diese große Ausnahme für Mauss' allgemeine Schlussfolgerungen bedeutet.[2]

Eine Deutung der indischen Verweigerung von Reziprozität besagt, dass die *Dāna*-Theorie zwar die irdische Gegenseitigkeit verweigert, sie aber, wie der durch sie ersetzte Opferkult, nach religiösem Verdienst und Belohnung im Leben nach dem Tod strebt (Trautmann 1981:279-82). *Dāna* wird demnach nicht der*dem Empfänger*in gegeben, um eine irdische Gegenleistung zu erhalten, sondern für spirituelle Verdienste. Man wird somit im nächsten Leben für religiöse Geschenke belohnt, die man in diesem Leben gemacht hat. Man schenkt etwas und erwartet sich weder die Dankbarkeit der*des Empfängers*in noch ein Gegengeschenk, sondern erntet im nächsten Leben die Belohnung für ihre*seine Verdienste. Aus dieser Perspektive kann *Dāna* als ein Instrument des sozialen Lebens gelten, das bestimmte Formen menschlicher Beziehungen ordnet, seine gesellschaftliche Dimension kommt jedoch eher einem Nebenprodukt als einem zentralen Merkmal des Schenkens gleich.

LI GI. DAS BUCH DER RITEN, SITTEN UND GEBRÄUCHE

RICHARD WILHELM, 2007

Li Gi. Das Buch der Riten, Sitten und Gebräuche (Köln: Anaconda, 2007), S. 22-23, 301.

Die Geschichte des Textes

Li Gi oder das Buch der Sitte (genauer: Aufzeichnungen über die Sitten) gehört neben dem Buch der Urkunden, dem Buch der Lieder, dem Buch der Wandlungen und den Frühling- und Herbstannalen zu den fünf großen klassischen Büchern des alten China. Man kann es in verschiedener Hinsicht mit der Thora (Fünf Bücher Mosis) im Alten Testament vergleichen. Es ist ein Buch für den praktischen Gebrauch, da es die Regeln des rechten Verhaltens in allen Lebenslagen – von den Riten der heiligen Opfer für den höchsten Gott und die Ahnen bis herab zu den Regeln des alltäglichen Betragens bei Speise und Trank – enthält. Aber neben den praktischen Regeln enthält es auch die großen geistigen Grundlagen, auf denen das gesamte konfuzianische System aufgebaut ist. Es weist hinauf über Konfuzius zu den Patriarchen der alten Zeit, von denen die chinesische Kultur ihren Anfang nahm, und führt herab über Konfuzius bis zu den Lehren des einflussreichsten seiner Nachfolger (der mindestens auf Jahrhunderte selbst den glänzenden Stilisten Mong Dsï in den Schatten stellte), des berühmten Staatsministers und Philosophen Sün Kuang (auch Sün King = Minister Sün genannt.) [...]

Die neun Sitten

Der Sinn der Sitte ist das Prinzip der Freundlichkeit. Männerweihe, Hochzeit, Audienzen, Gesandtschaften, Beerdigung, Opfer, Gastverhältnis, Gautrinken, Heeresbräuche bilden die neun Sitten. Unter den Sitten gibt es dreihundert Hauptregeln und dreitausend Einzelbestimmungen, die die Einzelfälle des Textes verfolgen... Die Sitten symbolisieren die fünf Wandelzustände, und ihre Bedeutung entspricht den vier Jahreszeiten, darum werden sie in vier unterschieden: solche, die Liebe zeigen, solche der Pflicht, solche der Regeln, solche des freien Ermessens.

ZHEN-JI: ORIGINAL

BYUNG-CHUL HAN, 2011

Shanzhai 山寨, *Dekonstruktion auf Chinesisch* (Leipzig: Merve, 2011), S. 19-21.

Im klassischen Chinesisch heißt Original *zhen-ji* (真跡). Wörtlich bedeutet es die „echte Spur". Es handelt sich um eine besondere Spur, denn sie verläuft auf keiner teleologischen Bahn. Und ihr wohnt kein Versprechen inne. Mit ihr verbindet sich auch nichts Enigmatisches oder Kerygmatisches. Außerdem verdichtet sie sich nicht zu einer eindeutigen, eingestaltigen Präsenz. Vielmehr dekonstruiert sie die Idee jenes Originals, das eine unverwechselbare, unveränderliche, in sich ruhende Präsenz und Identität verkörpert.[1] Prozessualität und Differenzialität verleihen ihr eine dekonstruktive Fliehkraft. Sie lässt kein abgeschlossenes, in sich ruhendes Kunstwerk zu, das eine endgültige Form besäße und sich jeder Veränderung entzöge. Ihre *Differenz zu sich* lässt es nicht zu einem Stillstand kommen, indem es seine endgültige Gestalt bekäme. So lässt sie es immer *von sich abweichen.* Die chinesische Vorstellung des Originals als Spur (*ji*, 跡) weist die Struktur jener Freud'schen „Erinnerungsspur" auf, die einer ständigen Umordnung und Umschrift unterworfen ist. Nicht eine einmalige Schöpfung, sondern der endlose Prozess, nicht die endgültige Identität, sondern die ständige Wandlung bestimmt die chinesische Idee des Originals. Der Wandel erfolgt allerdings nicht innerhalb einer *Seele* einer Künstlersubjektivität. Die Spur löscht sie zugunsten eines Prozesses, der keine essentialistische Setzung zulässt.

Der Ferne Osten kennt solche prädekonstruktiven Größen wie Original, Ursprung oder Identität nicht. Vielmehr beginnt das fernöstliche Denken *mit* der Dekonstruktion. Das Sein als Grundbegriff des westlichen Denkens ist etwas, das nur sich selbst gleicht, das keine Reproduktion außerhalb seiner selbst zulässt. Platons Mimesis-Verbot ergibt sich gerade aus dieser Seinsverfassung. Das Schöne oder das Gute ist Platon zufolge etwas, was unveränderlich ist und nur sich selbst gleicht. Es ist „eingestaltig" *(monoeides)*. So lässt es keine Abweichung zu. Diese Seinsauffassung sieht in jeder Reproduktion etwas Dämonisches, das die ursprüngliche Identität und Reinheit zerstört. In der Platonische Idee ist bereits der Gedanke des Originals vorgezeichnet. Jeder Abbildung haftet ein *Seinsmangel* an. Die Grundfigur des chinesischen Denkens ist dagegen nicht das eingestaltige, einmalige *Sein*, sondern der vielgestaltige, vielschichtige *Prozess*.

Ein chinesisches Meisterwerk bleibt sich nie gleich. Je mehr es vermehrt wird, desto mehr verändert sich sein Aussehen. Es wird von Kennern und Sammlern regelrecht überschrieben. Mit Inschriften und Siegeln schreiben sie sich in das Werk ein. So überlagern sich auf ihm Einschreibungen wie in jenem psychischen Apparat mit Erinnerungsspuren. Das Werk selbst ist einem kontinuierlichen Wandel, einer permanenten Umschrift unterworfen. Es *ruht* nicht in sich. Vielmehr ist es *fließend.* Die Spur verflüssigt es. Sie ist der *Präsenz* entgegengesetzt. Das Werk entleert sich zu einem generativen und kommunikativen Ort der Einschreibung.[2] Je berühmter ein Werk ist, desto mehr Einschreibungen weist es auf. Es präsentiert sich wie ein Palimpsest.

Nicht nur einzelne Werke, sondern auch das ganze Œuvre eines Künstlers ist einem Wandel unterworfen. Das Œuvre verändert sich permanent. Es schrumpft und wächst. Neue Bilder, die plötzlich auftauchen, bevölkern es und die Bilder, die einmal dem Œuvre eines Meisters zugeschrieben wurden, verschwinden wieder aus ihm. So sieht das Œuvre des berühmten Meisters Dong Yuan in der Ming-Dynastie anders aus als in der Song-Dynastie. Dabei bestimmen auch Fälschungen oder Nachschöpfungen das Image eines Meisters. Es findet eine temporale Inversion statt. Das Nachfolgende oder das Nachträgliche bestimmt den Ursprung. So dekonstruiert sie ihn. Das Œuvre ist eine große Leerstelle oder Baustelle, die sich immer mit neuen Inhalten, mit neuen Bildern füllt. Man könnte auch sagen: *Je größer ein Meister ist, desto leerer ist sein Œuvre*. Er ist ein Signifikant ohne Identität, der immer mit neuer Signifikanz aufgeladen wird. Der Ursprung erweist sich als eine *nachträgliche Konstruktion*.[3]

Auch Adorno begreift das Kunstwerk nicht als ein statisches, starres, unveränderliches Formgebilde, sondern als etwas Geistig-Lebendiges, das fähig ist zur Veränderung. So schreibt er zu Wagner: „Was indessen sich an Wagner veränderte, ist nicht bloß seine Wirkung, sondern das Werk selbst, an sich. Kunstwerke als ein geistiges sind nichts in sich Fertiges. Sie bilden ein Spannungsfeld aller möglichen Intentionen und Kräfte, von inwendigen Tendenzen und ihnen Widerstrebendem [...]. Objektiv lösen aus ihnen immer neue Schichten sich ab, treten hervor; andere werden gleichgültig und sterben. Das wahre Verhältnis zu einem Kunstwerk ist nicht sowohl, dass man es, wie man so sagt, einer neuen Situation anpasst, als dass man, worauf man geschichtlich anders reagiert, im Werk selbst entziffert."[4] Hier wird das Kunstwerk wie ein Lebewesen vorgestellt, das wächst, sich häutet und sich verwandelt. Der Wandel ist jedoch nicht in der äußeren „Situation", sondern im inneren Wesen begründet, das dem Werk zugrundeliegt. Ausdrücklich distanziert sich Adorno von der Veränderung des *Selben*, die sich einer Situation verdankt. Das Kunstwerk wäre auch Adorno zufolge ein Wandlungsleib, der allerdings nicht einem Wandel *unterworfen* ist, sondern sich aus *sich selbst* heraus verwandelt. Lebendig und wandlungsfähig machen es der *innere* Reichtum und die *innere Tiefe* des Werkes.

1 Auch Derrida nennt die „différance", die sich jeder Markierung in Präsenz und Identität entzieht, die „Spur" (vgl. *Randgänge der Philosophie*, Wien 1988, S. 48). Seinem Begriff der Spur fehlt ebenfalls jede teleologische, theologische Dimension. Darin unterscheidet sie sich auch von der Heidegger'schen Figur der „Spur", die als ein „kaum vernehmbares Versprechen" eine „Befreiung ins Freie" ankündigt, „bald dunkel und verwirrend, bald blitzartig wie ein jäher Einblick" (*Unterwegs zur Sprache*, Pfullingen 1959, S. 137).

2 Nicht nur rezeptionsgeschichtliche, sondern auch andere Faktoren sind an der permanenten Veränderung des Originals beteiligt: „Formatveränderungen bei Neumontierungen. Beschneidungen aufgrund von Materialschäden, ästhetischen oder auch kommerziellen Erwägungen. Retuschen oder nachträglich ergänzte Signaturen arbeiten im Lauf der Zeit an der Werkform. Im Extremfall trifft auf ein chinesisches Bild die Metapher von dem Schiff zu, das erst nach Generationen wieder in seinen Heimathafen einläuft, nachdem es unterwegs bei Reparaturen nach und nach alle seine Teile ausgewechselt hat. Ist es überhaupt noch dasselbe Schiff? Die Mannschaft ist eine andere, die Bewohner der Heimatstadt sind andere, und es existieren keine Baupläne, die Aufschluss darüber geben könnten, ob bei Auswechslung der Teile wenigstens die ursprüngliche Form des Schiffes erhalten geblieben ist" (Christian Unverzagt, *Der Wandlungsleib des Dong Yuan. Die Geschichte eines malerischen Œuvre*, Stuttgart 2007, S. 184).

3 Selbst der Anspruch auf die Wahrheit, der den Chinesen fremd ist, vermag das Œuvre eines Meisters nicht eindeutig festzulegen. Das Rembrandt-Werkverzeichnis von Wilhelm Valentiner (1921) umfasst 711 Gemälde. Bredius (1935) listet 630 Gemälde als eigenhändig auf. 30 Jahre später erkennt Horst Gerson (1968) nur 420 Bilder als authentisch an. Der Rembrandt-Corpus des Rembrandt-Research-Projekts, der den Anspruch erhebt, auch die Bilder seiner Mitarbeiter aus seinem Œuvre auszusondern, verzeichnet ca. 300 Werke. Auch die akribische Stilanalyse der sogenannten Kenner oder Experten ist nicht frei von der Willkür.

4 Theodor W. Adorno, „Wagners Aktualität", in: *Musikalische Schriften* I-III, Frankfurt a. M. 1978, S. 543-564, hier S. 546.

5 Vgl. ebd., S. 128.

6 Vgl. Wen Fong, „The Problem of Forgeries in Chinese Painting", in: *Artibus Asiae*, Vol. 25 (1962), S. 100: „The fact ist [sic!] that the age-honored tradition of learning the art of painting through copying in China made every Chinese painter a potential forger, and it is well known that some of the greatest Chinese painters and connoisseurs were, or were said to be, master ‚forgers'. According to Chao Hsi-ku (early thirteenth century), Mi Fu made a habit of taking advantage of his preeminence as a connoisseur by substituting important masterpieces, which were brought to him for ‚authentication', with exact copies."

Die unerschöpfliche *Fülle* und die unergründliche *Tiefe* zeichnen es aus. Sie *beseelen* es zu einem lebendigen Organismus. Sein Reichtum entfaltet sich unabhängig von der Situation. Das chinesische Kunstwerk ist dagegen in sich *leer* und *flach*. Es ist ohne Seele und ohne Wahrheit. Die ent-substanzialisierende Leere öffnet es für Einschreibungen und Umschriften. Auch das Œuvre eines chinesischen Meisters ist deshalb wandlungsfähig, weil es in sich leer ist. Nicht die Innerlichkeit des Wesens, sondern die Äußerlichkeit der Überlieferung oder der Situation treibt den Wandel voran.

Nicht nur der Stil, sondern auch die Sujets eines Meisters verändern sich permanent. Jede Epoche macht sich ein anderes Bild von ihm. So kann es durchaus vorkommen, dass die wirklichen Originale des Meisters aus dessen Œuvre entfernt werden, während die Fälschungen, die dem Zeitgeschmack entsprechen, darin aufgenommen werden und dadurch eine kunsthistorische Wirkung entfalten. In diesem Fall haben die Fälschungen einen höheren kunsthistorischen Wert als wirkliche Originale. Ja sie sind originaler als die Originale. Die ästhetische Vorliebe einer Epoche, der vorherrschenden Zeitgeschmack beeinflusst das Œuvre eines Meisters. Bilder mit den Sujets, die nicht zeitgemäß sind, geraten in Vergessenheit, während Bilder mit beliebten Sujets zunehmen. Ist eine Epoche zum Beispiel volkstümlich ausgeprägt, so tauchen im Œuvre von Dong Juan vermehrt Bilder mit volkstümlichen Motiven auf. Die stillen Wandlungen seines Œuvre folgen unterschiedlichen Bedürfnissen der Zeit. In der Ming-Dynastie zum Beispiel, in der die Kaufleute als Mäzene eine wichtige Rolle für die Kunst spielen, taucht auf den Bildern von Dong Yuan plötzlich ein neues Motiv auf, nämlich der Händler.[5] An diesem Wandel des Œuvres arbeiten permanent Fälschungen und Nachschöpfungen.

In der altchinesischen Kunstpraxis erfolgt das Lernen ausdrücklich durch das Kopieren.[6] Das Nachmalen gilt außerdem als ein Zeichen des Respekts gegenüber dem Meister. Man studiert, lobt und bewundert ein Werk, indem man es nachmalt. Kopieren ist Lobpreisen. Es handelt sich eigentlich um eine Praxis, die auch in der europäischen Kunst nicht unbekannt ist. Die Manet-Kopie van Gauguin erscheint wie eine Liebeserklärung. Aus van Goghs Imitationen von Hiroshige spricht eine Bewunderung. Bekanntlich ging Cézanne oft in den Louvre, um die alten Meister nachzumalen. Schon Delacroix bedauerte, dass die Übung des Kopierens, die für alte Meister wie Raffael, Dürer oder Rubens eine unverzichtbare, unerschöpfliche Quelle des Wissens gewesen sei, immer mehr vernachlässigt werde. Der Kult der Originalität drängt jene Praxis in den Hintergrund, die wesentlich ist für den Schöpfungsprozess. Die Schöpfung ist in Wirklichkeit kein plötzliches *Ereignis*, sondern ein langsamer *Prozess*, der eine lange und intensive Auseinandersetzung mit dem *Gewesenen* erfordert, um aus diesem zu schöpfen. Schöpfung ist in dem Sinne primär Schöpfen. Das Konstrukt des Originals eskamotiert das Gewesene, das Vorgängige, aus dem es *geschöpft* wird.

DAS GESTALTUNGSKONZEPT [DER RESTAURIERUNG DES GROPIUS BAU, 1978-1981]

JENS-OLE REY, 2012

Bauen zwischen autonomer Gestaltung und Denkmalschutzvorgaben. Der Architekt Winnetou Kampmann (Marburg: Tectum Verlag, 2012), S. 262-265.

Zusammen mit den Verantwortlichen entscheiden sich Kampmann und Weströöm dafür, zwar plastische Komplettierungen der Stuckoberflächen und Malereien vorzunehmen, ornamentale Oberflächen aber in erkennbar helleren Farben und vereinfachter Form zu ergänzen – in weiten Teilen bleibt die Restaurierung der Ausstattungsfragmente programmatisch auf die erhaltenen Reste der Oberflächen beschränkt [...]. „Der Betrachter wird weiterhin feststellen, dass der Große Lichthof in den Umgängen nur in einzelnen Deckenbereichen, vor allem im Erdgeschoss, im Lichthof selbst nur in der Kuppel und im Bereich der Lichthoffassade über dem 1. OG auf der Ostseite rekonstruiert ist."[1] Großflächige Putzergänzungen werden in „Bestandswerktechnik" vorgenommen, Stuckelemente nach Maßgabe geborgener Teile rekonstruiert. Hier – wie auch in vielen anderen Räumen des Hauses – bessern die Architekten erhaltene Originaloberflächen durch Retuschen aus und schließen Fehlstellen. Verlorenes wollen sie an manchen Stellen rekonstruieren, jedoch immer erkennbar oder in modern bereinigten Formen. Dabei entscheiden sie sich, dem erkennbar historischen Bestand im nebeneinander mit den Neuanfertigungen den Vorrang in der Wahrnehmung einzuräumen, und seine Wirkung durch schlichte Formen zu betonen. Der Bestand erfährt dadurch seine Wertschätzung und wird darüber hinaus durch Reparaturen, Vervollständigungen und begleitende Eingriffe quasi zum Sprechen gebracht. Änderungen im Grundriss sind nur an ohnehin völlig zerstörten Teilen gestattet, beispielsweise auf der Nordseite.

Ganz anders verfahren Kampmann und Weström mit der Fassade [...], sie streben hier nämlich die vom Denkmalamt geforderte vollständige Rekonstruktion des historischen Zustandes an, allerdings unter ökonomisch bedingter Vereinfachung kleiner Details. Dennoch geben auch Kampmann und Weström später nicht ohne

Stolz an: „der heutige Betrachter wird selbst mit dem Fernglas nicht feststellen können, welche Teile am Bau aus dem Jahr 1880 oder aus dem Jahr 1980 stammen."[2] Die Architekten entscheiden sich also für eine Reihe an Einzelmaßnahmen in großer Bandbreite, die jeweils dem Zerstörungsgrad oder aber der Wertung bestimmter Bauteile Rechnung tragen. Strukturell reicht die Skala von der kleinteiligen Reparatur des Bestandes, der Verstärkung und Ergänzung der bauzeitlichen Konstruktion bis zur Wiederherstellung des Gebäudevolumens durch Neubau fehlender Gebäudeteile. Entsprechend bildet der Ziegel, hier ein Altziegel, die kleinste modulare Einheit, welche sowohl in der kleinteiligen Bestandsreparatur als auch in der großflächigen Volumenreparatur zu finden ist. Im Inneren erstreckt sich das Spektrum von den Rekonstruktionen der Gipsbegleitbänder an den Säulen im Lichthof, über die Ergänzungen von Putzflächen bis zur korrespondierten Neugestaltung fehlender Geländer im Lichthof. Geleitet sind Kampmann und Westström dabei von ganz unterschiedlichen Motiven, die sie ebenso differenziert wie individuell gewichten. In erster Linie geht es ihnen um Funktionsgerechtigkeit: Ein Museumsbau muss als solcher funktionieren. „Der Betrachter des Gebäudes kann also feststellen, dass trotz aller Unvollständigkeiten in vielen Bereichen, immer da, wo es möglich war, in Einzelteilen die spätere Nutzung des Gebäudes in allererster Linie berücksichtigt wurde, auch wenn dies in wenigen Bereichen zu einer Kollision mit der eigentlichen Denkmalspflege führte",[3] schreibt Winnetou Kampmann später dazu. Bereits zu Beginn hat Kampmann also die künftigen Ausstellungen im Blick. Die architektonische Hülle und ihr Inhalt sind untrennbar miteinander verknüpft. [...]

Fast scheint es so, als hätten er und seine Partnerin in diesem Dialog von Alt und Neu dem durch museale Erfahrungen geschulten und gebildeten Publikum eine neue Perspektive eröffnen wollen, in deren Fluchtpunkt die dunkelste Geschichte der Deutschen zwar als gebautes Memento sichtbar wird, seine Überwindung aber trotz allem keinen pädagogischen Ton anschlägt, der Besucher vielmehr in einem würdigen Rahmen die Kunst Berlins erleben kann. Der Gropiusbau reflektiert also nicht nur die wechselvolle Geschichte der Stadt Berlin, nicht nur den Widerstreit unterschiedlicher Kräfte im öffentlichen Raum, sondern auch ein gewandeltes Verständnis vom Denkmalschutz.

1 Winnetou Kampmann, Ute Westström, „Rekonstruktion im Außenbereich – Die Terrakottagesimse" in: Winnetou Kampmann, Ute Westström (Hrsg.): *Martin-Gropius-Bau, die Geschichte seiner Wiederherstellung*, München 1999, S. 70.

2 Ebd.

3 Winnetou Kampmann, „Wiederaufbau des ehemaligen Kunstgewerbemuseums" in *Baukultur*, Heft 5 1981, S. 27-31, hier S. 28.

DIE GEO-KULTURELLEN BEDINGUNGEN VON KINTSUGI

GUY KEULEMANS, 2016

Übersetzt aus: „The Geo-cultural Conditions of Kintsugi“ in *The Journal of Modern Craft*, 2016, S. 16-17. Nachdruck mit Genehmigung des Verlags (Taylor & Francis Ltd, http://www.tandfonline.com).

Kintsugi ist eine traditionelle Handwerkstechnik, um zu Bruch gegangene Keramik unter Verwendung von *urushi*, einem pflanzenbasierten klebenden Lackharz, dem Gold oder Silber hinzugefügt werden, zu reparieren. *Kintsugi* entwickelte sich seit der Azuchi-Momoyama-Zeit im späten 16. Jahrhundert.[1] Während es als erwiesen gilt, dass auf *Urushi* basierende Reparaturen auf diese Zeit zurückgehen (und sogar noch weiter zurück), stammen die frühesten bedeutenden *kintsugi*-Arbeiten aus der ersten Hälfte des 17. Jahrhunderts, der frühen Edo-Zeit. Die Teeschale Seppo von Hon'ami Kōetsu ist hierfür ein Beispiel. Die spezielle Verwendung eines Gold- oder Silberbezugs über dem *Urushi*-Lack macht die ästhetische Anziehungskraft von *kintsugi* aus, die das Erscheinungsbild des ursprünglichen Keramikgegenstands aufwertet [...]. *Kintsugi* gilt als eine spezifisch japanische Technik. Diese Produkte erfahren eine hohe Wertschätzung und werden für kulturell relevante Praktiken wie die Teezeremonie eingesetzt.[2] Als eine handwerkliche Reparaturmethode entspricht *kintsugi* dem Prinzip des *Mottainai*, einem japanischen Konzept, welches das Bedauern über Verschwendung zum Ausdruck bringt.[3] *Kintsugi* ist jedoch auch eine *transformative* Reparaturmethode.[4] So werden edle Metalle verwendet, um die Aufmerksamkeit auf das Objekt zu lenken und sein Erscheinungsbild zu verändern, im Gegensatz zu anderen Formen des Reparierens, welche die mit der Beschädigung verbundene Geschichte zu verbergen suchen – wenn beispielsweise transparente oder nicht sichtbare Kleber verwendet werden. [...][5]

Ein zentraler Aspekt dieser transformativen Reparaturpraktiken liegt darin, dass die materielle Erinnerung an das beschädigte Objekt und seine nachfolgende Reparatur fortbesteht. Geklebte Bruchstücke bleiben beispielsweise sichtbar und fühlbar, wenn man die Gegenstände in die Hand nimmt. Somit ist *kintsugi* ein wichtiges Handwerk, dem die Fähigkeit innewohnt, zu *beeinflussen*, die Sinne einzunehmen und die *Wahrnehmung* von Beschädigung und Reparatur zu verstärken. Nach Deleuze und Guattari wirken die Affekte von beispielsweise Sprüngen nicht isoliert, sondern stehen in Beziehungen und agieren in sensorischen Verbindungen.[6] Ein reparierter Sprung kann etwas auslösen und sich mit zahlreichen Dingen verbinden, nicht zuletzt mit der Wahrnehmung von Drohung, Dringlichkeit, Katastrophe, Gefahr, aber auch Fürsorge, Ausbesserung oder Hoffnung. Diese sensorischen Verbindung modulieren das menschliche Verhalten als eine mikropolitische Auswirkung – Folgen auf individueller Ebene. Deleuze und Guattari behaupten, dass Emotionen durch Materialität verursacht werden, und darüber hinaus nach außen auf Bereiche übergreifen, die *makropolitische* Auswirkungen auf gesellschaftlicher und kultureller Ebene haben.[7]

1 Steven Weintraub, Sadae Y. Walters und Kanya Tsujimoto, „Urushi and Conservation: The Use of Japanese Lacquer in the Restoration Japanese Art“, *Ars Orientalis* 11: 54, 1979.

2 Christy Bartlett, „A Tearoom View of Mended Ceramics“ in Herbert F. Johnson Flickwerk, *The Aesthetics of Mended Japanese Ceramics Museum of Art and Museum für Lackkunst*, Münster, Deutschland: 12, 2008.

3 Kintsugisouke, „When Mending Becomes an Art (Japanese Urushi Art)“ [Video 2009]. Veröffentlicht am 8. Dezember. Verfügbar unter: https://www.youtube.com/watch?v=k3mZgs0vkDYThegoldmendingtechniquesofurushilacquerartistRyugaku-Miyahara (aufgerufen am 11. März 2016).

4 Charly Iten, „Ceramics Mended with Lacquer–Fundamental Aesthetic Principles, Techniques and Artistic Concepts“ in Herbert F. Johnson Flickwerk, *The Aesthetics of Mended Japanese Ceramics* (Münster: Museum für Lackkunst, 2008), S. 18.

5 Es sind auch noch andere historische Reparaturtechniken für Keramik bekannt, die ebenso das Erscheinungsbild verändern: Bekannt ist die alte Technik des Reparierens mit Metallklammern, die in China entwickelt wurde und sich dann in Europa verbreitete. (Albert, 2012: 2-3). In Japan fand jedoch *kintsugi* eine größere Anwendung.

6 Gilles Deleuze, Félix Guattari, *What is Philosophy?* (New York: Columbia University Press, 1994), S. 168.

7 Gilles Deleuze, Félix Guattari, *A Thousand Plateaus: Capitalism and Schizophrenia* (Minneapolis: University of Minnesota Press, 1987), S. 208-216.

SONIC BLOSSOM

2013 / 2020

Stuhl, Notenständer, Kostüm, spontanes Lied

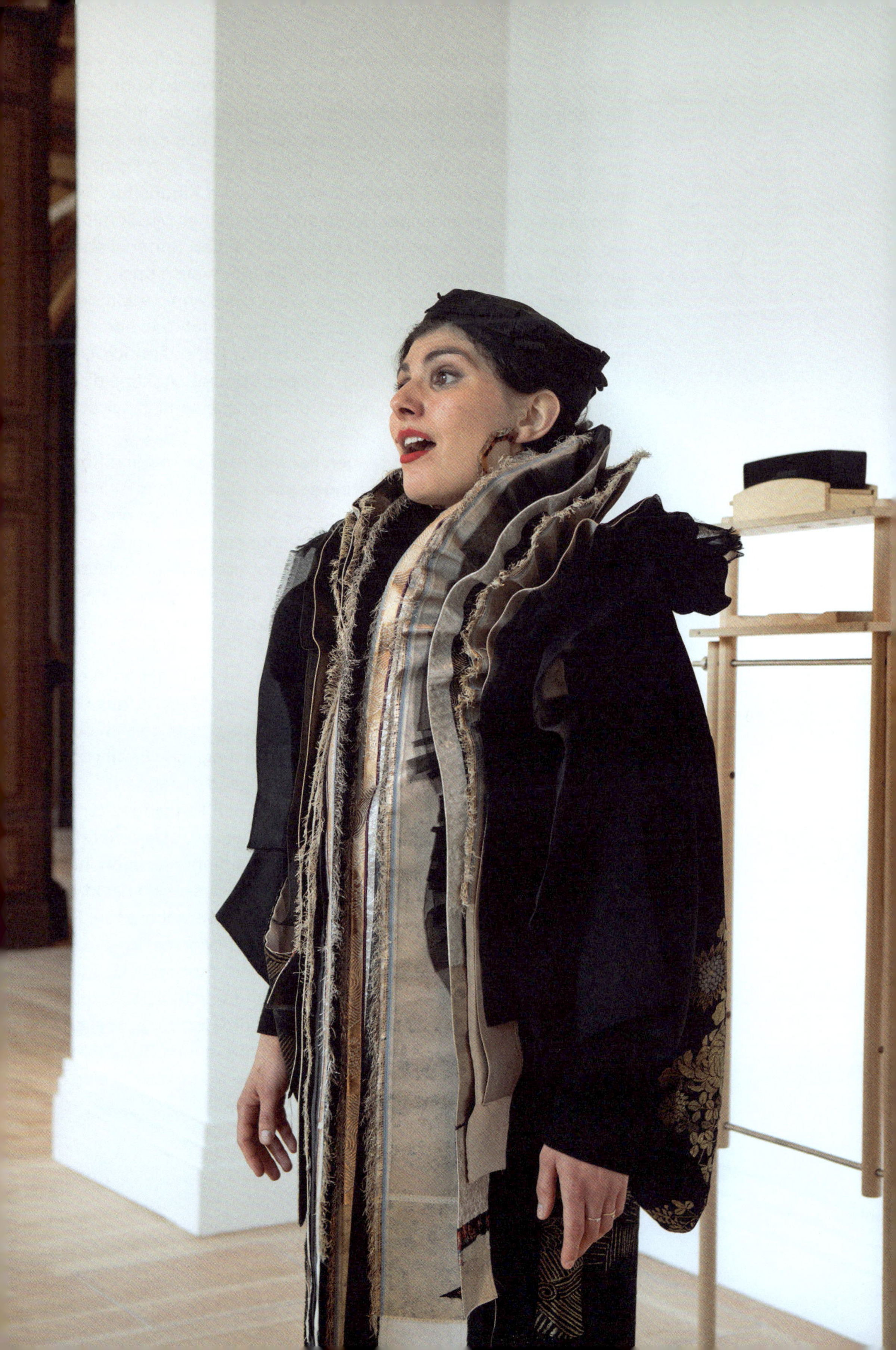

Sonic Blossom stellt Musik, insbesondere Gesang, als ein Geschenk dar, das den Geist beflügelt und eine tief emotionale Reaktion in Sänger*in und Zuhörer*in hervorruft. Die Arbeit nimmt somit Bezug auf die inneren Reaktionen des Publikums und schafft einen Moment intimen Zuhörens in den Räumen der Kunstinstitution.

„Die Idee für *Sonic Blossom* nahm ihren Anfang, als ich zurück in Taipeh war, um mich um meine Mutter zu kümmern, die nach einer Operation am offenen Herzen auf der Intensivstation lag. Um etwas Schönes und Tröstliches in das Krankenzimmer zu bringen, hatte ich die Idee, ihr Lieder von Franz Schubert vorzuspielen. Eine meiner schönsten Kindheitserinnerungen ist das gemeinsame Hören von klassischer Musik mit der ganzen Familie, was wir vor allem an heißen Sommerabenden machten. Schubert, Mozart und Chopin waren unsere Favoriten. Um uns Kinder zu beruhigen, spielte meine Mutter die Musik klugerweise immer relativ leise ab. Ich bat sie darum, sie lauter zu machen, weil ich nichts hören konnte. Und sie antwortete mit ruhiger und sanfter Stimme: ‚Adi (mein Spitzname), wenn du dich hinsetzt und ganz leise bist, wirst du Schuberts Lieder hören.'

Die Sänger*innen tragen bei der Aufführung ein Kostüm, für das ich mit Designer*innen wie Kelima K und Akira Isogawa zusammenarbeitete. Ich brachte Kelima K einen antiken *Obi* aus Kyoto mit, aus dem sie ihren sogenannten ‚transformation cloak' (Verwandlungsumhang) gestaltete. Häufig platzierte sie an der Innenseite des Umhangs eine kleine eingenähte Notiz, die nur für die Sänger*innen sichtbar war. Diese Notiz lautet übersetzt:

‚Dieses Gewand verwandelt die*den / Träger*in in ein wundervolles / Wesen, ausgestattet mit der / Macht, das Geschenk der Musik weiterzugeben. / Klangwellen ziehen sich durch das / Faltenlabyrinth und sorgen für / eine magische Erfahrung, / wobei sie die Gebenden und / die Empfangenden segnen'.

Als einmal die Sänger*innen ohne den Umhang auftreten mussten, da Reparaturen notwendig waren, stellte ich fest, wie wichtig dieses Kostüm war. Die Sänger*innen trugen ihre normale schwarze Kleidung. Einige sagten, dass sie sich nackt und kraftlos gefühlt hätten, während sie das Lied verschenkten. So verstand ich die Macht des mythischen ‚transformation cloak'.

Ich stelle mir *Sonic Blossom* oft als exotische Blume vor, die nur alle fünf Jahre blüht. Während der Blütezeit setzt jedes empfindende Wesen sie seiner Freude, Hoffnung, Trauer und Verzweiflung aus. Dann fällt die Blume in ihre Ruhephase und genießt und überdenkt jede Begegnung und bereitet sich auf die nächste Blütezeit vor."

LEE MINGWEI

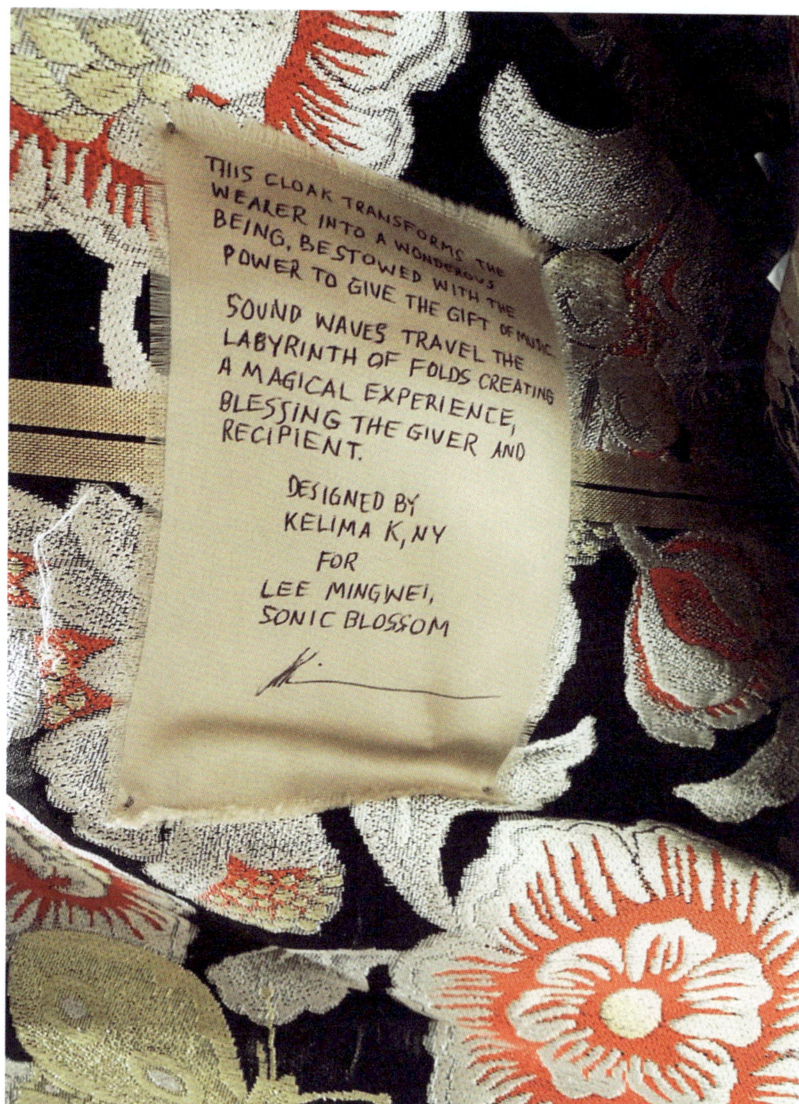

Der von der Designerin Kelima K für *Sonic Blossom* entworfene „transformation cloak" umfasst eine handgenähte Botschaft am Innenfutter, die nur für die Sänger*innen einsehbar ist und folgendermaßen lautet: „Dieses Gewand verwandelt die*den / Träger*in in ein wundervolles / Wesen, ausgestattet mit der / Macht, das Geschenk der Musik weiterzugeben. / Klangwellen ziehen sich durch das / Faltenlabyrinth und sorgen für / eine magische Erfahrung, / wobei sie die Gebenden und / die Empfangenden segnen."

„Ich setzte mich hin und glaubte, zu wissen, was geschehen würde. Als sie aber anfing, zu singen, war ich so gerührt, dass ich unmittelbar zu weinen begann und während des ganzen Lieds weinte. Ich arbeitete fast zwei Jahrzehnte lang als klassische Cellospielerin und führte unzählige Konzerte in den weltweit bekanntesten Konzertsälen auf oder besuchte sie. In all den Jahren bewegte mich keine Musik so tief wie das Lied in Lee Mingweis *Sonic Blossom,* das ich als Geschenk erhielt. Einige Sänger*innen waren noch Studierende, aber alle verkörperten das, was so elementar für das Musikmachen und, möglicherweise, für das Leben im Allgemeinen ist: die Anmut und den Mut, Beziehungen mit anderen einzugehen, und die Praxis des Schenkens. Ich hatte das Glück und empfing ein zweites Lied anlässlich einer weiteren Performance von *Sonic Blossom* während meines Aufenthalts in Singapur und dann noch eins im Centre Pompidou in Paris. Jedes Mal war ich zu Tränen gerührt. Schenken und Empfangen gehören zusammen. Das eine kann nicht ohne das andere existieren. *Sonic Blossom* wird nicht nur präsentiert oder performt, die Arbeit ist vielmehr eine kostbare Aufforderung, die die Besucher*innen vollständig involviert."

AYUMI PAUL

Hat *Sonic Blossom* 2018 in der National Gallery Singapore und im Centre Pompidou, Paris, erlebt.

„Als Sängerin besteht dein Alltag darin, vor dem Publikum ‚etwas zu geben', *Sonic Blossom* aber ist eine der reinsten Erfahrungen, die ich als Sängerin erlebte. Wir singen als kleine Kinder, wodurch wir eine starke Verbindung zu unserer inneren kreativen Energiequelle herstellen. Um ehrlich zu sein, war ich nicht auf diese emotionale Explosion vorbereitet, die mich traf, als ich an dieser Arbeit teilnahm, die einem Feuerwerk der Gefühle gleicht. Ich glaubte, den Moment kontrollieren zu können, die erste Aufführung aber lehrte mich auf erfrischende Weise das absolute Gegenteil. Eine Person saß nur fünf Meter von mir entfernt. Jeder Gesichts- und Augenmuskel versprühte ein Lächeln. Dies rührte mich zu Tränen. Es findet ein Austausch statt, der beide Seiten verbindet. Der erste Ton schafft eine Brücke und Gefühle beginnen, die Seiten zu wechseln. Man fühlt eine Veränderung und das Ego löst sich auf. Das bedeutet es, ein Medium zu werden. Ein ganzes Schubert-Lied über befindet man sich außerhalb dieser Welt. Von da an habe ich auf neue, frische Art und Weise gesungen und performt. Ich entwickelte mich als Mensch und Künstlerin weiter."

SARAH KEHDER

Sängerin bei *Sonic Blossom* im Jahr 2017 im Städel Museum in Frankfurt, im Centre Pompidou, 2018, und im Gropius Bau, 2020.

„Als ich Schuberts *Nacht und Träume* als Geschenk empfing, schuf der Augenkontakt mit der Sängerin quer durch den Raum eine intime, anspruchsvolle und überwältigende Atmosphäre. Leise Kommentare über Lees ‚transformation cloak' und die Ähnlichkeit der Sängerin zu einer Frau in den umgebenden Porträts von Velázquez, Poussin und van Dyck lenkten mich ab. Eine beeindruckende Stimme erfüllte den Raum. Dieser komplexe und fein abgestimmte Kontext ermöglichte es *Sonic Blossom*, sich auf eine Weise zu entfalten, die sich nicht wiederholen lässt und für immer meine Erfahrung des Cleveland Museum of Art mit all seiner Geschichte, neuen Bedeutungen und menschlichen Emotionen veränderte. Ich blieb stundenlang dort und verfolgte, wie sich der Austausch zwischen den Sänger*innen, den Sitzenden und den Beobachtenden mit jeder Aufführung intensivierte und abnahm. Erinnerungen und intensive Gefühle kamen hoch und ich wollte dies immer wieder teilen."

JAMIE HARDIS

Empfing 2019 ein Schubert-Lied im Cleveland Museum of Art.

„Ich habe *Sonic Blossom* in zahlreichen Museen aufgeführt. Jedes Mal habe ich unterschiedliche Erfahrungen gemacht. Eine Sache hat sich jedoch nie geändert: Das Geschenk wurde gleichzeitig gegeben und empfangen. Ich sehe mich selbst als Teil der Kunst und das ermächtigt mich, jeden Gast zu beherbergen, den ich treffe. Wenn ich dem Gast das Lied vorsinge, bekomme ich die Energie zurück. Ich nehme diese Energie auch als Geschenk auf. Die Verbindung zwischen uns beiden macht jedes Geschenk einzigartig und besonders. Nach dem Lied erhalte ich ein Lächeln, Tränen, Umarmungen und Seufzer. Manchmal unterhalte ich mich auch kurz mit den Besucher*innen, wenn sie ihre Lebensgeschichten teilen oder Wünsche ausrichten möchten. Alle ihre Reaktionen berühren mich zutiefst und bewegen mich dazu, mein Herz zu öffnen und ein ehrliches Geschenk anzubieten. Ich erinnere mich an eine Frau, die das Geschenk empfing und später dem Museum einen Brief schrieb und darin mitteilte, dass ihr Mann schon seit Jahren gegen Krebs kämpft. An jenem Tag fühlte sie sich so hoffnungslos und fragte, ob ihr das Leben ein Zeichen der Hoffnung geben könne. An demselben Tag weinte sie während der Aufführung und glaubte, dass das Geschenk ein Zeichen sei, ein Zeichen der Hoffnung. All diese besonderen Momente, die mich an die Schönheit von *Sonic Blossom* erinnern, bewahre ich in meinem Herzen."

BEIBEI GUAN

Sänger bei *Sonic Blossom* im Museum of Fine Arts, Boston, im März 2015, im Metropolitan Museum of Arts im November 2015, im Centre Pompidou, Paris, im Oktober 2018 und im Isabella Stewart Gardner Museum, Boston, im Oktober 2019.

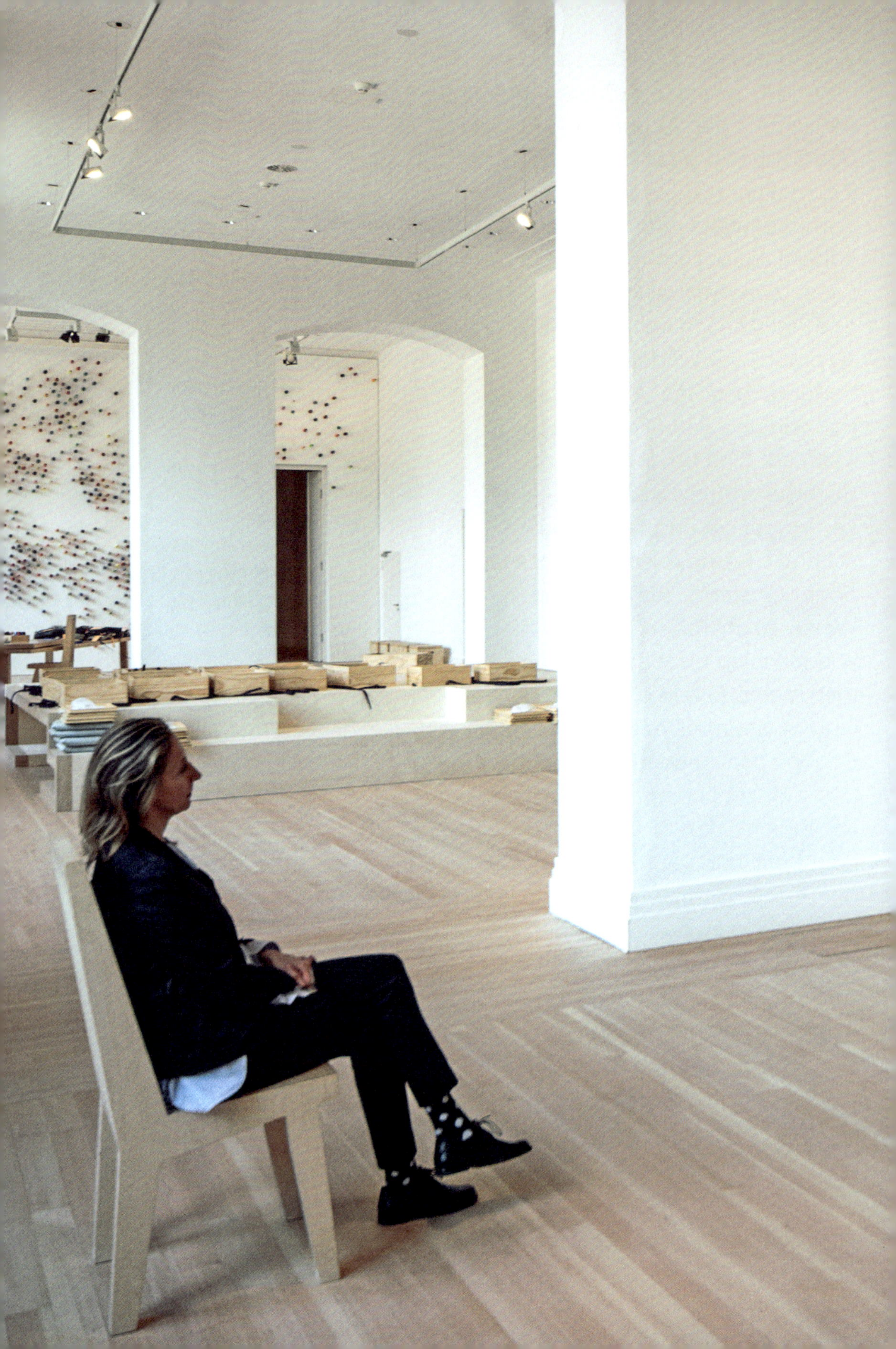

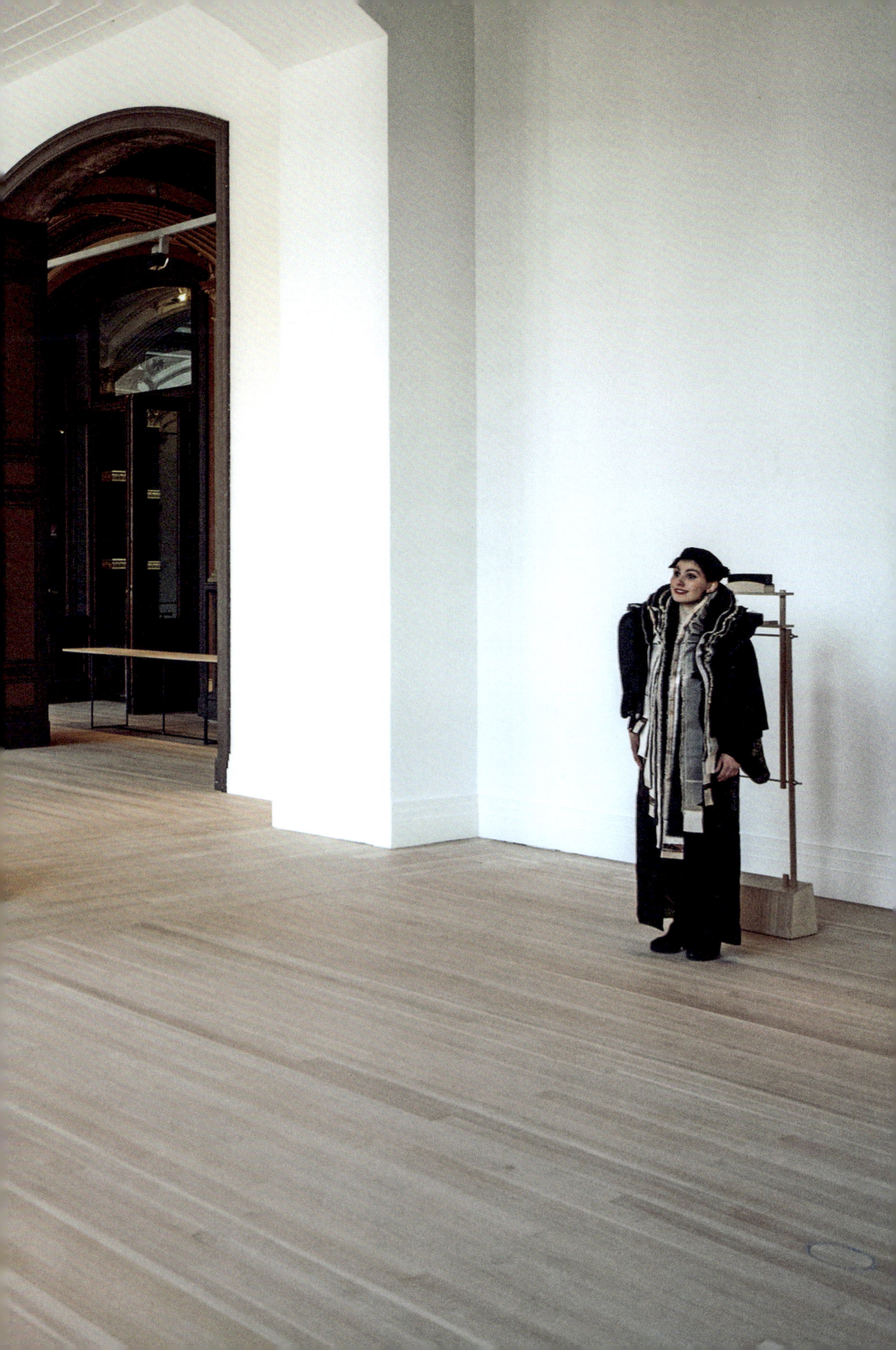

OUR LABYRINTH

2015 / 2020

Reis, Besen, Kostüm, Fußglöckchen, gefaltetes
Papier, Holzkiste, Tanzboden, Tanz

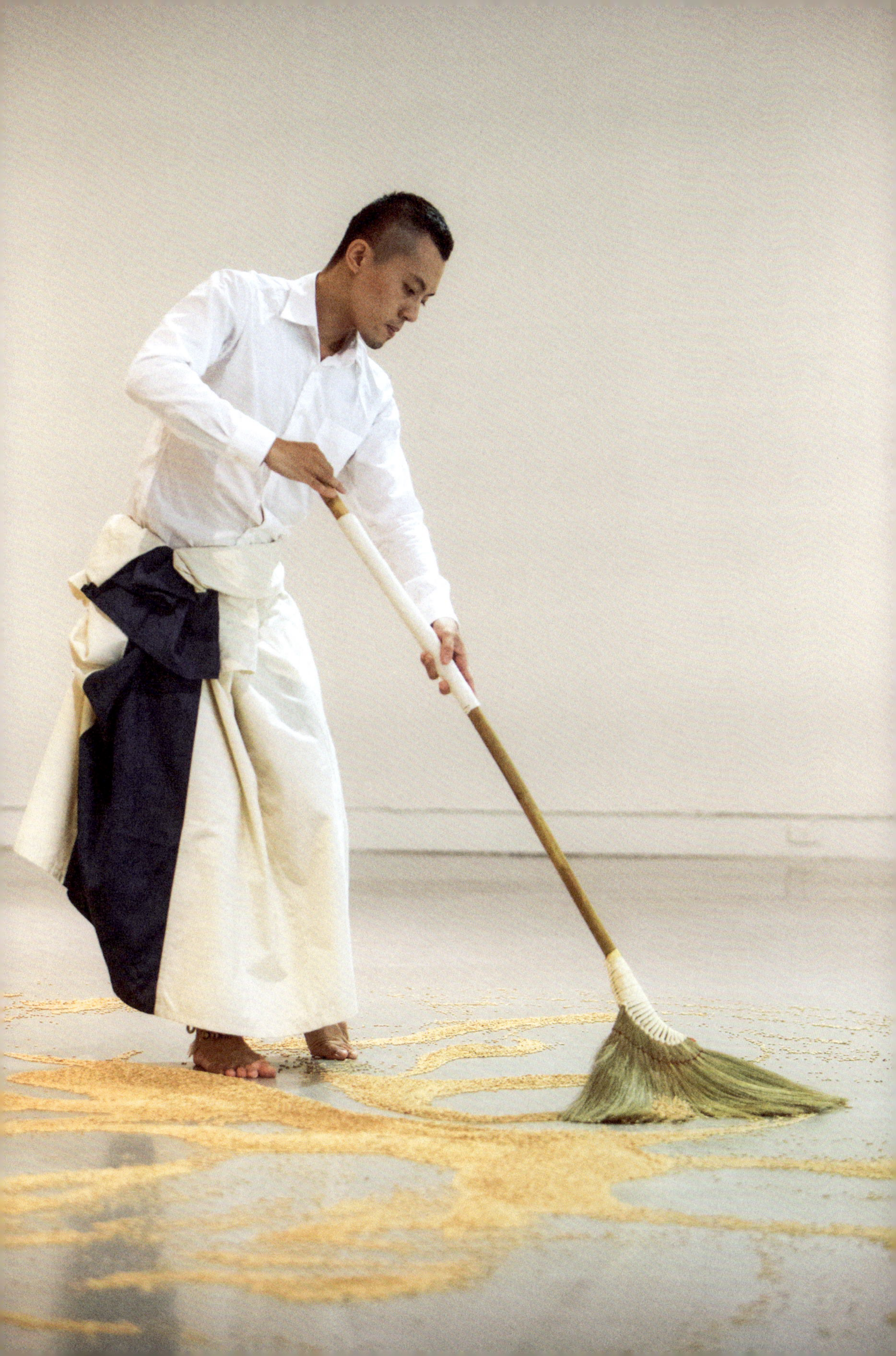

Diese geometrische Zeichnung stammt aus einem Buch, das Lee Mingwei gehört und japanischen Tanzmustern gewidmet ist. Sie markieren den Weg, den ein Performer des Kabuki – einer wichtigen Form des klassischen japanischen Tanzdramas – gemäß seiner Rolle tanzt oder zurücklegt. Die roten Markierungen verweisen auf die Dauer und den Grad der Drehungen, der Beugung und Streckung der Körperteile. Lee betrachtet diese Zeichnungen als erhaben und geheimnisvoll und sieht eine enge Verbindung zwischen *Our Labyrinth* und den Wegen der Kabuki-Tänzer.

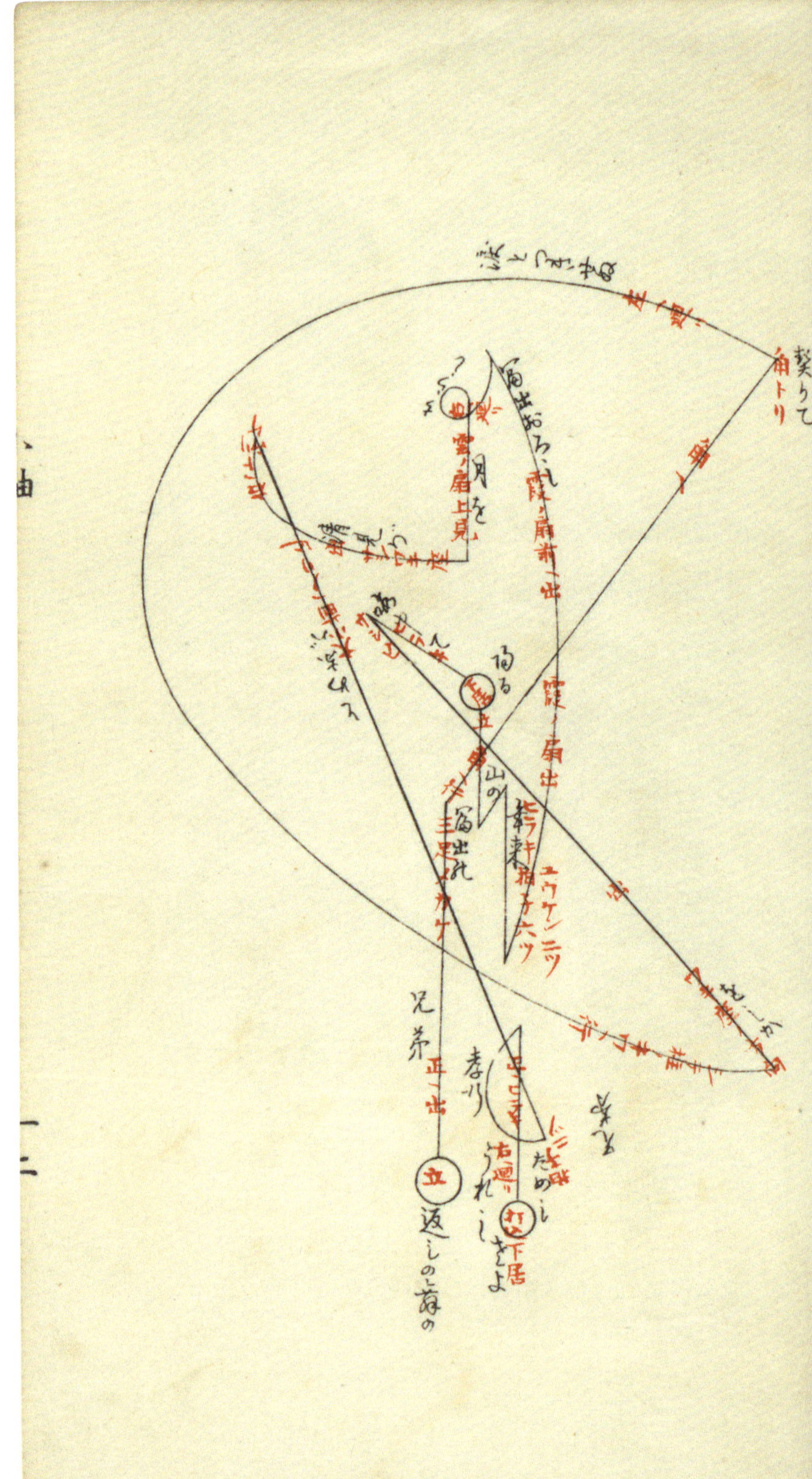

„2014 war ich in Myanmar und besuchte verschiedene antike Tempel auf dem Land. In einiger Entfernung zum Tempel gibt es kleine Hütten, in denen Besucher*innen ihre Schuhe ausziehen können, um den Weg barfuß zu gehen. Ich war beeindruckt von den Pfaden, die zum Tempel führten, und stellte fest, dass es überall Freiwillige gab, die den ganzen Tag diese Pfade reinigten. Für mich fühlte es sich wie ein physisches und spirituelles Geschenk der Freiwilligen an die Besucher*innen an. Das behutsame Fegen der Pfade und das sorgfältige Aufsammeln der Blätter hat mich sehr inspiriert.

Für *Our Labyrinth* habe ich zunächst einen Pfad aus Reis für die Tänzer*innen angelegt, quasi als direkte Fortsetzung dessen, was ich in Myanmar gesehen hatte. Zunächst wollte ich dem Werk auch eine Klangkomponente hinzufügen, indem die Tänzer*innen einen Vogelkäfig mit einem Kanarienvogel tragen sollten. Doch schnell stellte ich fest, dass das eine zu starke Kontrolle bedeuten würde, da es den Tanzenden zu viel Freiheit nehmen würde. Stattdessen entschied ich mich für den feinen Klang eines Schellenrings am Fußgelenk, welcher erklingt, wenn sich die Tänzer*innen langsam über den Boden bewegen. Das Geräusch erinnert mich an den Klang von brechendem Eis. Ich forderte die Tänzer*innen auf, zwei Dinge zu tun: sich sehr langsam zu bewegen – beinahe wie Morgennebel, der über Marschland schwebt – und dem Reis mit dem Herzen zuzuhören, ohne darüber nachzudenken oder die nächste Bewegung zu planen. Der Reis leitet sie so durch den Tanz.

Während einer Probe beobachtete ich zwei Tänzer*innen, die sich gemeinsam um die Anhäufung von Reiskörnern bewegten. Ich war fasziniert von diesem unerwarteten Duett und das brachte mich auf die Idee, dieses Projekt statt nur mit einer tanzenden Person mit zwei Personen zu machen. Sie würden behutsam aufeinandertreffen, als wären sie Galaxien des Alls, die langsam entstehen und ineinandergreifen und sich dann wieder trennen, wenn die Zeit gekommen ist. Das war ein wahrhaft magischer Moment.“

LEE MINGWEI

In *Our Labyrinth* werden die Performer*innen aufgefordert, nicht zu denken, sondern zu fühlen, um mit einem Besen und Reis meditative Muster auf den Boden zu zeichnen.

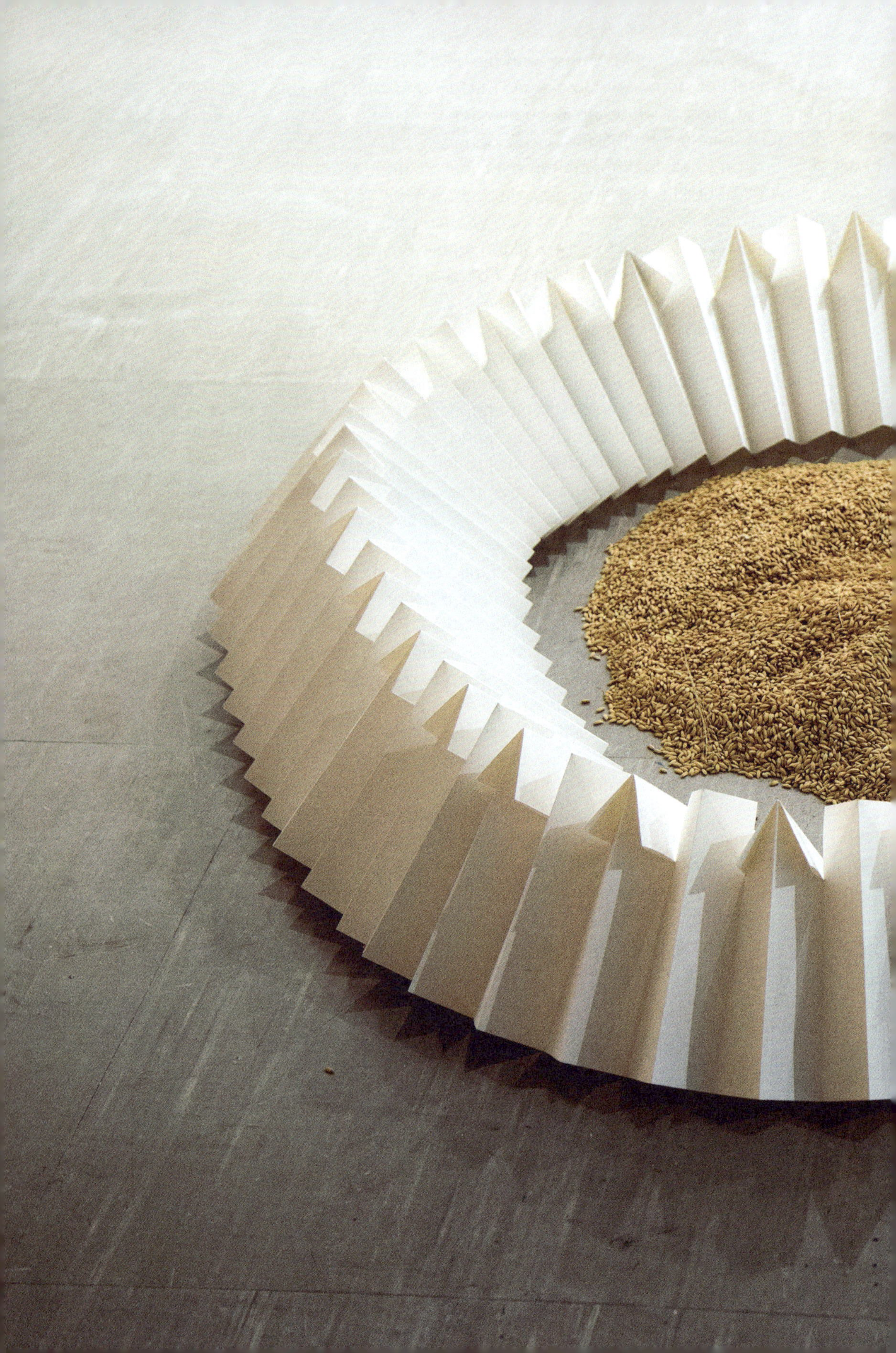

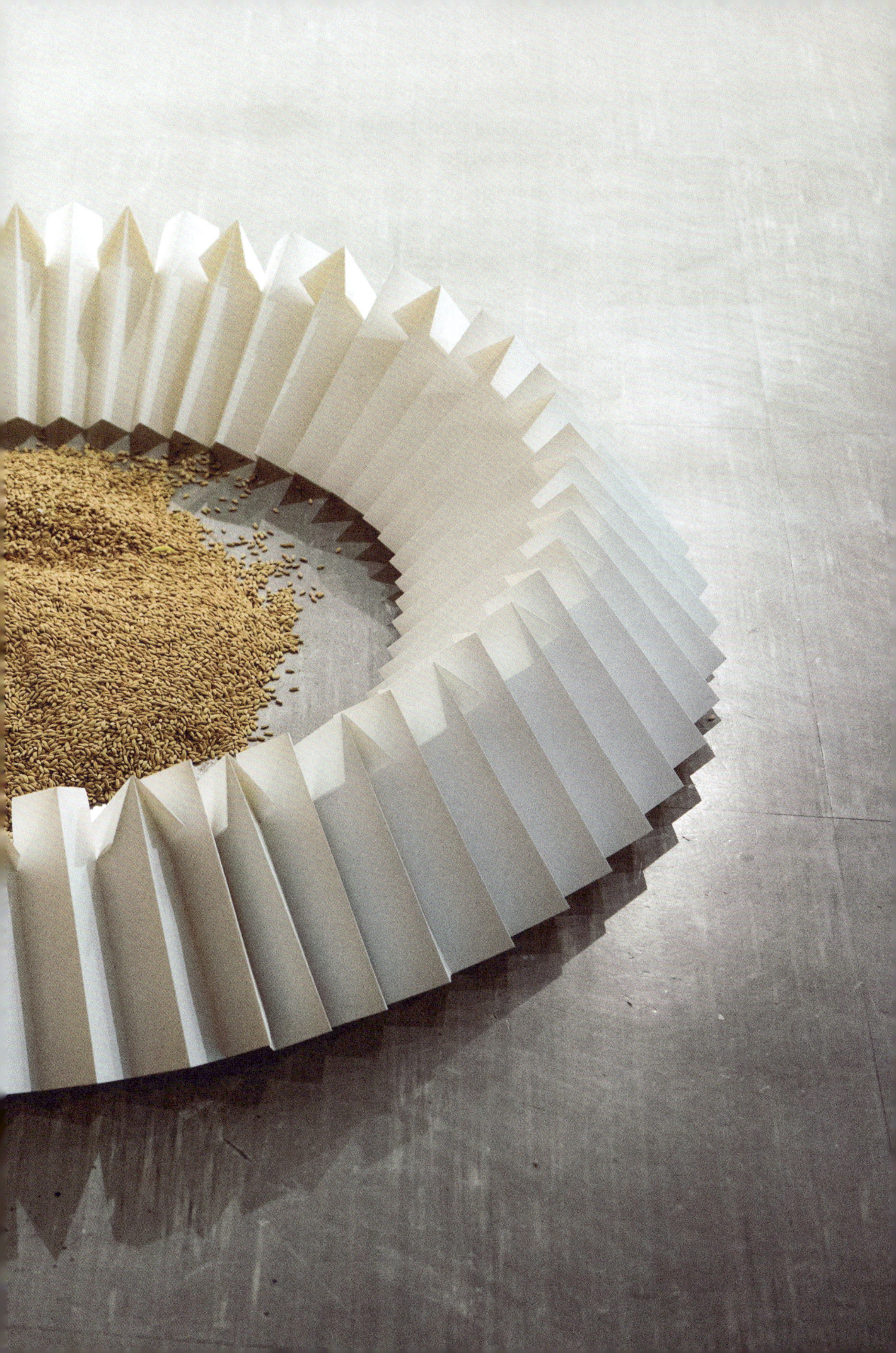

„*Our Labyrinth* war wie eine Meditation für mich. Es bat mir eine Art von Medizin, ein Gegenmittel gegen die fehlende Wahrnehmung meiner selbst und der anderen. Den Reis auf dem Boden zu fegen, war nicht das Gleiche, wie Staub aus dem Haus zu fegen. Es fühlte sich vielmehr so an, als ob ich mein Ego aus meiner Persönlichkeit fegen würde. Anfangs war ich ein wenig irritiert, als uns Lee dazu anwies, ‚eine Verbindung und Kommunikation mit dem Reis aufzubauen; sich vom Reis führen zu lassen.' Ich fragte mich: Wie kann ich mit dem Reis kommunizieren? Wenn ich mich zu sehr anstrengte, fühlte es sich so schwer an. Letztendlich gab ich auf und ließ alles auf mich zukommen. Ich hätte niemals gedacht, dass es durch ‚Loslassen' einfacher werden würde. Ich begann, zu fegen, ohne nachzudenken, und der witzigste Moment, den ich je erlebt hatte, war, als ich merkte, dass ein Muster in der Form eines Penis entstand. Ich teilte diese Erfahrung mit Lee und wir lachten alle darüber! Ich hätte niemals geglaubt, dass der Reis etwas Unterbewusstes zum Vorschein bringen könnte. Der Reis war ein unglaublicher Choreograf, der mich zum Tanz mit dem Besen führte und mir beibrachte, ‚loszulassen'."

DESI ARDY

Tänzerin für *Our Labyrinth*, 2018 im Museum MACAN, Jakarta.

„Als Tänzer erscheint mir diese Arbeit wie ein immerfort neuer Pfad, welcher den Dialog zwischen dem Reis und der*dem Performer*in anführt. Dies erfordert eine ruhige geistige Verfassung, damit der Körper zum Ausdruck bringen kann, wie er dem Reis und der Umgebung lauscht. Ein Schritt nach dem anderen: Es handelt sich um einen aufmerksamen Streifzug durch das Unbekannte. Die Aufführung von *Our Labyrinth* vermittelt einem das Gefühl, von dem Raum selbst aufgenommen zu werden: das Gebäude, das Publikum, das Land; daraus entsteht ein Gefühl tiefen Respekts. Da es in *Our Labyrinth* kaum zu einer direkten Interaktion mit dem Publikum kommt, mutet der Akt des Schenkens und Empfangens in dieser Arbeit subtil und zugleich substanziell an. Die tanzende Person, die mit dem Reis interagiert, initiiert einen Informationsfluss, den sie dem Publikum dann durch den Tanz und durch das auf den Boden gezeichnete Muster übermittelt. Eine befreundete Person schrieb nach der Aufführung, dass die Arbeit Meditation und Aufmerksamkeit schenkt. Für mich stellt die Arbeit eine Einladung für die Tänzer*innen und das Publikum dar, das Leben friedvoll und offenen Herzens willkommen zu heißen."

JEAN-GABRIEL MANOLIS

Tänzer bei *Our Labyrinth* im Jahr 2017 im Centre Pompidou, Paris, ein zweites Mal im Jahr 2018 im Museum MACAN in Jakarta und ein drittes Mal im Jahr 2020 im Gropius Bau, Berlin.

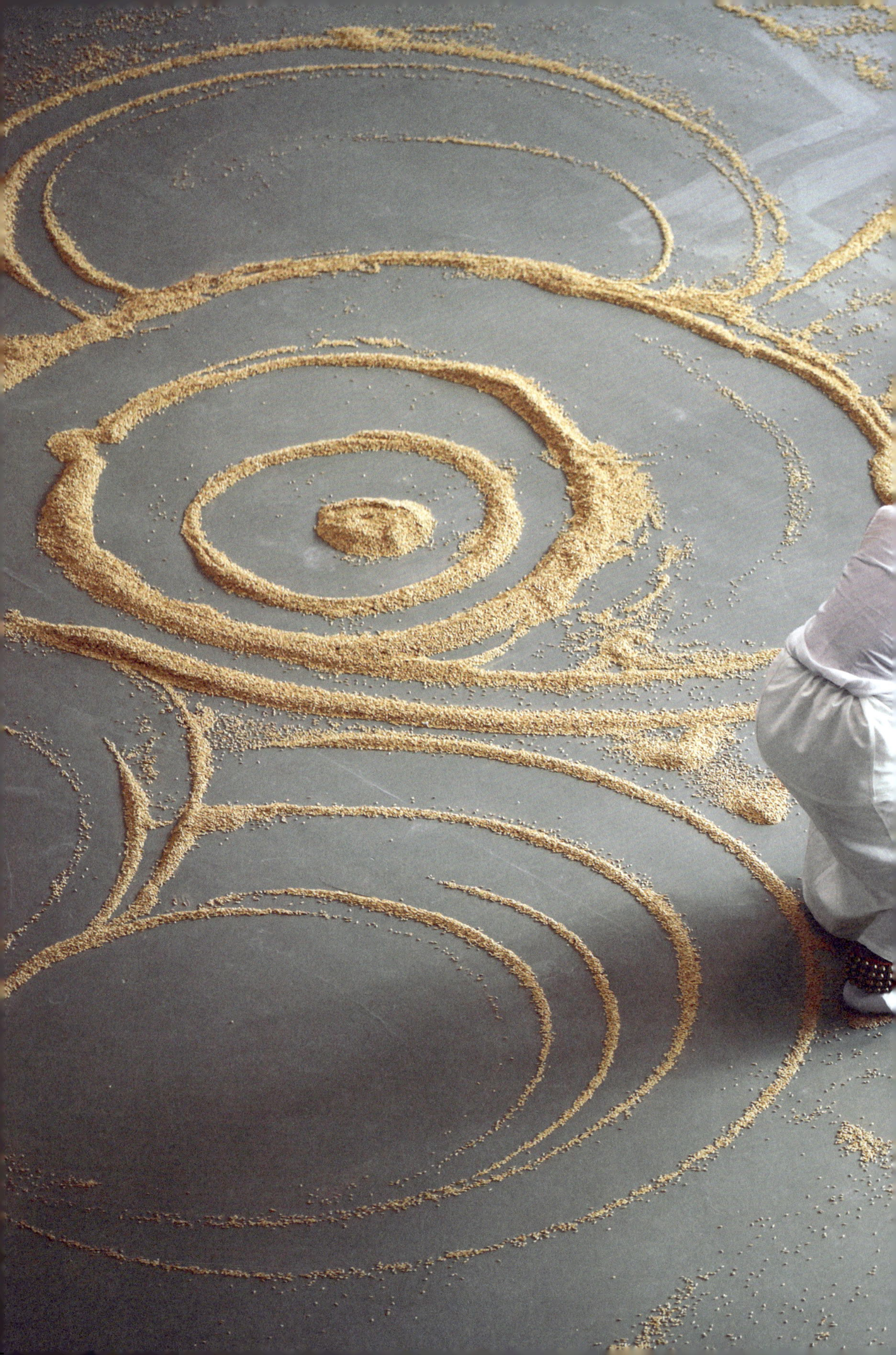

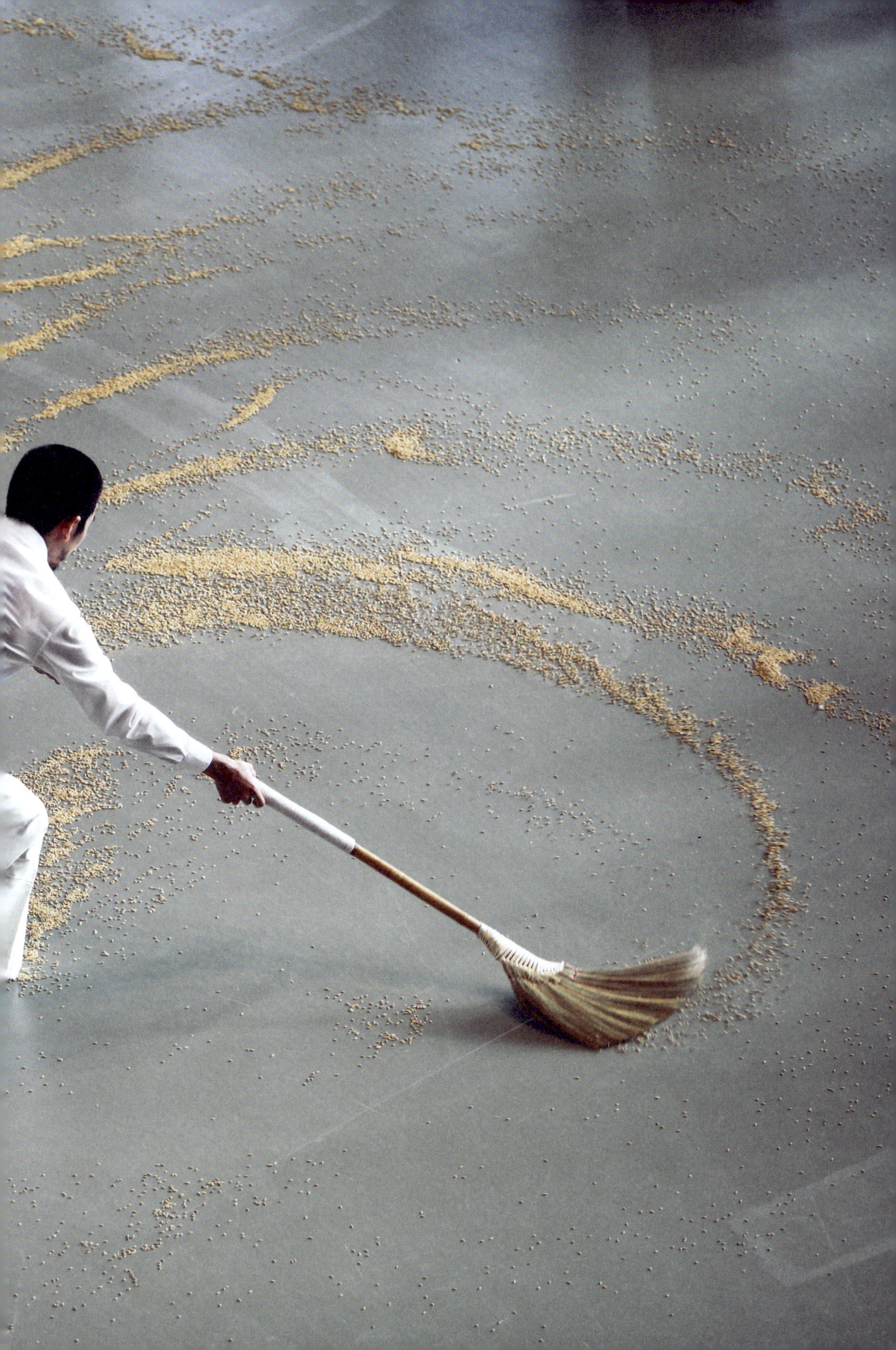

OUR PEACEABLE KINGDOM

2020

27 gerahmte Gemälde, Staffeleien

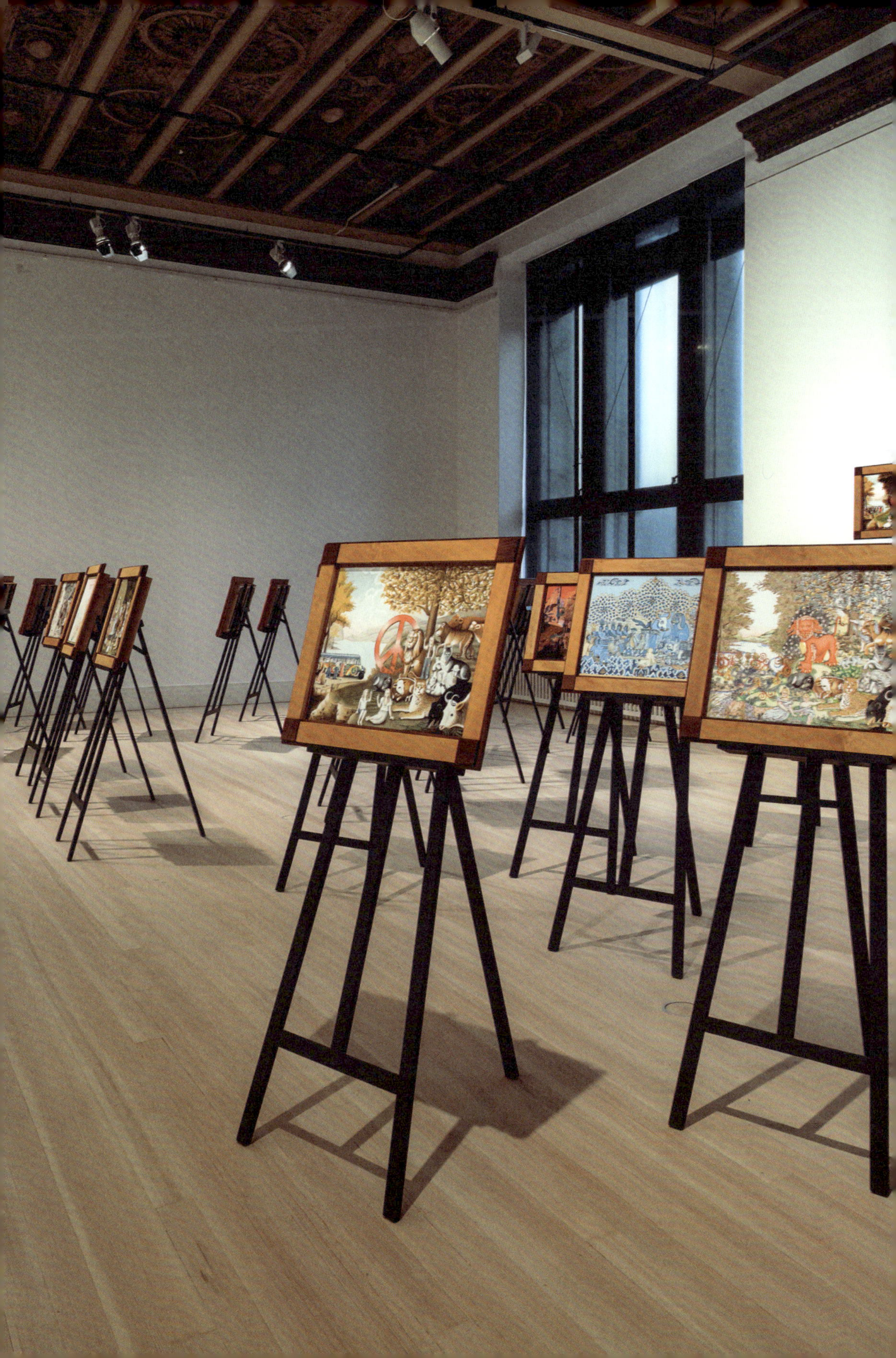

Our Peaceable Kingdom ist Lee Mingweis aktuelle Arbeit, die eigens für die Ausstellung im Gropius Bau realisiert wurde. Die Installation umfasst Gemälde von 27 verschiedenen Künstler*innen, die sich mit der Vorstellung von Frieden auseinandersetzen, die der Künstler Edward Hicks vertrat. Die Arbeiten werden zusammen mit Hicks' *Peaceable Kingdom* aus dem Worcester Art Museum, Massachusetts ausgestellt.

„In einer Zeit, in der ich von der Weltanschauung der Quäker fasziniert war, sah ich bei Pegasus Books, einem bekannten Buchladen in Berkeley, Kalifornien, einen Katalog über das Werk von Edward Hicks. Edward Hicks war ein amerikanischer Künstler und Prediger der Quäker. Sein Bild, welches das friedliche Zusammensein von wilden Tieren und Kleinkindern zeigt, erregte meine Aufmerksamkeit.

Ich hielt dieses Friedensbild, das mit dem Blick eines Quäkers gemalt war, für mutig, originell und schön. Hicks' naiver Malstil erinnerte mich außerdem an die Werke von Henri Rousseau, die ich sehr mag.

Zuerst lud ich eine Gruppe von elf Künstler*innen dazu ein, *Peaceable Kingdom*, ca. 1833, ein relativ kleines Gemälde mit den Maßen 44 x 60 cm, zu kopieren. In einer zweiten Runde schlug jede*r dieser elf Künstler*innen zwei weitere Künstler*innen vor, die wiederum ihr Bild kopieren sollten. Im Grunde entsteht durch diesen Prozess ein Stammbaum von Kopien mit mehreren Abkömmlingen. Ich wollte erfahren, wie jede*r einzelne Künstler*in Frieden interpretiert. Ein Kunstwerk zu kopieren hat eine lange Tradition und verschiedene Bedeutungen in der westlichen und der asiatischen Kunst. In der Ausstellung im Gropius Bau ist das Originalbild von Hicks das zentrale Werk und die Kopien erster und zweiter Generation stehen im Raum verteilt auf Staffeleien.

Deutschland steht im Zentrum der modernen europäischen Geschichte und 28 Jahre lang blockierte die Berliner Mauer den Haupteingang des Gropius Bau, der in West-Berlin stand. Daher ist dieses Museum der am besten geeignete Ort, um die Friedensvision von Edward Hicks neben den Darstellungen zeitgenössischer Künstler*innen zu präsentieren."

LEE MINGWEI

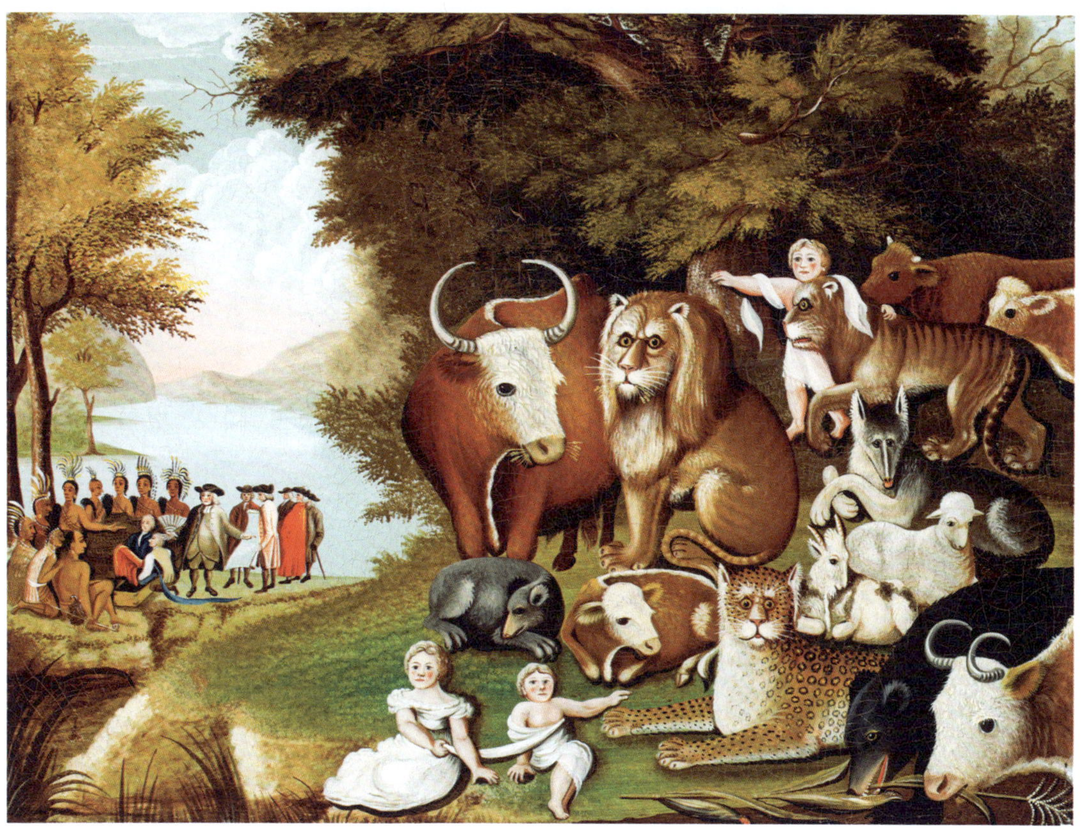

Der Quäker-Prediger Edward Hicks malte wiederholt Szenen aus der Bibel und der pennsylvanischen Quäker-Geschichte, darunter immer wieder Jesajas Friedensbotschaft. Seine umfangreiche Werkserie *Peaceable Kingdom* besteht aus zahlreichen Versionen, die zwischen 1820 und 1849 realisiert wurden und noch heute in öffentlichen und privaten Sammlungen erhalten sind.

Die elf Künstler*innen, die ursprünglich dazu eingeladen wurden, sich mit Edward Hicks' *Peaceable Kingdom*, ca. 1833, auseinanderzusetzen, forderten je zwei weitere Künstler*innen dazu auf, ihre Version des Gemäldes malerisch zu interpretieren. 16 Künstler*innen nahmen den Vorschlag an. Lee Mingweis Installation *Our Peaceable Kingdom* besteht daher aus insgesamt 27 Gemälden.

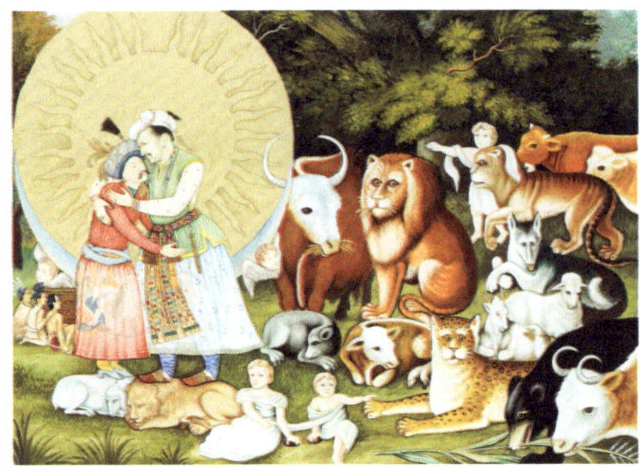

KHADIM ALI

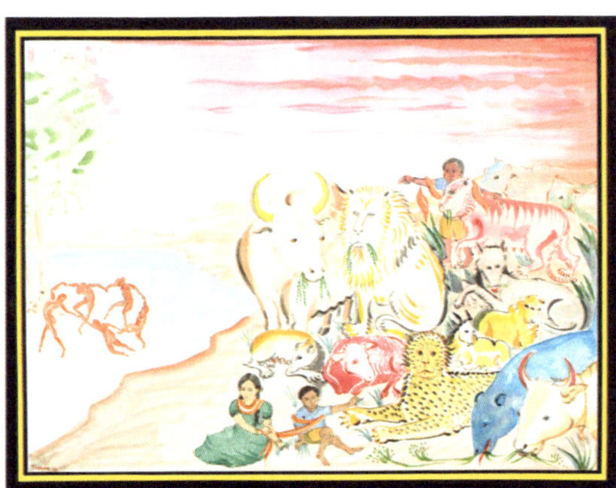

N.S. HARSHA

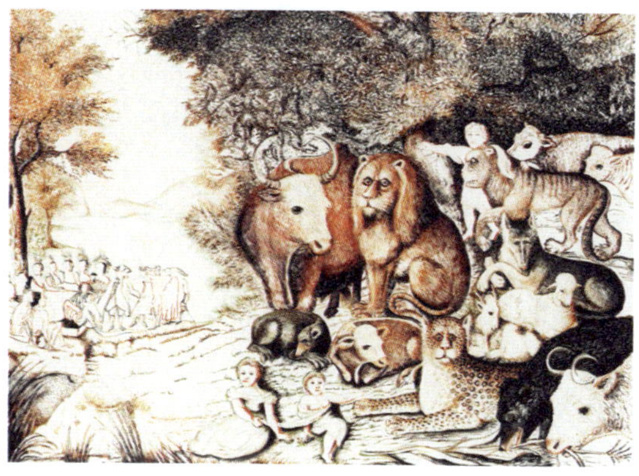

AMBREEN BUTT

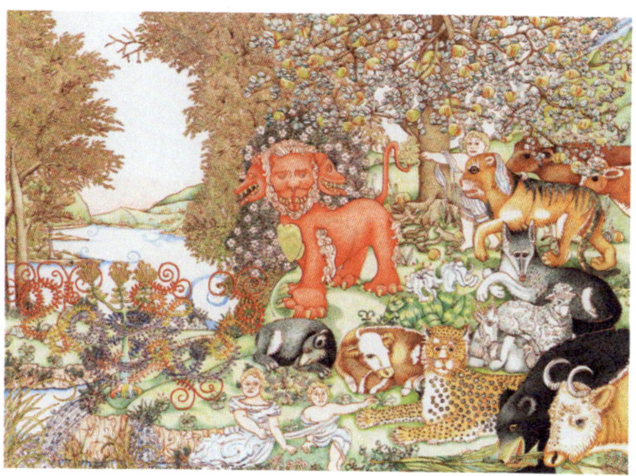

MICHAEL EADE

Es erschien mir genau das Richtige, Hicks' Botschaft des Friedens unter allen Geschöpfen neu zu beleuchten. Ich ließ die Darstellung von William Penns Vertrag mit der indigenen Bevölkerung weg. Ich hatte das Gefühl, dass die Geschichte und das, was diesen Menschen widerfuhr, für die Botschaft dieses Gemäldes politisch zu schwerwiegend ist. Die perfekte Form, um diese Lücke in der Komposition zu schließen, fand ich als schwuler Mann stattdessen in meiner *Rainbow Plant*. Diese Pflanze erscheint in zahlreichen meiner Arbeiten und wächst ganz bewusst in den Farben der internationalen Gay-Pride-Flagge, die für Gleichberechtigung steht.

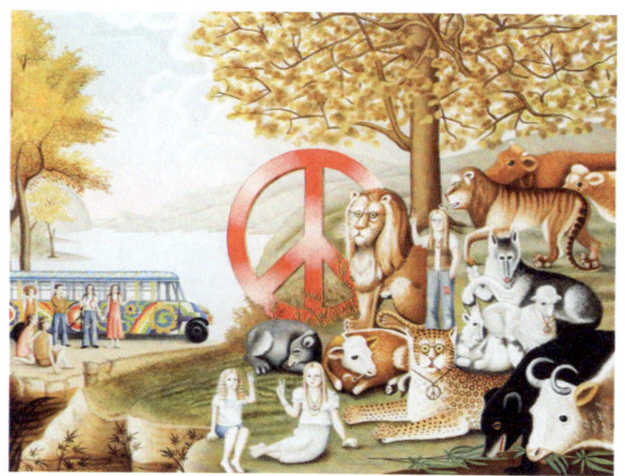

AMY HILL

Die Gegenkultur der 1960er Jahre übte einen großen Einfluss auf mich aus, vor allem ihre Haltung gegenüber dem Krieg. Frieden ist nichts Greifbares, doch die Hippies machten ihn durch das Friedenszeichen und die Victory-Geste sichtbar. Ich verbinde sogar ihren Lebensstil, die Art, wie sie sich kleideten, und ihre Einstellung gegenüber Drogen und Sex mit dem Protest gegen den Krieg. In meiner Fassung von Edward Hicks' Gemälde, in dem das glückliche Universum von Tieren und Menschen schon Wirklichkeit geworden ist, habe ich sie daher ebenfalls zu Hippies gemacht.

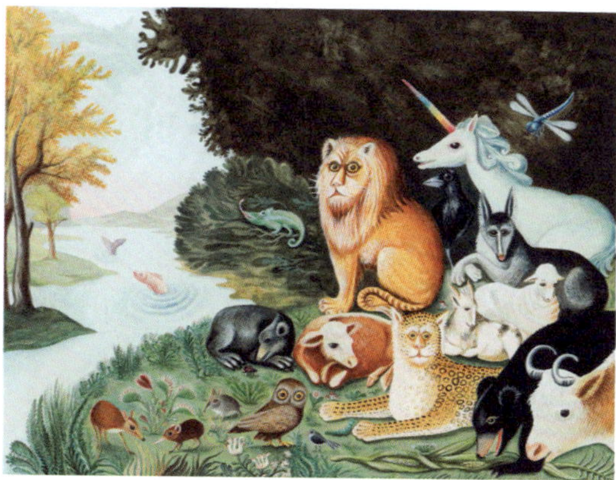

ANDREA DEZSÖ

Mein *Peaceable Kingdom* ist meine Vision einer Welt, in der Freiheit, Frieden, Schönheit, Freude und Fantasie gedeihen. Hier lebt eine Gemeinschaft von wilden, gezähmten, realen und imaginären Tieren, Vögeln, Fischen und Insekten in vollkommener Eintracht zwischen Pflanzen, Wasser, Himmel und Erde. Ich habe darin einige von Hicks' Nutztieren durch Lebewesen ersetzt, die mir besonders lieb sind: ein Rabe, ein Singvogel, ein Dreihornchamäleon, eine Libelle, eine Eule, eine Raupe, ein Regenbogen-Einhorn, ein Fisch, ein Marienkäfer, ein Paar Hirschmäuse, ein Rüsselspringer. Eine gutartige Venusfliegenfalle und einige gutmütige Fliegenpilze vervollständigen mein Friedensreich.

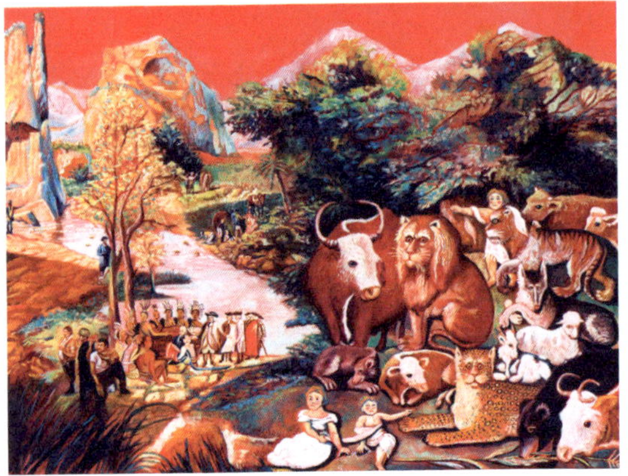

ZICO ALBAIQUNI

Ich behielt das Hicks'sche Original auf der rechten Seite bei und auf der linken Seite erweiterte ich das Gemälde, so wie auch der Koran von rechts nach links gelesen wird. Auf diese Weise verband ich mein Bild mit meinen Gebeten. Ich ließ mich von Raden Salehs *A Landscape in the Dutch East Indies*, 1857, und S. Sudjojonos *Alangkah Indahnya Tanah Airku* (Wie schön ist meine Heimat), 1983, inspirieren. Durch die Einbeziehung von Hicks, Saleh und Sudjojono wollte ich eine Beziehung zwischen unserer gemeinsamen Geschichte von Krieg, Auseinandersetzung und Gewalt herstellen und Hicks' Gebet zu einer universellen Sprache und zu dem Wunsch nach einer friedlichen Welt ausweiten.

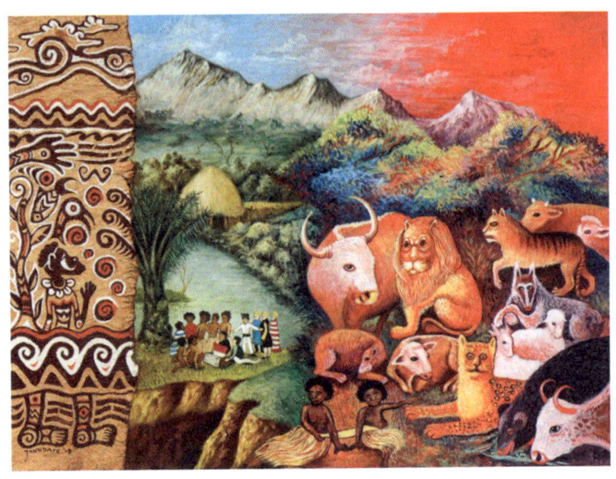

IGNASIUS DICKY TAKNDARE

Aufgrund des goldenen Berges, der in der lokalen Sprache *Nemangkawi* heißt, ist meine Heimat Papua einer der konfliktreichsten Orte der Welt. Als ich Zicos Werk sah, rief seine Farbwahl heftige Wut in mir hervor. Dasselbe Gefühl hatte ich, als ich den *Nemangkawi* zum zentralen Schauplatz des Konfliktes machte. Aus der Gruppe unter dem Baum machte ich eine Versammlung von indigenen Papuanern, Indonesiern und Amerikanern. Den Baum verwandelte ich in eine Sagopalme, die ein Sinnbild des papuanischen Lebens ist, während ich im Hintergrund den *Nemangkawi* im noch unversehrten Zustand darstellte. Ganz links verwendete ich ein traditionelles papuanisches Medium, ein Stück Holzrinde, das *Khombouw* genannt wird.

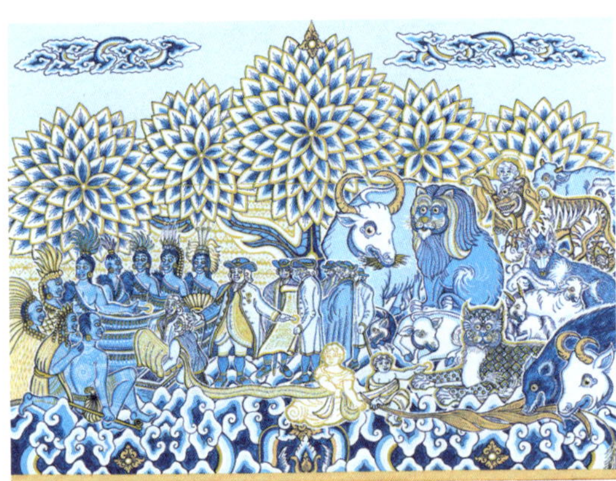

RADI ARWINDA

Ich war irritiert, als ich zum ersten Mal die rote Farbe in Hicks' *Peaceable Kingdom* sah. Sein Gemälde bringt Wut zum Ausdruck, eine Energie, die dem Wort Frieden entgegensteht. Mein Gemälde bildet einen weiteren Gegensatz und zugleich einen Ausgleich zu Zicos *Peaceable Kingdom*. Ich verwende einen blauen Farbton, um den Prozess von nachlassender wütender Energie zu friedvoller Energie zu symbolisieren. Ich glaube, dass wir einander helfen müssen, um Frieden mit der Vergangenheit zu schließen, für das Heute dankbar zu sein und um zu einer besseren Zukunft zu gelangen.

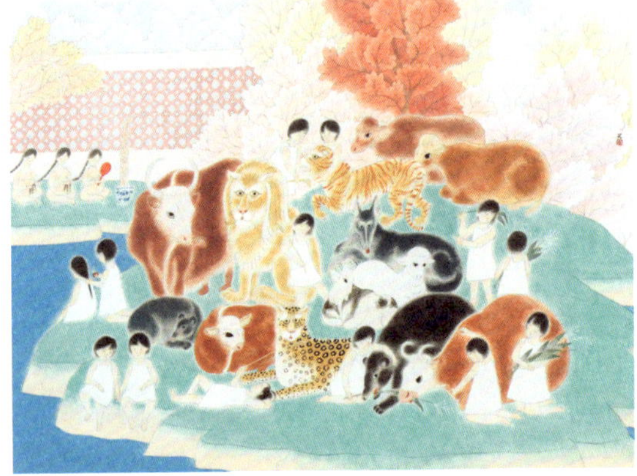

YEH TSAI-WEI

Ich fühlte mich zu Hicks' Darstellung der Tiere, zu ihren starren Posen und ihrem unbeholfenen, liebenswerten Erscheinungsbild hingezogen. In meiner Fassung des Werks spielen scheinbar sanftmütige und entzückende Mädchen zwischen den Tieren und füttern sie mit Gras. Sie tragen die gleiche Kleidung und Frisuren, sodass die Unterschiede zwischen ihnen verschwinden. Weiter hinten im Bild flechten sich schwangere Frauen gegenseitig die Haare, als handele es sich dabei um ein Produkt in der Produktionskette. Solange alles gleich ist, handelt es sich um ein Friedensreich. Dieses *Peaceable Kingdom* ist ein kleiner und schöner Garten, erlesen und fragil, der nur in der Heuchelei des Ideals existiert.

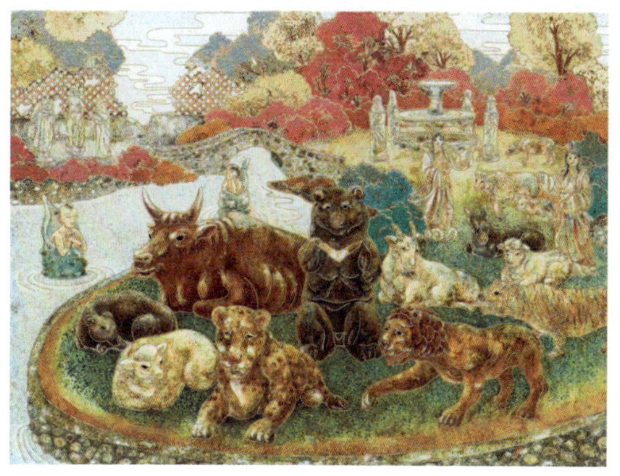

YUYU CHEN

Meine Version ist eine Darstellung und Neuinterpretation Yeh Tsai-Weis Gemälde, ein Park gleich aussehender Frauen mit gefangenen Tieren. Die Frauen wirken wie Geiseln und funktionieren wie eine Fabrik. In Anbetracht der deprimierenden Rolle der Frau in unserer Gesellschaft, beschloss ich, die in ihrem Gemälde gezeigten Spezies aufzunehmen und zu erweitern. In meiner Interpretation gibt es widersprüchliche Lebewesen, die der Natur gemäß wieder verschwinden, und Menschen, die symbolische Tierskulpturen schaffen und sie im Park aufstellen. Das Erscheinungsbild der Tierskulpturen beruht auf Skulpturen von verschiedenen alten Meistern aus Taiwan.

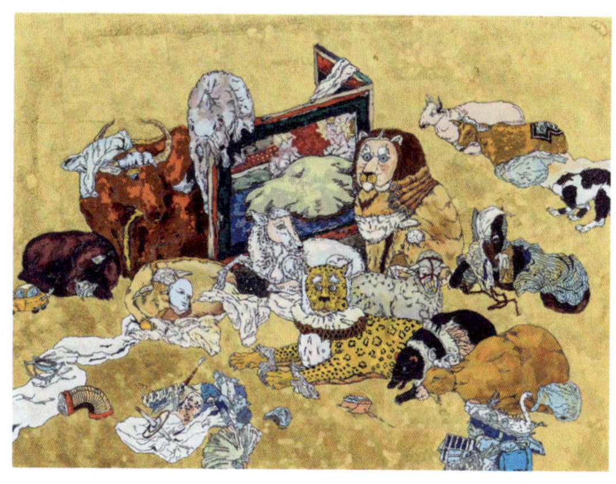

HSIAO PEI-I

Meine Version von *Peaceable Kingdom* gestaltet sich folgendermaßen: Gezähmte und gemeinsam gehaltene Tiere nehmen verschiedene Ebenen der Nahrungskette ein. Sie tragen Perücken und Halskrausen, mit dem leeren Blick einer Puppe beschäftigen sie sich mit Spielzeug und spielen ihre jeweilige Rolle. Der Paravent in dem Gemälde ist außerdem eine Erweiterung der chinesischen Gartenlandschaft aus Yeh Tsai-Weis Arbeit. Dieser morbide Garten und dieses Symbol des Friedens berauben die Tiere ihres Jagdtriebs und verschleiern die Realität des Tötens in der Nahrungskette: das grundlegende Prinzip der Erhaltung des Gleichgewichts zwischen den Arten.

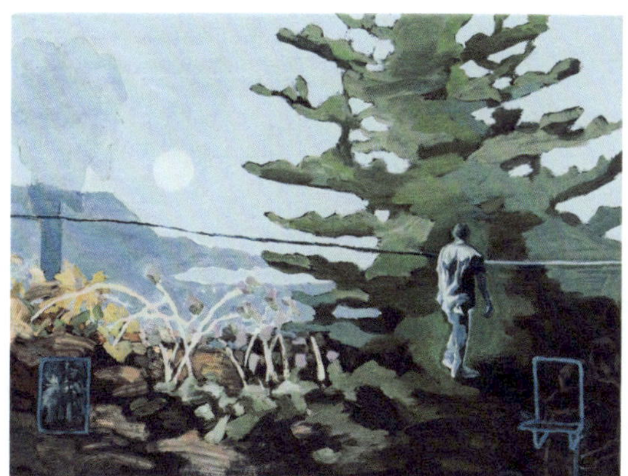

CLAUDIA BRAND

Mit sich im Frieden zu sein, bedeutet für mich, zufrieden zu sein. Als Idealzustand gibt es das nur in flüchtigen Momenten. Ich bewahre seit Jahren Fotomaterial auf. Für dieses Gemälde habe ich aus meinen Fotoarchiv thematische, emotionale oder zufallsbedingte Paare hervorgezogen. Eines dieser Zufallspaare spiegelt sich in den unteren Ecken meines Bildes wider. Der hinduistische Gott Aiyanar und die Umrisse einer Holzleiste, auf der sich ein Gemälde der Madonna mit Kind befindet. Das Zusammenstellen solcher Paare erlaubt es mir, ein Gleichgewicht zwischen diesen sehr unterschiedlichen Teilen meines Lebens herzustellen. Der Prozess selbst schenkt mir Frieden.

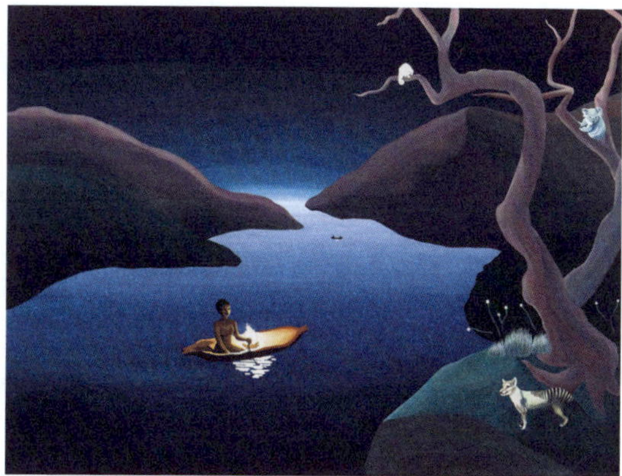

THEA PERKINS

In meiner Kindheit und Jugend war ich beeindruckt von Radierungen, die Aborigine-Frauen vor der Kolonialzeit zeigten, wie sie nachts vor der Ostküste Australiens fischten. Für mich sind diese Bilder der Inbegriff eines Friedensreiches. Mich faszinierten die Möglichkeiten des schwachen Lichts in Claudias Gemälde, das mich zu einer nächtlichen Szene inspirierte, aber auch die verschiedenen, collagierten Elemente. Wie die Hicks'sche Szene sind die einzelnen Bestandteile, der ausgestorbene tasmanische Wolf und der rote Eukalyptusbaum, imaginär und entsprechen keinem realen Ort.

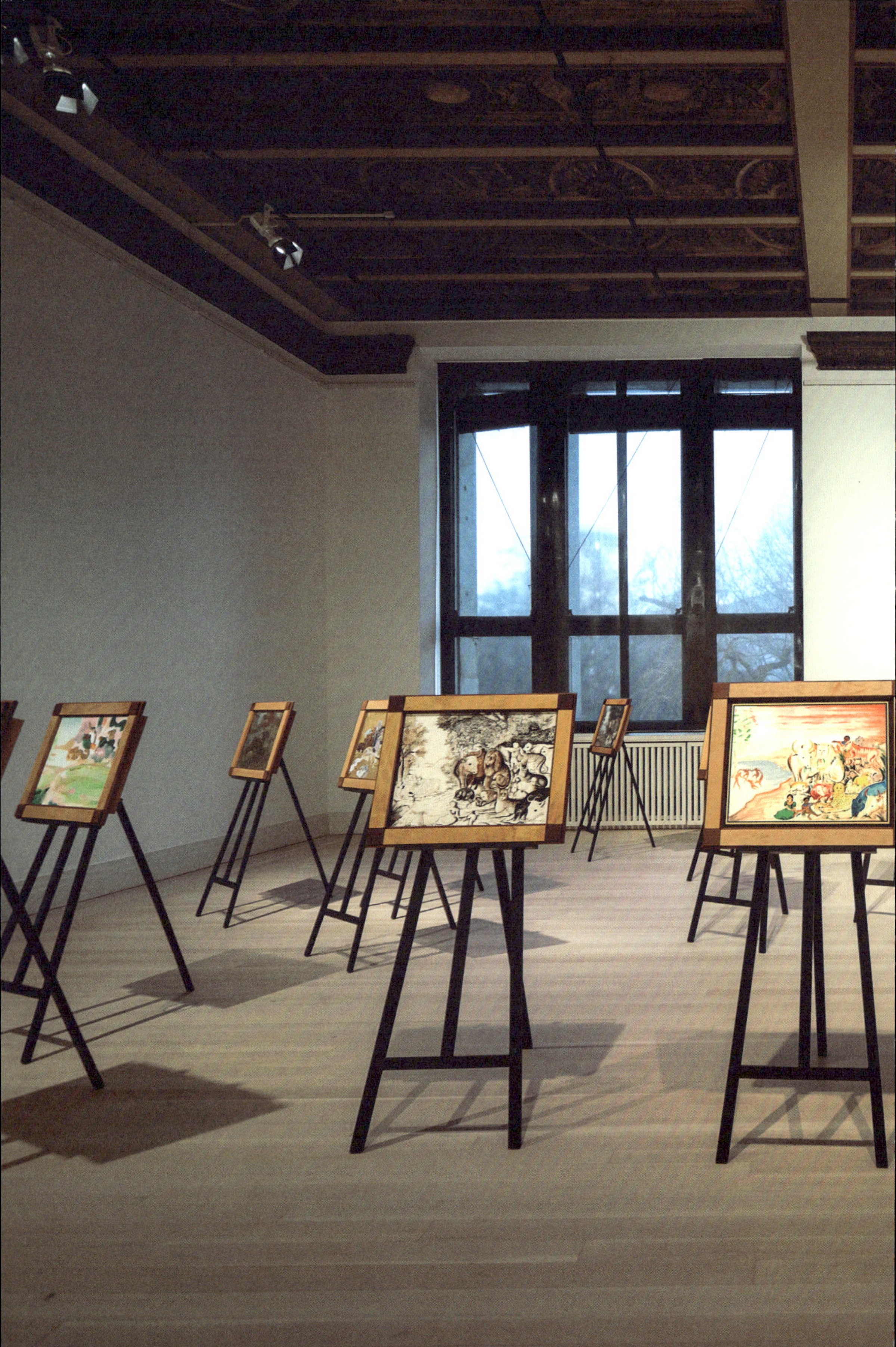

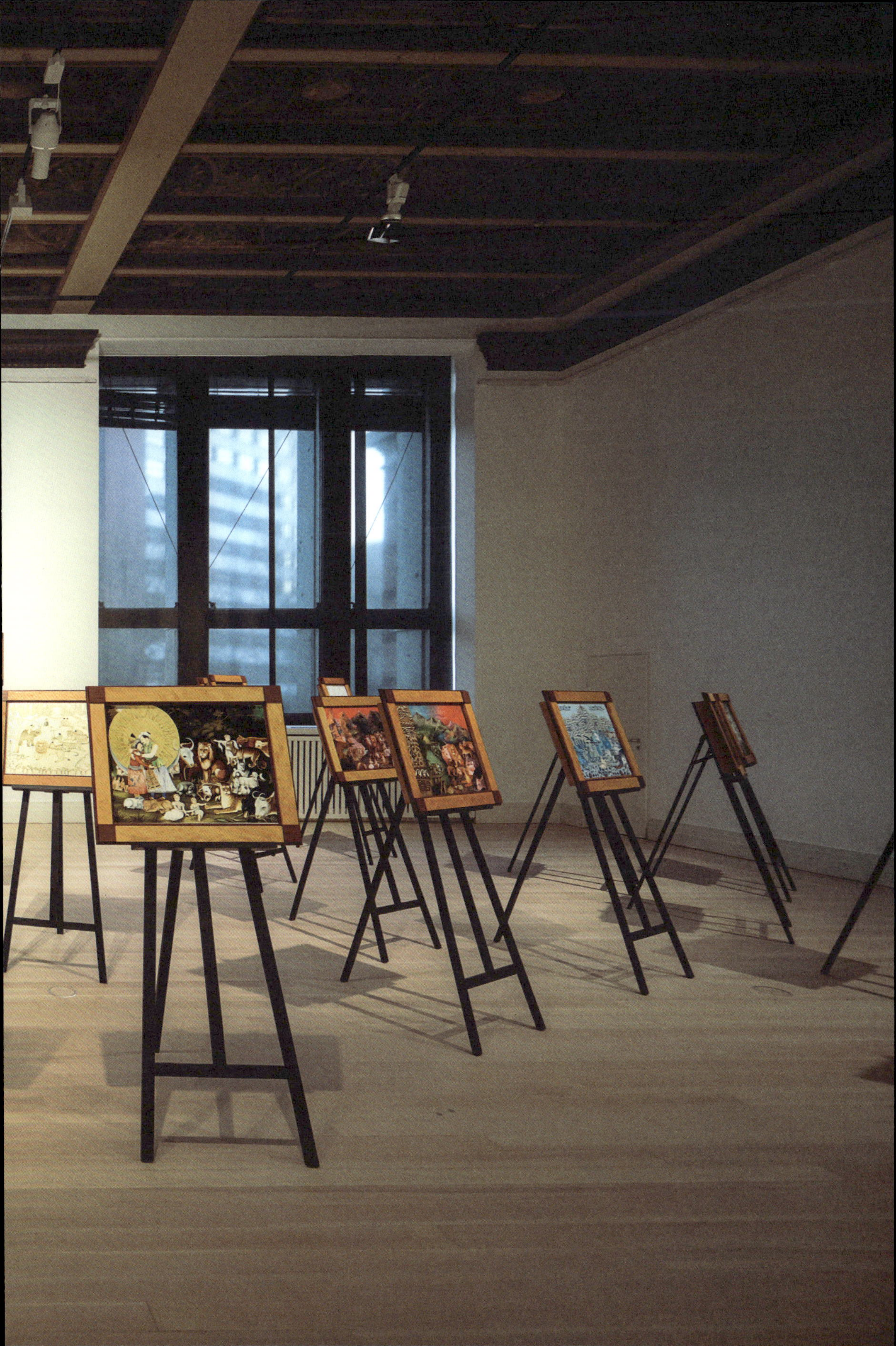

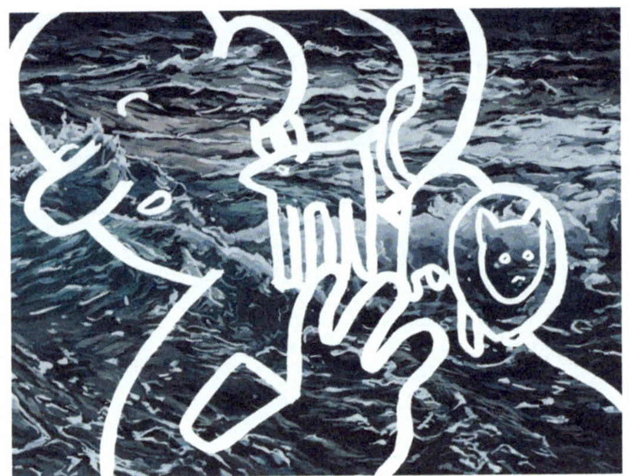

ABDUL ABDULLAH

Der Ozean oder das Meer steht als eine universell anwendbare Metapher für eine Grenze: ein Hindernis, das zwischen dem Ort, an dem du bist, und dem Ort, an dem du sein willst, steht. In meiner Interpretation des Friedens betrachte ich jene seltenen Momente persönlicher Ruhe, in denen eine plötzlich auftauchende Erinnerung eine kurze Empfindung ruhiger Freude mit sich bringen. In diesem Werk liegt die Figur auf einem Flugzeug, das den gefährlichen, stets bedrohlichen und horizontlosen Ozean streift. Auf dem Bauch und der Brust dieser scheinbar ruhenden Figur tauchen der Büffel und der Löwe aus *Peaceable Kingdom* als Spielzeuge wieder auf.

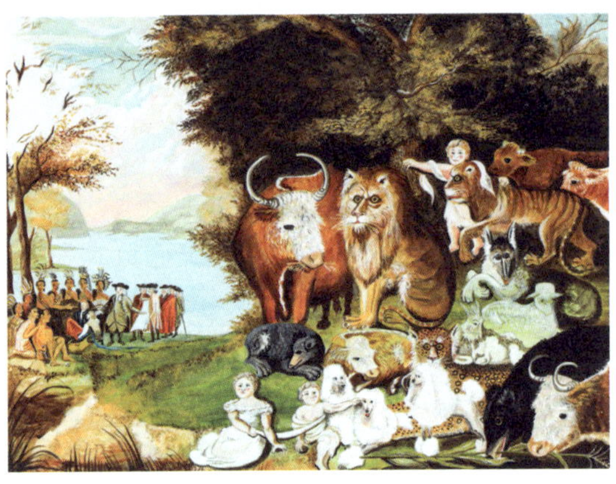

FABIEN LERAT

Die weißen Männer in Hicks' Gemälde scheinen Geschenke mit sich zuführen. Wie wir aber wissen, brachten diese Geschenke Krankheiten mit sich, welche die indigene Bevölkerung zuvor nicht kannte. Ich erkannte, dass die Gruppe auf der linken Seite in Hicks' Arbeit nur aus Männern besteht. In meiner Version streckt ein Kind seine Hand nach drei französischen Pudeln aus, ein Hinweis auf die Künstler von General Idea. Sie dachten in Dreiheiten, was sie als *trouple* bezeichneten, und stellten sich in manchen Werken als Pudel dar. Auf diese Weise konnten die Tiere durch ihre Offenheit ausgeschlossene Dritte einbeziehen, was für mich ein Zeichen des Friedens ist.

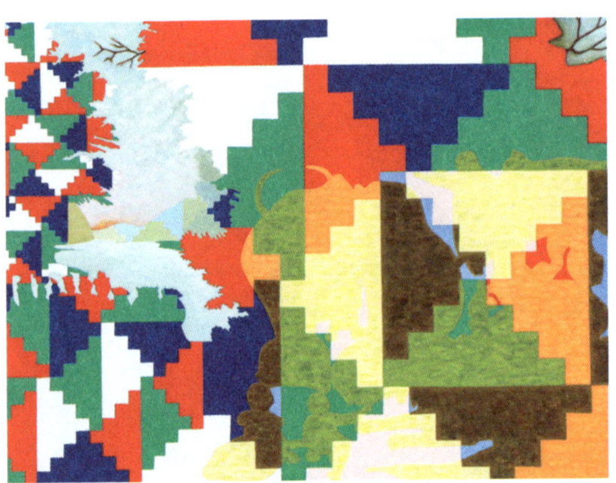

MARIE LEPETIT

Ich habe die Zikkurat, eine Treppe und symmetrische Form, verwendet, die ursprünglich die Basis mesopotamischer Tempel bildete. Die Erinnerung daran ist dank des biblischen Berichts über den Turmbau von Babel lebendig geblieben, der von der Zikkurat von Babylon inspiriert ist. Die Zikkurat taucht als abstrakte, repetitive Form in den kontrastreichen Farben von General Idea auf, die zu unseren künstlerischen Codes passen. Frieden zu schließen, ohne die Menschen mit einzubeziehen, denen man gegenübersteht, ist ein vergebliches Unterfangen. Frieden zu schließen, ohne den anderen zu kennen, ist utopisch.

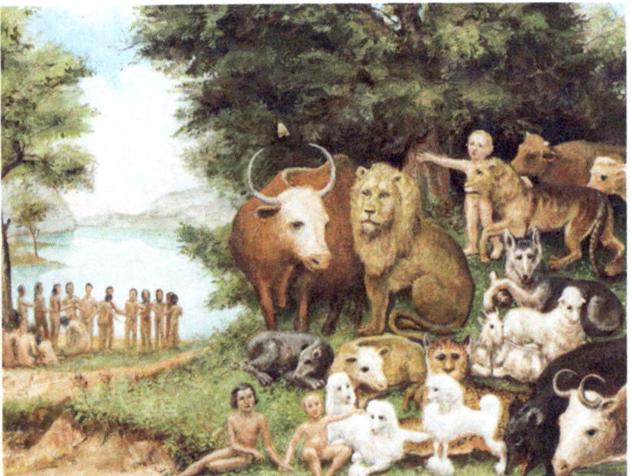

SIMON PASIEKA

Dieses Gemälde ist das erste, das ich seit dem Tod meiner Frau Kazuyo vollendet habe. Sie war eine Sängerin aus Yokohama und 20 Jahre lang lebten wir zusammen in Paris. In den letzten Monaten habe ich viel über ein friedvolles Leben nachgedacht. Ich habe versucht, Verlangen nach dieser Szenerie zu verspüren. Die Farbe ist dick aufgetragen, darunter viele Erdtöne aber auch Kobaltblau, Violett und Grün. An den vier Kanten habe ich das Kolorit etwas verstärkt, so als wären sie weniger vom Sonnenlicht ausgeblichen worden, links gelber, oben blauer, rechts röter, und unten intensiver. Diese aufgeräumte Welt zu malen, war eine heilsame Erfahrung.

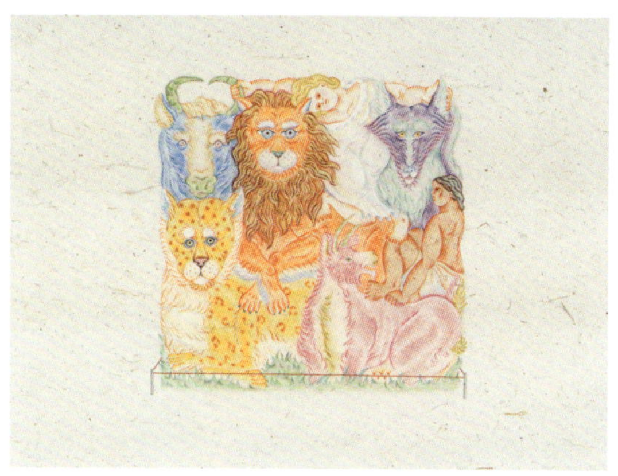

YEN YU-TING

Ich beschloss, in meiner Interpretation von *Peaceable Kingdom* mit feinen Pinselstrichen und Tinte zu arbeiten. Die zusammengedrängte Masse von Tieren und eine rote Linie in dem Gemälde dienen als Hinweis auf das unbeschreibliche Gefühl von Unbehagen und Angst, das ich empfand, als ich *Peaceable Kingdom* zum ersten Mal sah. Ich hoffe, damit folgende Fragen aufzuwerfen: Ist Frieden innerhalb einer roten Linie wirklich Frieden? Ist Freiheit innerhalb einer roten Linie wirklich Freiheit? Und damit geht auch eine weitere Reflexion über Taiwans Lage einher.

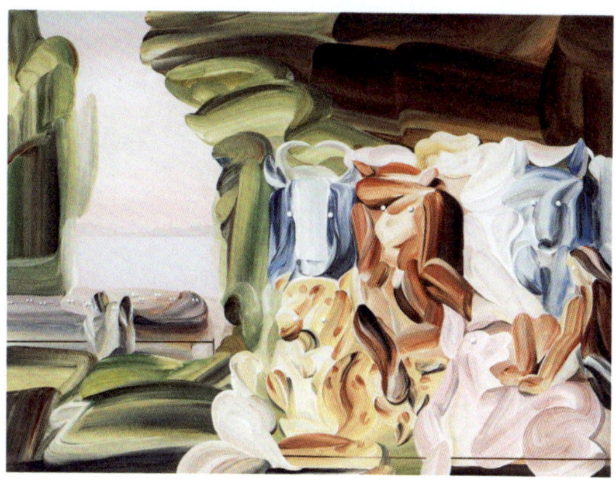

HUANG KO-WEI

Ich fühlte mich in Hicks' Gemälde von der Dynamik zwischen den Tiergruppen im Vordergrund und den Figuren im Hintergrund sofort angezogen. Pinselstriche stehen häufig im Zentrum meines Interesses. Ich denke ständig über die semantische Lücke zwischen Übersetzungen nach, wobei ich häufig intuitiv Bilder durch skizzenhafte Pinselstriche festhalte. Ich behandle diese dann als Sujets und übertrage sie in meinen Schaffensprozess, wobei die Übersetzung einige Besonderheiten hervorhebt, andere dafür ausblendet. Aus nächster Nähe betrachtet haben Menschen und Tiere im Prinzip identische Augen und starren jeweils in den Vordergrund.

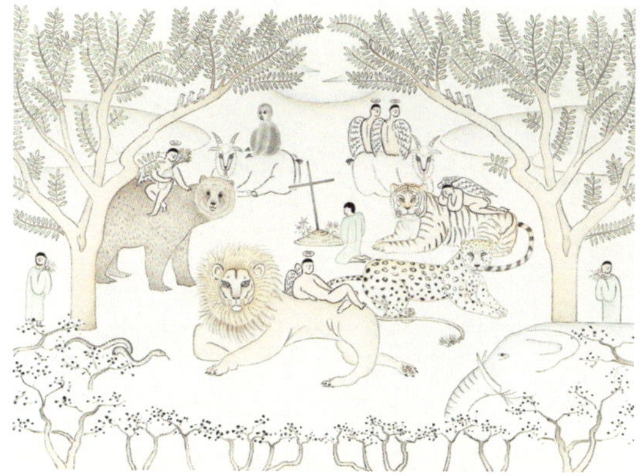

JIAN YI-HONG

In meiner Neuinterpretation stelle ich mir eine Gruppe von Tieren vor, die sich nach einem heftigen Kampf zusammengepfercht auf einem Stück Land ausruhen. In meinem Werk ist mittig ein Grab mit einem Kreuz zu sehen, als sei es das Vermächtnis dieses Kriegs zwischen verschiedenen Tierarten. Nach dem Krieg sind die Tiere zurückgekehrt, um sich auf dem Land auszuruhen, und die Menschen bringen Blumen, um ihnen ihren Respekt zu erweisen. Auf der linken Seite des Bildes sitzt ein Engel auf einem Bären und trägt Gänseblümchen als Zeichen des Friedens, während der im Gehölz versteckte Elefant im Vordergrund Harmonie verheißt. Nach Konflikten kann uns nur die Erinnerung wieder zur Ruhe bringen.

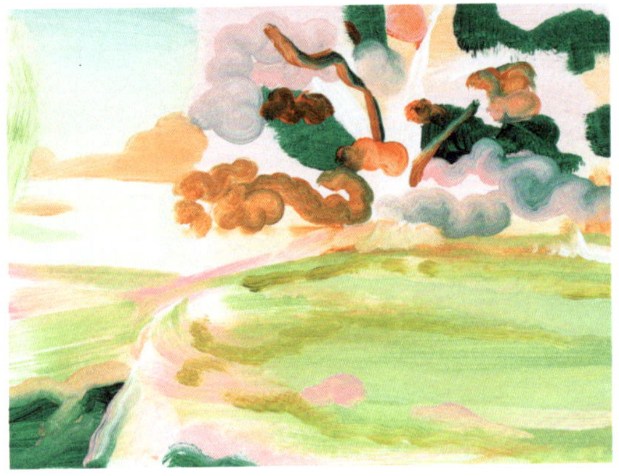

PHILIPP KREMER

Ich kann mir kein ideales Bild des Friedens vorstellen: Realistisch betrachtet werden Tiere einander immer fressen und zwischen Menschen wird es immer Auseinandersetzungen, Diskussionen und Streit geben, um den richtigen Weg zu finden. Auch der symbolischen Geste des Friedensvertrages kann ich nicht zustimmen, denn allzu häufig war sie Teil eines größeren Plans der Unterdrückung. Frieden kann nur das Ergebnis eines noch unbekannten, in der Zukunft liegenden Prozesses sein. Ich wollte das Gemälde also mit viel Freude malen, dabei aber in der Welt der Fantasie bleiben.

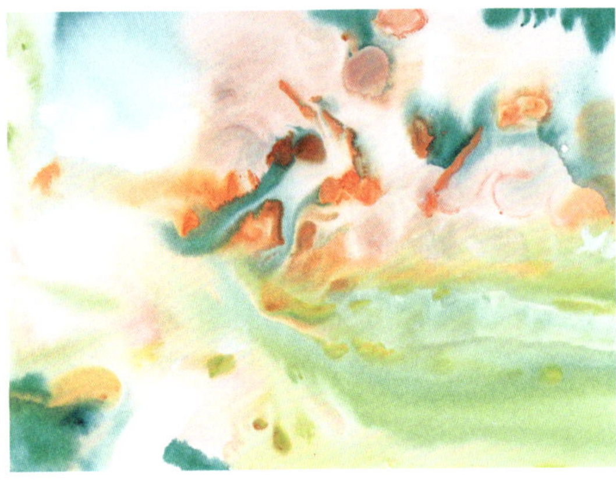

RAN ZHANG

Frieden ist ein Zustand, ein Verhalten, und geht auf gesellschaftliche Vereinbarungen oder eine persönliche innere Veranlagung zurück. Aus westlicher Perspektive galt der Frieden immer als der höchste menschliche Wert, basierend auf dem Fehlen von Differenzen. In der östlichen Kultur war das Friedenskonzept ein Instrument, eine Methode, kein Ziel, sondern ein kollektives Konzept. Mit Blick auf beide Fälle „ist Frieden nur innerhalb eines Rahmens bedeutsam… Frieden ist daher in einer deskriptiven oder erläuternden Sicht unserer Wirklichkeit eingeschlossen.“ (R.J. Rummel: *Understanding Conflict and War*, Bd. 5). Für dieses Projekt ließ ich die Farben ineinanderfließen, um so ohne Kompromisse eine absolute Neutralität von Bild/Frieden zu suchen.

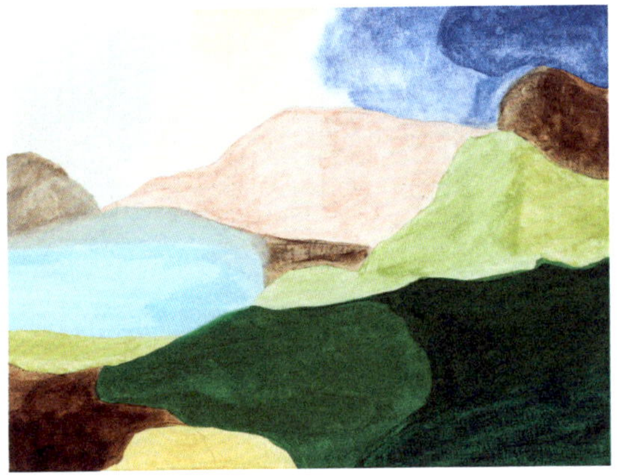

JAN SEBASTIAN KOCH

Ich glaube nicht, dass ein Königreich friedlich sein kann. Und selbst die Demokratie scheint kein Friedensreich darzustellen. Frieden lässt sich nur in den Menschen finden, die daran arbeiten. Diese Menschen wären imstande, ein solches Königreich miteinander zu teilen.

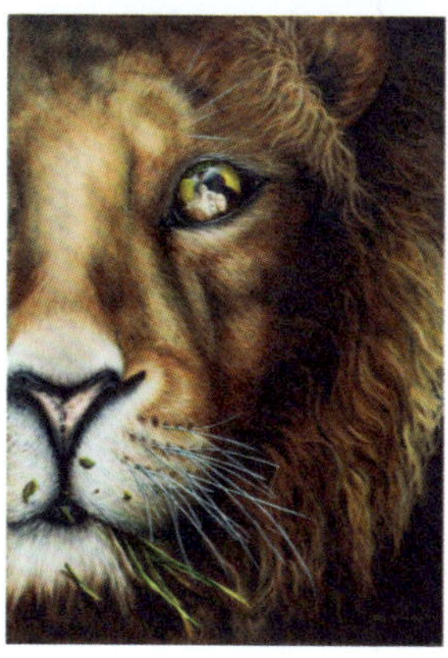

SANDY WONG SHIN

Die Augen sind die Fenster unserer Seele. Aber wir brauchen sie auch, um die Welt zu verstehen. Man sagt, Sehen heißt Glauben, und daher sehen wir Geschichte und verstehen sie. Ich würde mir gerne ein Friedensreich jenseits der menschlichen Perspektive vorstellen. Ich möchte erfahren, wie jenes Friedensreich aus der Sicht einer anderen Spezies, etwa durch die Augen eines Löwen, aussehen würde. Man sieht einen Löwen, der weidet und Gras kaut, er blickt auf und sieht ein Mädchen und eine Löwin, die sich umarmen, sowie einen Wolf und ein Lamm in der Ferne auf der Wiese eines Hangs beieinanderliegen.

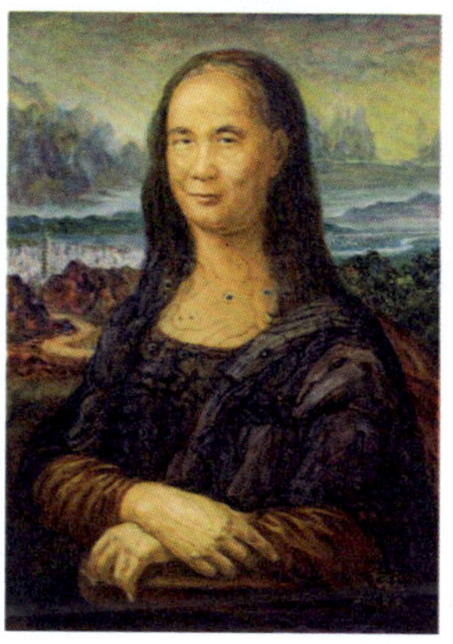

WU TA-KUANG

Die *Mona Lisa*, 1503, ist ein einzigartiges historisches Meisterwerk von Leonardo da Vinci, 1452-1519, das auch als eine unsterbliche Arbeit gilt, die für eine Gemeinschaft steht, die über Zeit und Raum hinausgeht. Ganz bewusst habe ich dabei eine Reihe von Tieren in meine Darstellung einbezogen, *die Zwölf bronzenen Tierköpfe* aus dem chinesischen Garten Yuanming Yuan (Garten der vollkommenen Klarheit), als Vereinigung von Ost und West, als Bindeglied des Lebens im Tunnel der Zeit. Außerdem habe ich das Wahrzeichen Tapei 101 im Osten und den Berg Guanyin und den Fluss Danshui im Westen einbezogen, um nahezulegen, dass alle Länder eins sind.

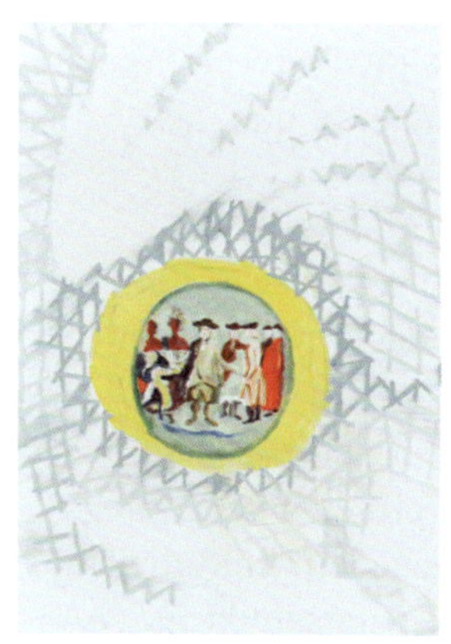

JENG JUNDIAN

Sharbat Gula, die junge afghanische Frau mit den wassergrünen Augen, deren Bild 1985 auf der Titelseite der Zeitschrift National Geographic erschien, wurde über Nacht weltberühmt. Ich kann diese Kriegserfahrungen teilen, da ich zu einer Zeit aufwuchs, als die nationalistischen Truppen in Kinmen und die kommunistischen Truppen in Xiamen einander mit Bomben bekriegten. Die Welt ist nicht vollkommen und unsere Leben sind nicht vollkommen, und daher beten wir. Die Menschheit sieht sich bei ihrem Versuch zu überleben mit nicht enden wollenden Herausforderungen konfrontiert, doch der Frieden ist ein gemeinsames Ziel und ein zentraler Wert im Leben von uns allen.

LEE MINGWEIS VISION VON FRIEDEN IN DER HEUTIGEN ZEIT

CLARE MOLLOY

Unser menschlicher Verstand, der sich in Format und Prägung unterscheidet, bedarf verschiedener Wege zu Frieden und Glück.

Seine Heiligkeit der 14. Dalai Lama von Tibet, 2004[1]

Suchet den Frieden... So lebet denn im friedsamen Reich Jesu Christi.

George Fox, Gründervater der Quäker, 1658[2]

Lee Mingweis neue Installation *Our Peaceable Kingdom*, 2020, die erstmals im Gropius Bau gezeigt wird, versammelt eine Vielzahl von Malereien und Texten über den Frieden. Im Mittelpunkt der Installation steht ein Gemälde aus der Serie *Peaceable Kingdom,* die der in Pennsylvania geborene Quäker-Prediger Edward Hicks (1780-1849) anfertigte. Die Arbeit umfasst außerdem Interpretationen des Gemäldes von 27 Künstler*innen, die neben dem Originalgemälde von Hicks präsentiert werden. Sie verweist auf Lees Vorstellung von Frieden, die darauf abzielt, Unterschiede anzuerkennen und zu zelebrieren. Dieser Essay skizziert die Entstehungsgeschichte von *Our Peaceable Kingdom*, beleuchtet, inwieweit die quäkerische Vorstellung von Frieden Lee beeinflusste, und geht den Ergänzungen und Auslassungen nach, durch die die gezeigten Interpretationen auf Hicks' *Peaceable Kingdom* reagieren und das Gemälde hinterfragen.

Lee Mingwei, Edward Hicks und der Einfluss des Quäkertums auf *Our Peaceable Kingdom*

Lees differenziertes Verständnis davon, wie sich verschiedene Denksysteme mit dem Thema Frieden auseinandersetzen, ist geprägt durch seine Berührungspunkte mit dem Chan-Buddhismus, dem Katholizismus und dem Konfuzianismus. Der Ausgangspunkt für *Our Peaceable Kingdom* liegt jedoch in der Glaubenstradition der Quäker. Im Sommer 2019 lud Lee elf Künstler*innen ein, das Gemälde *Peaceable Kingdom* von Edward Hicks, einem der berühmtesten US-amerikanischen Folk-Art-Künstler*innen, malerisch zu interpretieren. Wie Lee war Hicks ein Künstler und ein gläubiger Mensch, dessen Überzeugungen und künstlerische Praktiken darauf ausgerichtet waren, Friedensmodelle zu ergründen.

Die Quäker, die offiziell als Religiöse Gesellschaft der Freunde bekannt sind, bilden eine Glaubensgemeinschaft, die sich infolge des Protestantismus des 17. Jahrhunderts entwickelte. Die Quäker-Bewegung, die sich als Gegengewicht zur Kriegshetze und Heuchelei der protestantischen und katholischen Gemeinschaften während des Englischen Bürgerkriegs (1642-1651) gründete, verschrieb sich dem Ziel, zu der Einfachheit und Ursprünglichkeit der frühen christlichen Kirche zurückzukehren. Die Quäker brachten eine echte Gegenkultur hervor. Sie widersetzten sich dem Bedürfnis nach hierarchischen, klerikalen Strukturen sowie der Vorstellung, dass Gläubige einem festgeschriebenen Glaubensbekenntnis folgen müssen. Ihr Glaube wurde – und wird – hingegen durch drei „Zeugnisse" gestützt: dem Streben nach Frieden, der Toleranz gegenüber Unterschieden und dem Prinzip des *inneren Lichts*, demzufolge uns allen Göttliches innewohnt.

Diese Glaubensgrundsätze untermauern das Engagement der Quäker für Pazifismus und gegen den Krieg. 1947 waren die Quäker die erste religiöse Organisation, die mit dem Friedensnobelpreis ausgezeichnet wurde. Das Friedensengagement der Quäker steht im Einklang mit Lees eigener Pazifismuserfahrung. Lee selbst wurde von seiner Familie im Alter von zwölf Jahren von Taiwan in die Dominikanische Republik und dann in die USA geschickt, um dem Militärdienst unter der Kuomintang-Regierung zu entgehen. Lees Begegnung mit Hicks' ikonischer Arbeit wurde zu einem fruchtbaren Ausgangspunkt für *Our Peaceable Kingdom*, nachdem er vor vielen Jahren eine Reproduktion von *Peaceable Kingdom* in einem Buchladen in Kalifornien entdeckt hatte.

Eine Kontextualisierung der Motive in Edward Hicks' *Peaceable Kingdom*

Quäker legen keine Eide ab. Ihre Weigerung, der Kirche von England die Treue zu schwören, führte zu ihrer Verfolgung und Inhaftierung. Auf der Suche nach Religionsfreiheit forderte einer der führenden Quäker, William Penn (1644-1718), Karl II. auf, die Geldschulden der Krone gegenüber seinem Vater, Admiral William Penn, zu begleichen und den Quäkern Land in den britischen Kolonien zu überlassen. Der König, der die Gelegenheit wahrnahm, das „Quäker-Problem" zu lösen, gestattete das Anliegen und bestand darauf, die Kolonie zu Ehren des Admirals Pennsylvania zu benennen. William Penn reiste in die neue Kolonie und begründete sein sogenanntes „Heiliges Experiment", eine von Gleichheit geprägte Gerichtsbarkeit.

Einer der bleibenden Eindrücke von Penns Herrschaft ist die Art und Weise, wie er mit der indigenen Bevölkerung, den Lenape, verhandelte. Der Vertrag von Shackamaxon aus dem Jahr 1682, der mit den Quäker-Grundsätzen in Einklang stand, war kein geschworener Eid.[3] Der mündlichen Überlieferung zufolge erwarb Penn Land von der Gemeinschaft, während die Lenape das Recht behielten, in Pennsylvania zu fischen, zu jagen und sich zu versammeln. Dieser Ansatz, Freundschaften aufzubauen und Vereinbarungen zu treffen, die im Interesse aller Beteiligten liegen, bildete einen starken Gegensatz zu der üblichen Herangehensweise der

1 Seine Heiligkeit der 14. Dalai Lama von Tibet: *Ein menschlicher Weg zum Weltfrieden*, 2004, online unter: https://www.dalailama.com/messages/world-peace/a-human-approach-to-world-peace.

2 George Fox: *Aufzeichnungen und Briefe des ersten Quäkers*, übersetzt von Margrit Stähelin (Tübingen: Verlag J.C.B. Mohr – Paul Siebeck, 1908), Kapitel 12, S. 144.

3 Andrew Newman: „The Most Valuable Record" in *On Records: Delaware Indians, Colonists, and the Media of History and Memory* (Nebraska: University of Nebraska, 2012), S. 95-132.

englischen Kolonist*innen – diese verübten in den meisten Fällen Massaker an der indigenen Bevölkerung und erhoben gewaltsam Anspruch auf deren Land.[4]

Hicks war von William Penns Geschichte und dem „Great Treaty" fasziniert. Für Hicks stand die Verhandlung sinnbildlich für die Umsetzung der Quäker-Ideale von Frieden, Pazifismus und Toleranz. Hicks, ein engagierter Quäker, war sowohl Prediger als auch Künstler. Da das Predigen im Quäkertum keine bezahlte Tätigkeit ist, berief sich Hicks auf seine Ausbildung als Schildermaler und begann, seinen Lebensunterhalt damit zu verdienen, Kutschen und Schilder zu bemalen. Den Widerspruch, dass die Malerei innerhalb der „einfachen" Ästhetik der Quäker-Tradition nicht hoch angesehen war,[5] löste Hicks, indem er Szenen aus der pennsylvanischen Quäkergeschichte und der Bibel wiedergab. Immer wieder stellte er eine Friedensprophezeiung aus dem Buch des Propheten Jesaja dar:

Der Wolf findet Schutz beim Lamm,
der Panther liegt beim Böcklein.
Kalb und Löwe weiden zusammen,
ein kleiner Junge leitet sie.
Kuh und Bärin nähren sich zusammen,
ihre Jungen liegen beieinander.
Der Löwe frisst Stroh wie das Rind.[6]

Es handelt sich hierbei um ein Fantasiebild. Hicks hat die Passage sicherlich als Metapher gelesen, wonach die Menschen ihre tierischen Instinkte im Zaum halten müssen, damit der Frieden gedeihen kann.

Der Grund, weshalb Hicks fast obsessiv immer wieder zu Jesajas Friedensprophezeiung zurückkehrte, erklärt sich teilweise durch die Spaltung der Quäker, die Hicks miterlebte. 1827 war sein Cousin, Elias Hicks, einer der Hauptverantwortlichen einer Auseinandersetzung, in deren Folge sich die Glaubensgemeinschaft in die Orthodoxen und die Hicks'sche Fraktion spaltete. Die nach Frieden strebende Gemeinschaft durchlief schwere Zeiten.[7] *Peaceable Kingdom* ruft harmonischere Zeiten in Erinnerung. Zwischen 1820 und 1849 verschenkte Hicks verschiedene Versionen des Gemäldes an gläubige Freund*innen. Es existieren zahlreiche Ausführungen des Motivs und heute sind 62 davon in privaten und öffentlichen Sammlungen enthalten.

Die Entstehungsgeschichte von *Our Peaceable Kingdom*

Die Version von *Peaceable Kingdom*, die Lee von den Künstler*innen interpretieren ließ, befindet sich in der Sammlung des Worcester Art Museum. In einer geteilten Bildkomposition versammeln sich im Vordergrund Tiere und Kinder unter einem Baum, während im Hintergrund die indigene Gemeinschaft der Lenape, dargestellt mit Friedenspfeifen, ihre Freundschaft mit Penn besiegelt.

Interessanterweise malte Hicks die Szene im Hintergrund nach einem Kupferstich von Boydell-Hall, welcher wiederum auf einem Gemälde von Benjamin West (1738-1820) basiert.[8] Lee ist fasziniert von der Tradition, in der sich Künstler*innen an großen „Meistern" orientieren, von denen sie lernen. Ihn interessiert die Bescheidenheit, die durch das „Kopieren" zum Ausdruck gebracht wird. In einer frühen Arbeit, *Through Masters' Eyes*, 2004, forderte Lee Maler*innen dazu auf, ein Landschaftsgemälde von Shitao aus dem 17. Jahrhundert zu kopieren, um die Unterschiede künstlerischen Schaffens in verschiedenen Denksystemen zu reflektieren. Im ostasiatischen Kontext kommt einer Kopie derselbe

Status zu wie dem Originalgemälde, während in der westlichen Tradition nur das Original Legitimität genießt. Hiermit wird nicht nahegelegt, dass die ostasiatischen und westlichen Kunsttraditionen in einem diametralen Verhältnis zueinanderstehen – die Erfindung des Drucks und der Fotografie haben das Ideal des Originals schon lange in Frage gestellt – es soll hingegen betont werden, dass Lees Ansatz eine quäkerähnliche Akzeptanz der Differenz zugrunde liegt. Die Installation *Our Peaceable Kingdom* ermöglicht eine Ausstellung innerhalb der Ausstellung und „beherbergt“ andere Künstler*innen, ihre Arbeiten und ihre Vorstellungen von Frieden.

Die ersten Maler*innen, die Lee dazu eingeladen hat, Hicks' Motiv zu interpretieren, sind N.S. Harsha, Khadim Ali, Sandy Wong Shin, Michael Eade, Zico Albaiquni, Yeh Tsai-Wei, Claudia Brand, Fabien Lerat, Yen Yu-Ting, Philipp Kremer und Ambreen Butt. Diese Künstler*innen haben verschieden Arbeitsweisen und leben in unterschiedlichen Städten. Die meisten Künstler*innen reichten einen Text ein, der ihre Vorstellung von Frieden ebenso wie ihren künstlerischen Prozess erläutert. Acht Künstler*innen luden zwei weitere Künstler*innen dazu ein, ihre Interpretationen zu kopieren und ein Friedensstatement abzugeben. Zu dieser zweiten Gruppe zählen Wu Ta-Kuang, Jeng Jundian, Amy Hill, Andrea Dezsö, Ignasius Dicky Takndare, Radi Arwinda, Yuyu Chen, Hsiao Pei-I, Thea Perkins, Abdul Abdullah, Marie Lepetit, Simon Pasieka, Huang Ko-Wei, Jian Yi-Hong, Ran Zhang und Jan Sebastian Koch.

Die Gemälde zeichnen sich durch ihren hybriden Charakter aus, sie sind Kopien und Originale zugleich. Es gibt mehrere Beispiele für die Bezugnahme auf große „Meister“ – von Henri Matisses *Tanz I*, 1909-1910, bei N.S. Harsha bis zu Leonardo Da Vincis *Mona Lisa,* ca. 1503, in Wu Ta-Kuangs Gemälde. Anschließend daran möchte ich näher auf die Verwendung von Friedenssymbolen eingehen, die die non-konforme Quäker-Haltung von Hicks neu interpretieren und in andere Kontexte übertragen.

Friedenszeichen in Lees *Our Peaceable Kingdom*

Die Bandbreite von international anerkannten Friedenszeichen, die in den Gemälden von *Our Peaceable Kingdom* auftauchen, umfassen den Olivenzweig, die Victory-Geste, die Friedenspfeifen der indigenen Gemeinschaft der Lenape, die Regenbogenfahne und das Peace-Zeichen. Letzteres wird mit der Gegenkultur der 1960er Jahre in Verbindung gebracht. Amy Hills' Werk überträgt Hicks' Szene in das Zeitalter von „Love and Peace“. Aus der Mitte der Komposition ragt ein rotes Peace-Zeichen heraus, das an Kunst im öffentlichen Raum erinnert. Das Peace-Zeichen hat seine Ursprünge in den friedlichen Protesten. 1958 wurde Gerald Holtom damit beauftragt, ein Symbol für die Campaign for Nuclear Disarmament (Kampagne für nukleare Abrüstung) zu entwerfen, die einen viertägigen Protestmarsch von London zum Atomic Weapons Research Establishment

4 Roxanne Dunbar-Oritz: „Culture of Conquest“ in *An Indigenous Peoples' History of the United States* (Boston: Beacon Press 2014), S. 32-44.

5 Emma Jones Lapsansky, Anne A. Verplanck (Hg.): „Past Plainness to Present Simplicity: A Search for Quaker Identity“ in *Quaker Aesthetics: Reflections on a Quaker Ethic in American Design and Consumption, 1720-1920* (Philadelphia: University of Pennsylvania Press, 2002), S. 1-14.

6 Jesaja, 11,6-8, deutsche Einheitsübersetzung der Bibel.

7 Nach Ansicht der orthodoxen Quäker war die Bibel das unumstößliche Wort Gottes, während die Hicksite-Quäker den Fokus auf eine kontinuierliche Offenbarung legten, welcher die Idee zugrunde liegt, dass Gott den Individuen fortlaufend Weisheit enthüllt.

8 Benjamin Wests Gemälde trägt den unglücklich gewählten Titel *Penn's Treaty with the Indians* (1771).

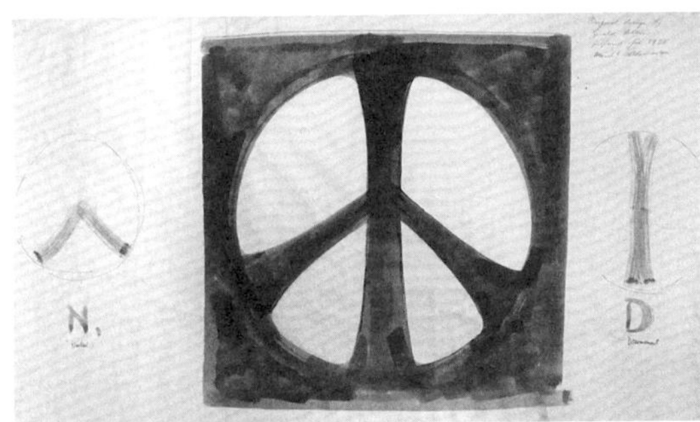

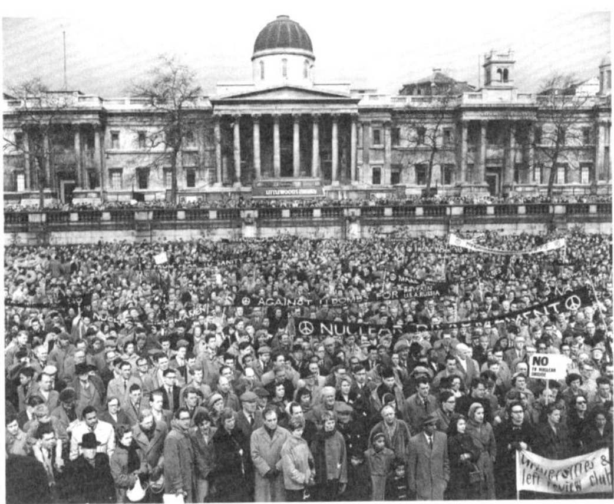

Abb. 14. Gerald Holtoms Entwurf für ein Symbol für die erste große Anti-Atom-Demonstration der CND (Kampagne für nukleare Abrüstung) im Jahr 1958.

Abb. 15. Demonstrant*innen versammeln sich am Karfreitag auf dem Londoner Trafalgar Square, um gemeinsam nach Aldermaston zu laufen. Dies ist das erste Mal, dass das CND-Zeichen zum Einsatz kommt: 500 Pappschilder wurden für den viertägigen Protestmarsch produziert.

in Aldermaston plante. Eingefasst durch einen Kreis, verbindet es die Winkeralphabet-Zeichen für „N“ und „D“, die die Unterstützung für die nukleare Abrüstung (Nuclear Disarmament) zum Ausdruck bringen – und gilt heute als universelles Symbol des Friedens (Abb. 14 und 15).

Das Thema des Friedens wird in den Gemälden, die eine feministische Perspektive zum Ausdruck bringen, mit Befreiung in Verbindung gebracht. Dies wird insbesondere in den Arbeiten von Yuyu Chen und Yeh Tsai-Wei deutlich, die vor einem Frieden warnen, der mit Anpassung oder weiblicher Unterdrückung einhergeht. Auch Hsiao Pei-I steht dem menschlichen Drang, andere Arten zu „zähmen“, um Frieden zu sichern, kritisch gegenüber – der Leopard trägt eine Halskrause und das Lamm einen Maulkorb. Das Bedürfnis, zu kontrollieren, zu beherrschen und andere Arten zu Spielzeug zu degradieren, stößt auf heftige Kritik. Yeh lenkt den Blick auf das „unser“ in *Our Peaceable Kingdom* (Unser Königreich des Friedens) und setzt sich für eine emphatische Erweiterung dieser Vorstellung um die Befreiung aller Arten ein.

Ebenso wird durch zahlreiche Regenbögen auf die queere Befreiung angespielt, insbesondere durch Michael Eades Regenbogen-Pflanze und Andrea Dezsös Einhorn mit Regenbogen-Horn. Des Weiteren finden sich Pudel und Zikkurats in den Gemälden von Fabien Lerat und Marie Lepetit, die auf das kanadische Konzeptkunst-Kollektiv General Idea Bezug nehmen. Die Mitglieder der Gruppe, die von 1967 bis 1994 aktiv war, hinterfragten die Normen von Körperpolitiken und engagierten sich als entschlossene Aktivisten im Kampf gegen HIV/Aids.

Mehrere Arbeiten zollen der Ikonografie und Geschichte der indigenen Kunst Tribut und hinterfragen dabei Hicks’ idealisierte und eurozentrische Darstellung der Vertragsverhandlung, die im Delaware Valley stattfand. Ignasius Dicky Takndare arbeitet mit Khombouw-Rinde, einem papuanischen

Material, Thea Perkins zelebriert die matriarchalische Friedensvision der Aborigines und Radi Arwinda fügt in seine Bildkomposition Muster der Cirebon ein – einer indigenen Gemeinschaft, der er zugehörig ist. Im Gegensatz zu Arwindas blauer Verzierung – Blau ist die Farbe des Friedens in Indonesien – greift Zico Albaiquni auf eine rote Farbpalette zurück, um die Wut über das koloniale Vermächtnis auszudrücken: Sklaverei, Ressourcenabbau und die von den europäischen Siedler*innen übertragenen Krankheiten. Hicks' idealisierte Darstellung scheiterte hingegen daran, all diese Realitäten im 19. Jahrhundert zu erfassen.

Eine polyfone Annäherung an Frieden

Lees Friedensverständnis liegt die heilende Kraft der Transformation zugrunde – Frieden ist niemals „abgeschlossen". Frieden ist ein fortlaufender Prozess. Demnach ist *Our Peaceable Kingdom* noch nicht vollendet. Lee wird weitere Künstler*innen dazu einladen, sich mit Hicks' Thema auseinanderzusetzen und diese polyfone Friedensvision weiterzuentwickeln. Lee Mingweis eigener Beitrag besteht nicht darin, ein Gemälde zu realisieren, sondern diese unterschiedlichen Friedenskonzepte in seine Ausstellung aufzunehmen. *Our Peaceable Kingdom* ist eine starke Metapher, denn wenn so vielfältige Friedenskonzepte in der ästhetischen Sphäre koexistieren können, kann die quäkerische Forderung von Toleranz gegenüber Unterschieden im politischen und sozialen Sinne in die heutige Zeit übertragen werden.

WERKLISTE

Titelbild
GUERNICA IN SAND
2006/2015
Sand, Holzinsel, Lampe
6,43 x 13 m
Installationsansicht: *Lee Mingwei and His Relations*, Taipei Fine Arts Museum, 2015

S. 4-5
GUERNICA IN SAND
2006/2020
Sand, Holzinsel, Lampe
11 x 23 m
Installationsansicht: Gropius Bau, Berlin, 2020

S. 15
Abb. 1. Tibetisch-buddhistischer Mönch zeichnet ein Medizin-Buddha-Sandmandala während einer Spendenaktion in Großbritannien, Swansea, South Wales.
Abb. 2. Myanmar: Mahāgandhāyon-Kloster. Buddhistische Mönche kehren den Boden des Mahāgandhāyon-Klosters in Amarapura, Myanmar

S. 16
Abb. 3. Teetassen für eine japanische Teezeremonie: Reparatur einer zerbrochenen Teetasse aus Keramik.
Abb. 4. THE MENDING PROJECT
2009/2019
Tisch, Stühle, Faden, textile Objekte
Installationsansicht: *Traversées*, Musée Sainte-Croix, Poitiers, Frankreich, 2019

S. 21, 24-25
MONEY FOR ART
1994/2020
5 Inkjet-Drucke
Jeweils 28 x 36 cm

S. 22
MONEY FOR ART
2006/2020
Holzregal, 100-Dollar-Scheine
70 x 30 x 14 cm
Installationsansicht: Gropius Bau, Berlin, 2020

S. 27
100 DAYS WITH LILY
1995
5 Ilfochrome Abzüge, gerahmt
Jeweils 166 x 115 cm

S. 29
1. Lee Mingweis Großmutter während ihrer medizinischen Ausbildung an der Tokyo Women's Medical School [von links nach rechts: achte Person in der hintersten Reihe]
2. Lee Mingweis Großmutter mit ihren Klassenkameradinnen an der Tokyo Women's Medical School [von rechts nach links: zweite Person in der hintersten Reihe]
3. Lee Mingwei mit seiner Familie, 1973

S. 30-31
100 DAYS WITH LILY
1995
Installationsansicht: Gropius Bau, Berlin, 2020

S. 33
THE DINING PROJECT
1997/2015
Holzplattform, Tatami-Matten, schwarze Bohnen, Reis, Einkanal-Video, Ton
335 x 335 x 85 cm
Installationsansicht: *Lee Mingwei and His Relations*, Taipei Fine Arts Museum, 2015

S. 34
THE DINING PROJECT
1997/1998
Aus der Sammlung von Jut Art Museum (Taiwan)
Installationsansicht: The Whitney Museum of American Art, 1998

S. 35
1. Lee Mingwei bereitet ein Essen vor im The Whitney Museum of American Art, 1998
2. Lotterielos von *The Dining Project*, 1998
3. Lee Mingwei bereitet ein Essen vor im The Whitney Museum of American Art, 1998
4. Poster von *The Dining Project* in der Yale University, 1995

S. 37
THE DINING PROJECT
1997/2015
Holzplattform, Tatami-Matten, schwarze Bohnen, Reis, Einkanal-Video, Ton
335 x 335 x 85 cm
Installationsansicht: *Lee Mingwei and His Relations*, Taipei Fine Arts Museum, 2015

S. 38-39
THE DINING PROJECT
1997/2020
Aus der Sammlung von Jut Art Museum (Taiwan)
Installationsansicht: Gropius Bau, Berlin, 2020

S. 41, 43-44
THE LETTER WRITING PROJECT
1998/2020
3 Holzkabinen, Briefpapier, Umschläge, Bleistifte
Jeweils 290 x 170 x 231 cm
Installationsansicht: Gropius Bau, Berlin, 2020

S. 49
Abb. 5. SONIC BLOSSOM
2013/2016
Stuhl, Notenständer, Kostüm, spontanes Lied
Installationsansicht: *Lee Mingwei and His Relations*, Auckland Art Gallery Toi o Tāmaki, 2016
Abb. 6. THE MENDING PROJECT
2009
Tisch, Stühle, Faden, textile Objekte
Installationsansicht: *The Mending Project*, Lombard-Freid Projects, New York, 2009

S. 50
Abb. 7. GUERNICA IN SAND
2006/2007
Sand, Holzinsel, Lampe
7,45 x 15 m
Installationsansicht: *Lee Mingwei: Impermanence*, Chicago Cultural Center, 2007
Abb. 8. GUERNICA IN SAND
2006/2015
Sand, Holzinsel, Lampe
6,43 x 13 m
Installationsansicht: *Lee Mingwei and His Relations*, Taipei Fine Arts Museum, 2015

S. 56
Abb. 9. THE DINING PROJECT
1997/2007
Holzplattform, Tatami-Matten, schwarze Bohnen, Reis, Einkanal-Video, Ton
335 x 335 x 85 cm
Installationsansicht: *Duologue*, Museum of Contemporary Art, Taipeh, 2007
Abb. 10. THE DINING PROJECT
1997/1998
Holzplattform, Tatami-Matten, schwarze Bohnen, Reis, Einkanal-Video, Ton
335 x 335 x 85 cm

S. 60
Abb. 11 und 12. THE MENDING PROJECT
2009
Tisch, Stühle, Faden, textile Objekte
Installationsansicht: *The Mending Project*, Lombard-Freid Projects, New York, 2009

S. 65
THE SLEEPING PROJECT
2000/2020
Holzbetten, Nachttische, persönliche Gegenstände

Installationsansicht:
Gropius Bau, Berlin, 2020

S. 67
1. und 2. THE SLEEPING PROJECT
2000
Holzbetten, Nachttische, persönliche Gegenstände
Installationsansicht: *The Sleeping Project*, Lombard Freid Fine Arts, New York, 2000

S. 68-70
THE SLEEPING PROJECT
2000/2020
Holzbetten, Nachttische, persönliche Gegenstände
Installationsansicht:
Gropius Bau, Berlin, 2020

S. 73
THE LIVING ROOM
2000/2020
Möbel, private Sammlungen, Pflanzen
Aus der Sammlung von Jut Art Museum (Taiwan)
Installationsansicht:
Gropius Bau, Berlin, 2020

S. 75
John Singer Sargent (1856-1925)
ISABELLA STEWART GARDNER
1888
Öl auf Leinwand
190 x 80 cm
Aus der Sammlung von Isabella Stewart Gardner Museum, Boston

S. 76
THE LIVING ROOM
2000
Möbel, private Sammlungen, Pflanzen
Installationsansicht:
Isabella Stewart Gardner Museum, Boston, 2000

S. 78-81
#diesammlungen von Barbara Christin
Collagenbücher-Sammlung von Simon Haßler
Vintage-Skateboard-Sammlung von Timo Hillbrecht
Tierknochen-Sammlung von Petra Lehnardt-Olm
Steine-Sammlung von Celine Loesche
Baumschmuck-Sammlung von Katrin Mundorf
Caruso-Kronenboden-Sammlung von Karen Stuke
Sammlung polnischer Volkskunst von Urszula Usakowska-Wolff
Hut-Sammlung von Stephan Wahner
Seit 1966 – Zwei Listen von Thomas Oberender
23 Jahre Gräfin Tamara von Jens Dierkes aka Gräfin Tamara

S. 82-83
THE LIVING ROOM
2000/2020
Möbel, private Sammlungen, Pflanzen
Aus der Sammlung von Jut Art Musem (Taiwan)
Installationsansicht:
Gropius Bau, Berlin, 2020

S. 85
THE TOURIST
2001/2020
Holzvitrine, Holzkisten, persönliche Gegenstände, Zweikanal-Video, Ton
52 Min., 30 Sek.
Installationsansicht:
Gropius Bau, Berlin, 2020

S. 86-87
Jens Dierkes und Lee Mingwei bei ihrer Berlin-Tour für *The Tourist*, 2020

S. 89
THE TOURIST
2001/2020
Holzvitrine, Holzkisten, persönliche Gegenstände, Zweikanal-Video, Ton
52 Min., 30 Sek.
Installationsansicht:
Gropius Bau, Berlin, 2020

S. 91
NU WA PROJECT
2005
Bambus, Seide, Baumwollfaden, Acryl
350 x 112 cm

S. 93
Illustration inspiriert von dem Gedicht *Li Sao* (Weise von der Verzweiflung)
Illustriert von Xiao Yuncong (1596-1673)
Druck aus der Qing-Dynastie (1644-1912)
22,1 x 14,8 cm

S. 95
FABRIC OF MEMORY
2006/2020
Holzplattform, Holzkisten, textile Gegenstände
485 x 485 x 65 cm
Installationsansicht:
Gropius Bau, Berlin, 2020

S. 97
Lee Mingwei und seine Mutter Lin Kuei Mei, 1969

S. 98-102
FABRIC OF MEMORY
2006/2020
Leihgeber*innen: Elena Alcaín, Hertje Brodersen, Kiran Cohen, Emanuele Crotti, Caty Forden, Barbara Gierl, Philip Goetze, Kerstin Heusinger, Amy Klement, Eva Kowalski, Koosha Moossavi, John Rivett, Jean Rivett, Freya Schwachenwald, Michael Sommer, Katja Sonnewend, Michaela Vieser, Violeta Vollmer-Dundulyte, Lisa Weber

S. 104-105
FABRIC OF MEMORY
2006/2020
Holzplattform, Holzkisten, textile Gegenstände
485 x 485 x 65 cm
Installationsansicht:
Gropius Bau, Berlin, 2020

S. 107
GUERNICA IN SAND
2006/2015
Sand, Holzinsel, Lampe
6,43 x 13 m
Installationsansicht: *Lee Mingwei and His Relations*, Taipei Fine Arts Museum, 2015

S. 109
Gropius Bau, Berlin
Ruine des ehemaligen Kunstgewerbemuseums, 1946

S. 110-112
GUERNICA IN SAND
2006/2020
Sand, Holzinsel, Lampe
11 x 23 m
Installationsansicht:
Gropius Bau, Berlin, 2020

S. 115-117
GUERNICA IN SAND
2006/2015
Sand, Holzinsel, Lampe
6,43 x 13 m
Installationsansicht: *Lee Mingwei and His Relations*, Taipei Fine Arts Museum, 2015

S. 121
Abb. 13. Pablo Picasso (1881-1973)
GUERNICA
1937
Ölgemälde auf Leinwand
349 x 777 cm
Aus der Sammlung von Museo Nacional Centro de Arte Reina Sofia di Madrid

S. 127
THE MENDING PROJECT
2009/2020
Tisch, Stühle, Faden, textile Objekte
Aus der Sammlung von Rudy Tseng
Gastgeber*innen: Mariángeles Aguirre, Susanne Beck-Jankowski, Monika Brückner, Maithu Bùi, Antonietta

Foschini, Laula Fritz, Julia Fron, Barbara Gierl, Ariel Gout, Sven Großmann, Daniel Holznagel, Mimi Howard, Katharina Jebsen, Ivana Jecmenica, Sarah Kailuweit, Gudrun Kmoch, Eva Kowalski, Hannah Kruse, Marlise Kuert Kolb, Claire Laude, Sehnaz Layikel, Johanna Liebl, Anna Maierski, Karin Mester, Henrike Müller, Lea Müller, Anna Neubauer, Marié Nobematsu-Le Gassic, Kristina Nowak, Elena Polzer, Carolin Rabethge, Katrin Richter, Franziska Sebode, An Seebach, Alexandra Sitaru, Katrin Solter, Daniela Thomas, Manuela My Nghia Trinh, Katja Vaghi, Godrun von Oertzen, Lisa Weber, Anne Wesolek, Anina Wolff, Atilgan Zirek und andere
Installationsansicht:
Gropius Bau, Berlin, 2020

S. 130-131
THE MENDING PROJECT
2009/2020
Tische, Stühle, Faden, textile Objekte
Aus der Sammlung von Rudy Tseng
Installationsansicht:
Gropius Bau, Berlin, 2020

S. 134-135
THE MENDING PROJECT
2009/2017
Tische, Stühle, Faden, textile Objekte
Installationsansicht: *Viva Arte Viva, 57. La Biennale di Venezia – Biennale Arte*, kuratiert von Christine Macel, Venedig, 2017

S. 137
STONE JOURNEY
2010
Gletschersteine, Bronze, Holz
9 Paare aus einer Edition von 11
Jeweils 10 x 50 x 15 cm
Aus den Sammlungen von Rong-Chuan Chen, Cesar Reyes, Leo Shih, Sophia und Leon Tan, Rudy Tseng, Simon Wu
Installationsansicht:
Gropius Bau, Berlin, 2020

S. 139
Lee Mingwei sammelt Steine in Te Waipounamu, Neuseeland, 2010

S. 142-143
STONE JOURNEY
2010
Gletschersteine, Bronze, Holz
9 Paare aus einer Edition von 11
Jeweils 10 x 50 x 15 cm
Aus den Sammlungen von Rong-Chuan Chen, Cesar Reyes, Leo Shih, Sophia und Leon Tan, Rudy Tseng, Simon Wu
Installationsansicht:
Gropius Bau, Berlin, 2020

S. 179
SONIC BLOSSOM
2013/2020
Stuhl, Notenständer, Kostüm, spontanes Lied
Aus der Sammlung von Museum of Fine Arts, Boston
Sänger*innen: Derya Atakan, Goran Cah, Magnus Hallur Jonsson, Celina Jimenez-Haro, Sarah Kehder, Kyoungloul Kim, Alexandra Donata Koch, Julie Nemer, Birita Poulsen, Sonja Isabel Reuter, David Ristau, Alessia Schumacher, Julia Shelkovskaia
Installationsansicht:
Gropius Bau, Berlin, 2020

S. 181
Die handgenähte Botschaft der Designerin Kelima K auf der Innenseite des „transformation cloak“ für *Sonic Blossom*

S. 184-185
SONIC BLOSSOM
2013/2020
Stuhl, Notenständer, Kostüm, spontanes Lied
Aus der Sammlung von Museum of Fine Arts, Boston
Installationsansicht:
Gropius Bau, Berlin, 2020

S. 187
OUR LABYRINTH
2015
Reis, Besen, Kostüm, Fußglöckchen, gefaltetes Papier, Holzkiste, Tanzboden, Tanz
Aus der Sammlung von Winsing Art Foundation
Installationsansicht: *Lee Mingwei and His Relations*, Taipei Fine Arts Museum, 2015

S. 188
Kabuki Tanzmuster aus Ikeda Seizō: *Zukai shimai kyōhon*, 1912

S. 190-191
OUR LABYRINTH
2015
Reis, Besen, Kostüm, Fußglöckchen, gefaltetes Papier, Holzkiste, Tanzboden, Tanz
Aus der Sammlung von Winsing Art Foundation
Installationsansicht: *Lee Mingwei and His Relations*, Taipei Fine Arts Museum, 2015
Tänzer*innen im Gropius Bau, 2020: Benjamin Block, Yiyi Chen, Moonsuk Choi, Lucas Damiani Armand Ugon, Davide De Lillis, Kaveh Ghaemi, Mathis Kleinschnittger, Anja Kolmanics, Silvia Mai, Jean-Gabriel Manolis, Steffi Sembdner, Cheng-Lung Wu

S. 194-195
OUR LABYRINTH
2015/2016
Reis, Besen, Kostüm, Fußglöckchen, gefaltetes Papier, Holzkiste, Tanzboden, Tanz
Aus der Sammlung von Winsing Art Foundation
Installationsansicht: 11. Shanghai Biennale, Power Station of Art, Shanghai, 2016

S. 197
OUR PEACEABLE KINGDOM
2020
27 gerahmte Gemälde, Staffeleien
Installationsansicht:
Gropius Bau, Berlin, 2020

S. 199
Edward Hicks (1780-1849)
THE PEACEABLE KINGDOM
ca. 1833
Öl auf Leinwand
44,5 x 60,2 cm
Aus der Sammlung von Worcester Art Museum, Massachusetts, USA

S. 200, von oben nach unten:
Khadim Ali (*1978, Quetta, PK, lebt und arbeitet in Sydney, AU)
2019
Gouache und Blattgold auf apier
40,3 x 64,7 cm

N.S. Harsha (*1969, Mysore, IN, lebt und arbeitet in Mysore, IN)
2019
Wasserfarbe und Acryl auf Papier
49 x 64,6 cm

S. 201, im Uhrzeigersinn von oben links:
Ambreen Butt (*1969, Lahore, PK, lebt und arbeitet in Dallas, US)
2019
Digitale Zeichnung und Text auf Tontafel gedruckt
44 x 60 cm

Michael Eade (*1957, Portland, US, lebt und arbeitet in New York, US)
2019
Eitempera, 22-karätiges Blatt-

gold, Blattkupfer, Blatt-
aluminium und Öl auf Holz
44 x 60 cm

Andrea Dezsö (*1968, Satz-
Mare, RO, lebt und arbeitet
Amherst, US)
2019
Acryl auf Papier
44 x 60 cm

Amy Hill (*1954, New York,
US, lebt und arbeitet in New
York, US)
2019
Öl auf Leinwand
44 x 60 cm

S. 202, im Uhrzeigersinn von
oben links:
Zico Albaiquni (*1987,
Bandung, ID, lebt und
arbeitet in Bandung, ID)
2019
Öl auf Leinwand
40 x 60 cm

Ignasius Dicky Takndare
(*1988, Sentani, ID, lebt und
arbeitet in Yogyakarta, ID)
2019
Öl und Acryl auf Leinwand
und Khombouw-Holzrinde
44 x 60 cm

Yeh Tsai-Wei (*1988, Hsinchu,
TW, lebt und arbeitet in
Taipeh, TW)
2019
Tinte und Gouache auf Papier
44 x 60 cm

Radi Arwinda (*1983,
Bandung, ID, lebt und
arbeitet in Bandung, ID)
2019
Acryl, Tinte und Gelstift
auf Leinwand
44 x 60 cm

S. 203, im Uhrzeigersinn von
oben links:
Yuyu Chen (*1981, Taipeh, TW,
lebt und arbeitet in Taipeh, TW)
2019
Metallpigment auf Wasser-
basis, Acryl, Goldfarbe,
Silberfolie, Harzfolie,
Kupferfolie, Rosteffekt-
Pigment und Öl auf Leinwand
44 x 60 cm

Hsiao Pei-I (*1990, Tainan,
TW, lebt und arbeitet in
Taipeh, TW)
2019
Goldfolie und Acryl auf
Leinwand
44 x 60 cm

Thea Perkins (*1992, Sydney,
AU, lebt und arbeitet in
Sydney, AU)
2019
Acryl auf belgischem Leinen
44 x 60 cm

Claudia Brand (*1995,
Canberra, AU, lebt und
arbeitet in Sydney, AU)
2019
Öl auf Leinwand
44 x 60 cm

S. 204-205
OUR PEACEABLE KINGDOM
2020
27 gerahmte Gemälde,
Staffeleien
Installationsansicht:
Gropius Bau, Berlin, 2020

S. 206, im Uhrzeigersinn von
oben links:
Abdul Abdullah (*1986,
Perth, AU, lebt und arbeitet
in Sydney, AU)
2019
Öl auf Leinwand
44 x 60 cm

Fabien Lerat (*1960, Paris,
FR, lebt und arbeitet in
Paris, FR)
2019
Acryl auf Leinwand
44 x 60 cm

Simon Pasieka (*1967, Kleve/
Niederrhein, DE, lebt und
arbeitet in Köln, DE und
Paris, FR)
2019
Öl auf Leinwand
44 x 60 cm

Marie Lepetit (*1959,
Amiens, FR, lebt und
arbeitet in Paris, FR)
2019
Acryl auf Leinwand
44 x 60 cm

S. 207, im Uhrzeigersinn von
oben links:
Yen Yu-Ting (*1989, Taipeh,
TW, lebt und arbeitet in
Taipeh, TW)
2019
Gouache auf Papier
44 x 60 cm

Huang Ko-Wei (*1988, Taipeh,
TW, lebt und arbeitet in
Taipeh, TW)
2019
Acryl auf Leinwand
44 x 60 cm

Jian Yi-Hong (*1988, Yilan,
TW, lebt und arbeitet in
Taipeh und Yilan, TW)
2019
Tinte und Pigment auf Papier
44 x 60 cm

S. 208, im Uhrzeigersinn von
oben links:
Philipp Kremer (*1981,
Duisburg, DE, lebt und
arbeitet in Berlin, DE)
2019
Acryl auf Leinwand
44 x 60 cm

Ran Zhang (*1981, Tianjin,
CN, lebt und arbeitet in
Berlin, DE und Rotterdam, NL)
2019
Acryl auf Leinwand
44 x 60 cm

Jan Sebastian Koch (*1978,
Mönchengladbach, DE, lebt
und arbeitet in Berlin, DE)
2019
Eitempera auf Leinwand
44 x 60 cm

S. 209, im Uhrzeigersinn von
oben links:
Sandy Wong Shin (*1963, Singapur, SG, lebt und arbeitet in
Singapur, SG und Taipeh, TW)
2019
Öl auf Leinwand
60 x 44 cm

Wu Ta-Kuang (*1958, Chiayi,
TW, lebt und arbeitet in
Taipeh, TW)
2019
Öl auf Leinwand
60 x 44 cm

Jeng Jundian (*1963, Kinmen,
TW, lebt und arbeitet in
Taipeh, TW)
2019
Öl auf Leinwand
60 x 44 cm

S. 214
Abb. 14. Gerald Holtom -
Zeichnung des Symbols für
nukleare Abrüstung, 1958.
Abb. 15. Politik, Anti-Atom-
Demonstrationen, Trafalgar
Square, London.
Tausende Anti-Atom-Demon-
strant*innen versammeln sich
auf dem Trafalgar Square um
den 50 Meilen langen Protestmarsch von London zum Atomic
Weapons Research Establishment in Aldermaston, Berk-
shire, anzutreten.

Buchumschlag Rückseite
GUERNICA IN SAND
2006/2015
Sand, Holzinsel, Lampe
6,43 x 13 m
Installationsansicht: *Lee
Mingwei and His Relations*,
Taipei Fine Arts Museum,
2015

BILDNACHWEIS

Titelbild: Foto © Taipei Fine Arts Museum
S. 4-5: Foto Laura Fiorio, Courtesy Gropius Bau
S. 15: Abb. 1. © Chinch Gryniewicz, Courtesy Bridgeman Images; Abb. 2. Foto Courtesy Goddard_Photography/Istock.com
S. 16: Abb. 3. Foto Courtesy Riya-Takahashi/ Istock.com; Abb. 4. Foto Courtesy der Künstler
S. 21, 24-25: Courtesy der Künstler
S. 22: Foto Laura Fiorio, Courtesy Gropius Bau
S. 27: Courtesy der Künstler
S. 29: Foto 1.-3. Foto Courtesy der Künstler
S. 30-31: Foto Laura Fiorio, Courtesy Gropius Bau
S. 33: Foto © Taipei Fine Arts Museum
S. 34: Foto Charly Wittock, Courtesy der Künstler
S. 35: Foto 1.-3. Foto Charly Wittock, Courtesy der Künstler; Foto 4. Courtesy der Künstler
S. 37: Foto © Taipei Fine Arts Museum
S. 38-39: Foto Laura Fiorio, Courtesy Gropius Bau
S. 41, 43-44: Foto Laura Fiorio, Courtesy Gropius Bau
S. 49: Abb. 5. Foto John McIver, Courtesy Auckland Art Gallery Toi o Tāmaki; Abb. 6. Foto Anita Kan, Courtesy der Künstler
S. 50: Abb. 7. Foto Anita Kan, Courtesy der Künstler; Abb. 8. Foto © Taipei Fine Arts Museum
S. 56: Abb. 9. Courtesy der Künstler; Abb. 10. Foto Charly Wittock, Courtesy der Künstler
S. 60: Abb. 11.-12. Foto Anita Kan, Courtesy der Künstler
S. 65: Foto Laura Fiorio, Courtesy Gropius Bau
S. 67: Foto 1.-2. Foto Anita Kan, Courtesy der Künstler
S. 68-70: Foto Laura Fiorio, Courtesy Gropius Bau
S. 73: Foto Laura Fiorio, Courtesy Gropius Bau
S. 75: Foto Courtesy The Isabella Stewart Gardner Museum, Boston, Massachusetts
S. 76: Foto Anita Kan, Courtesy der Künstler
S. 78-81: Fotos Laura Fiorio, Bild 3 auf S. 78 von Nora Börding, alle Bilder Courtesy Gropius Bau und die Leihgeber*innen
S. 82-83: Foto Laura Fiorio, Courtesy Gropius Bau und die Leihgeber*innen
S. 85: Foto Laura Fiorio, Courtesy Gropius Bau
S. 86: Foto der Künstler, Courtesy der Künstler
S. 87: Foto Jens Dierkes
S. 89: Foto Laura Fiorio, Courtesy Gropius Bau
S. 91: Foto Courtesy der Künstler
S. 93: Foto Courtesy The Collection of National Palace Museum
S. 95: Foto Laura Fiorio, Courtesy Gropius Bau
S. 97: Foto Courtesy der Künstler
S. 98-102: Fotos Laura Fiorio, Courtesy Gropius Bau und die Leihgeber*innen
S. 104-105: Foto Laura Fiorio, Courtesy Gropius Bau
S. 107: Foto © Taipei Fine Arts Museum
S. 109: Foto Courtesy Ullstein Bild/ Ullstein Bild via Getty Images
S. 110-112: Foto Laura Fiorio, Courtesy Gropius Bau
S. 115-117: Foto © Taipei Fine Arts Museum
121: Abb. 13. © Succession Picasso, by SIAE 2020; Iberfoto/Archivi Alinari
S. 127: Foto Laura Fiorio, Courtesy Gropius Bau und Rudy Tseng
S. 130-131: Foto Laura Fiorio, Courtesy Gropius Bau und Rudy Tseng
S. 134-135: Foto Anpis Wang, Courtesy der Künstler
S. 137: Foto Laura Fiorio, Courtesy Gropius Bau und Leo Shih, Cesar Reyes, Sophia und Leon Tan, Rong-Chuan Chen, Simon Wu, Rudy Tseng
S. 139: Foto 1.-3. Foto Courtesy der Künstler
S. 142-143: Foto Laura Fiorio, Courtesy Gropius Bau und Leo Shih, Cesar Reyes, Sophia und Leon Tan, Rong-Chuan Chen, Simon Wu, Rudy Tseng
S. 179: Foto Laura Fiorio, Courtesy Gropius Bau
S. 181: Foto Courtesy der Künstler
S. 184-185: Foto Laura Fiorio, Courtesy Gropius Bau
S. 187: Foto © Taipei Fine Arts Museum
S. 188: Foto Myriam Hofmaier, Courtesy der Künstler
S. 190-191: Foto © Taipei Fine Arts Museum
S. 194-195: Foto Jay Yuan, Courtesy der Künstler
S. 197: Foto Laura Fiorio, Courtesy Gropius Bau
S. 199: Foto Courtesy Bridgeman Images
S. 200-203, 206-209: Foto Chu Chi-Hung, Courtesy der Künstler und die Künstler*innen Abdul Abdullah, Zico Albaiquni, Khadim Ali, Radi Arwinda, Claudia Brand, Ambreen Butt, Yuyu Chen, Andrea Dezsö, Ignasius Dicky Takndare, Michael Eade, N.S. Harsha, Amy Hill, Jeng Jundian, Huang Ko-Wei, Philipp Kremer, Marie Lepetit, Fabien Lerat, Simon Pasieka, Hsiao Pei-I, Thea Perkins, Jan Sebastian Koch, Wu Ta-Kuang, Yeh Tsai-Wei, Sandy Wong Shin, Jian Yi-Hong, Yen Yu-Ting, Ran Zhang
S. 204-205: Foto Laura Fiorio, Courtesy Gropius Bau
S. 214: Abb. 14. Die Zeichnung wird mit Genehmigung von Commonwealth Trustees und der University of Bradford verwendet; Abb. 15. Foto Courtesy PA Images via Getty Images
Rückseite: Foto © Taipei Fine Arts Museum

Wir haben uns intensiv darum bemüht, sämtliche Rechteinhaber*innen ausfindig zu machen und die Erlaubnis für die Nutzung von geschütztem Material einzuholen.
Wir entschuldigen uns für potenzielle Fehler und werden uns bemühen, weitere Urheberrechtsinformationen in zukünftigen Auflagen oder Nachdrucken dieses Buches zu berücksichtigen.